CODE NOUVEAU

DE LA

PÊCHE FLUVIALE

COMMENTÉE ET ANNOTÉE

Suivie des Règlements et des décisions des diverses
parties de la loi d'après

Précédée des Conditions et des Appareils autorisés
et de la surveillance de la pêche

PAR

E. MARTIN

Docteur en droit, ancien Avocat à la Cour d'appel de Paris,

Quatrième édition

PARIS

Rue St-Guillaume, 1

1876.

CODE NOUVEAU

DE LA

PÊCHE FLUVIALE

ANNOTÉ ET EXPLIQUÉ.

CODE NOUVEAU

DE LA

PÊCHE FLUVIALE

ANNOTÉ ET EXPLIQUÉ

PAR LA JURISPRUDENCE DE LA COUR DE CASSATION
ET DES COURS D'APPEL

À l'usage des Gendarmes et des Agents chargés
de la surveillance de la pêche

PAR

E. MARTIN

Docteur en droit, ancien Avocat à la Cour d'appel de Paris.

Quatrième édition

Entièrement refondue. — Mise au courant de la législation
et de la jurisprudence.

PARIS

LÉAUTEY, Imprimeur-Libraire de la Gendarmerie
Rue St-Guillaume, n° 23.

1876.

On a beaucoup écrit sur les lois de la chasse,
fort peu sur celles de la pêche fluviale. Cependant ces dernières peuvent difficilement se passer du secours d'un commentaire.

Après la promulgation du décret du 25 janvier 1868, tout semblait favorable à l'entreprise de ce travail : la législation de la pêche, remaniée en 1865, se trouvait, en effet, complétée par un règlement général, qui supprimait la réglementation particulière. C'est alors qu'a paru la première édition du *Code nouveau de la Pêche fluviale*.

Depuis la publication de la seconde édition, est intervenu le décret du 10 août 1875, qui abroge le règlement du 25 janvier 1868. Ce changement a amené diverses modifications de détail qui rendaient nécessaire un remaniement complet du livre. Nous avons la satisfaction d'offrir au public, dans cette quatrième édition, un travail véritablement complet et mis exactement au courant de la législation et de la jurisprudence.

Trois éditions écoulées en peu de temps dispensent de faire l'éloge du *Code nouveau de la pêche fluviale*. Ce livre, rédigé par un auteur qui a une grande habitude des travaux de jurisprudence, a, d'ailleurs, été recommandé, dès son apparition, par les juges les plus compétents, tels que MM. Reverchon, avocat général à la Cour de cassation, dans la *Gazette des Tribunaux*; L. Aucoc, président de l'une des sections du conseil d'Etat, dans la revue l'*Ecole des Communes*, et Ch. Vergé, membre de l'Institut, dans le *Recueil périodique et critique de jurisprudence générale*.

CODE NOUVEAU

DE LA

PÊCHE FLUVIALE

ANNOTÉ ET EXPLIQUÉ.

EXTRAIT DU CODE CIVIL.

—

Art. 714.

Il est des choses qui n'appartiennent à personne et dont l'usage est commun à tous.
Des lois de police règlent la manière d'en jouir.

Art. 715.

La faculté de chasser ou de pêcher est également réglée par des lois particulières.

—

1. — La loi du 15 avril 1829, modifiée dans plusieurs de ses dispositions par celle du 6 juin 1840, la loi du 31 mai 1865 et le règlement général du 10

août 1875, composent principalement la législation actuellement en vigueur de la pêche fluviale.

Mais, pour avoir le Code complet des dispositions sur la matière, nous avons dû y joindre, outre quelques ordonnances ou décrets d'intérêt secondaire qui s'y rapportent directement, divers textes disséminés dans les Codes généraux et dans les lois spéciales, qui se rattachent plus ou moins étroitement au même objet.

LOI DU 15 AVRIL 1829

DITE

CODE DE LA PÊCHE FLUVIALE.

—

TITRE Ier.

DU DROIT DE PÊCHE.

Art. 1er.

Le droit de pêche sera exercé au profit de l'État :

1° Dans tous les fleuves, rivières, canaux et contre-fossés navigables ou flottables avec bateaux, trains ou radeaux, et dont l'entretien est à la charge de l'État ou de ses ayants cause ;

2° Dans les bras, noues, boires et fossés qui tirent leurs eaux des fleuves et rivières navigables et flottables, dans lesquels on peut en tout temps passer ou pénétrer librement en bateau de pêcheur, et dont l'entretien est également à la charge de l'État.

Sont toutefois exceptés les canaux et fossés existants, ou qui seraient creusés dans des propriétés particulières, et entretenus aux frais des propriétaires.

—

1. — Fleuves et rivières navigables et flottables. — L'énumération qui fait l'objet de cette première partie de l'article, indique, d'une manière plus complète que ne le fait l'art. 538 du Code civil, les cours

"

d'eau qui dépendent du domaine public, et sur lesquels l'État exerce le droit de pêche, en compensation de l'obligation d'entretien dont il est chargé.

Le *canal d'amener* d'un moulin, creusé dans le lit d'une rivière navigable, et dans lequel les bateaux peuvent pénétrer jusqu'au moulin, n'est pas affranchi du droit de pêche de l'État, dans le cas même où le propriétaire du moulin aurait fait réparer les chaussées de ce canal pour l'utilité de son usine, ces réparations n'ayant pas eu pour effet de déplacer la charge de l'entretien desdites chaussées qui incombe à l'État comme propriétaire du lit de la rivière (Cour de cassation, 15 janvier 1861); le meunier ne peut donc y pêcher sans la permission du fermier de la pêche. — Cour de Bordeaux, 31 mai 1865.

3. — *Bras de rivières, noues, boires et fossés.* — Ces dénominations diverses, auxquelles il faut joindre dans quelques provinces celles de *lônes* ou *losses*, désignent les amas d'eau qui communiquent avec les cours d'eau du domaine public et en forment des dépendances permanentes. Les noues et boires alimentées par les eaux d'une rivière navigable ou flottable, et qui sont en tout temps accessibles aux bateaux des pêcheurs, sont soumises au droit de pêche de l'État, même dans les parties où les bateaux de pêche n'accéderaient pas en tout temps; il n'est pas nécessaire qu'on puisse y circuler en bateau dans toute leur étendue (Cour de Bordeaux, 18 juin 1849). — Mais, quand l'accès en bateau à une noue ou boire, ou à un bras de rivière, n'a lieu que par intermittence, le droit de pêche appartient aux riverains. — Cour de Bourges, 3 juin 1845; Cour de cassation, 10 février 1850.

Lorsque la circulation dans un faux bras d'une rivière navigable ou flottable, dans laquelle ont été établis des barrages artificiels, devient seulement impossible durant certaines heures après les *éclusées* prescrites dans l'intérêt de la navigation, parce que, l'eau étant retenue en amont par les barrages, il se produit en aval un retrait d'eau ou *affameur* qui in-

terrompt la navigation aussi bien dans le bras principal que dans les bras secondaires de la rivière, cette
interruption est insuffisante pour faire considérer le
faux bras de rivière dont il s'agit comme n'étant pas
accessible en tout temps aux bateaux des pêcheurs, et
pour faire décider, par suite, que le droit de pêche
dans les eaux de ce bras, n'appartient pas à l'État.
— Cour de Paris, 4 août 1866.

4. — *Terrains inondés.* — Le débordement des rivières donne naissance parfois à des bras de rivières,
qui, pendant quelques temps, subsistent sur les terrains des riverains. Les riverains n'ont pas le droit de
pêche sur ces eaux débordées, tant que les courants
restent en communication avec le fleuve ou la rivière d'où proviennent ces eaux (Cour de Bourges,
24 février 1853). — De même, en cas de débordement d'un étang, les propriétaires des terrains inondés n'acquièrent pas le droit d'y placer des bites et
nasses pour prendre le poisson; le droit de pêche
continue d'appartenir exclusivement, dans toute
l'étendue des eaux de l'étang, au propriétaire de celui-ci. — Cour de Chambéry, 1er février 1870.

5. — *Canaux et fossés creusés dans les propriétés
particulières.* — Le droit de pêche sur un canal fait
de main d'homme pour amener à un moulin des eaux
dérivées d'une rivière, appartient au propriétaire de
ce canal, et non aux riverains qui ne peuvent y pêcher sans le consentement de celui-ci (Cour de cassation, 3 mai 1860); cette décision ne contredit pas
la solution qui résulte de l'arrêt du 13 janvier 1861,
rappelé plus haut, et qui concerne un canal d'amener creusé dans le lit même de la rivière dont il dérive les eaux. — Le droit de pêche sur un fossé
d'assainissement creusé dans une propriété qui a été
vendue depuis à divers acquéreurs, appartient en
commun à ceux-ci, qu'ils soient riverains ou non,
si le fossé n'a pas cessé d'être indispensable à chacun pour l'assainissement de son lot, et si, dès lors,
chacun se trouve obligé de supporter sa part des frais

de réparation et d'entretien. — Cour de Caen, 23 juillet 1818.

Art. 2.

Dans toutes les rivières et canaux autres que ceux qui sont désignés dans l'article précédent, les propriétaires riverains auront, chacun de son côté, le droit de pêche jusqu'au milieu du cours de l'eau, sans préjudice des droits contraires établis par possession ou titres.

—

6. — *Rivières et ruisseaux flottables à bûches perdues.* — L'Etat n'a le droit d'affermer la pêche, en aucun cas, dans les rivières ou ruisseaux qui ne sont flottables qu'à bûches perdues (Avis du Conseil d'Etat du 21 février 1822). — Il en est autrement lorsque les petits cours d'eau dont il s'agit traversent des propriétés domaniales, des forêts par exemple; dans ce cas, l'Etat a le droit de pêche comme tout propriétaire. — Les communes peuvent affermer les droits de pêche dans les cours d'eau non navigables ni flottables, sur les rives dont elles sont propriétaires; et le produit de ce fermage est inscrit au budget communal (M. Braff, *Principes d'administration communale*, t. 1, p. 319); les administrateurs de la commune ne peuvent se rendre adjudicataires de la ferme de ces droits. — Art. 1596 du Code civil.

7. — *Canaux non navigables ni flottables.* — La pêche dans les canaux de l'Etat qui ne sont pas navigables ou flottables avec bateaux, trains ou radeaux, appartient aux riverains. Il ne faut pas confondre ces canaux avec ceux creusés et entretenus par des particuliers dans des propriétés privées, dont il est question dans le dernier paragraphe de l'art. 1er.

8. — *Droits respectifs des riverains.* — Un rive-

rain qui a placé des paniers ou nasses dans les eaux
d'un autre riverain, est dans la position d'un bra-
connier qui a établi, sur le terrain d'autrui, des engins où le gibier est venu se prendre; il ne peut se
prétendre propriétaire du poisson pris dans ces paniers. En tout cas, le débat auquel donne lieu le
fait du riverain dans les eaux duquel les paniers ont
été déposés, d'en avoir retiré le poisson pour faire
respecter son droit de pêche, en admettant que ce
fait excède réellement son droit, est un débat pure-
ment civil, qui ne peut donner naissance à une poursuite pour vol, alors surtout que le fait a été commis
en présence du propriétaire des paniers et non clan-
destinement. — Cour de Lyon, 8 janvier 1861.

9. — *Droits contraires par possession ou titres.*—
Un riverain peut prescrire, par une possession de plus
de trente ans, le lit d'un cours d'eau non navigable
ni flottable, au delà du point où s'arrête son droit (Cour
de cassation, 7 décembre 1842); il peut, par suite,
prescrire de même le droit de pêche au delà du milieu du cours d'eau (M. Daviel, *Législation des cours
d'eau,* n° 510). — Ce droit de pêche peut, d'ailleurs,
faire valablement l'objet d'une cession, pourvu qu'elle
ait un caractère temporaire; mais le droit de pêche
qui appartient à un propriétaire à raison de sa situation de riverain sur une rivière non navigable ni
flottable, ne peut être détaché à perpétuité de la propriété dont il est une dépendance indivisible (Avis
du Conseil d'Etat du 19 octobre 1811). — V. l'art. 67.

Art. 3.

Des ordonnances royales, insérées au *Bulletin
des lois,* détermineront, après une enquête *de
commodo et incommodo,* quelles sont les parties
des fleuves et rivières et quels sont les canaux
désignés dans les deux premiers paragraphes

de l'art. 1er où le droit de pêche sera exercé au profit de l'État.

De semblables ordonnances fixeront les limites entre la pêche fluviale et la pêche maritime dans les fleuves et rivières affluant à la mer. Ces limites seront les mêmes que celles de l'inscription maritime; mais la pêche qui se fera au-dessus du point où les eaux cesseront d'être salées, sera soumise aux règles de police et de conservation établies pour la pêche fluviale.

Dans le cas où des cours d'eau seraient rendus ou déclarés navigables ou flottables, les propriétaires qui seront privés du droit de pêche, auront droit à une indemnité préalable, qui sera réglée selon les formes prescrites par les art. 16, 17 et 18 de la loi du 8 mars 1810, compensation faite des avantages qu'ils pourraient retirer de la disposition prescrite par le Gouvernement.

—

10. — *Limites respectives de la pêche fluviale et de la pêche maritime.* — De la discussion qui a précédé le vote des dispositions du paragraphe 2, il résulte : 1° que la pêche est considérée comme maritime et par conséquent gratuite jusqu'au point où les eaux restent salées, sauf qu'elle est soumise à l'observation des règlements spéciaux à la pêche maritime; 2° que la pêche est également gratuite depuis le point où cesse la salure des eaux jusqu'à la limite de l'inscription maritime, mais que l'administration, ayant sur cette partie des fleuves la même surveillance que sur les autres, peut y interdire tout procédé de pêche par lequel la remonte et la reproduction du poisson pourraient être compromises (M. Dalloz, *Répertoire, v° pêche fluviale, n° 27*). — Il n'est donc nullement besoin de la permission exigée par l'art. 5

pour pouvoir pêcher régulièrement dans la partie des fleuves affluant à la mer qui est située à l'intérieur des limites de l'inscription maritime. — Cour de cassation, 20 mai 1869.

Conformément aux deux premières dispositions de l'art. 3, le gouvernement a fait dresser un tableau, par départements, des parties de fleuves et rivières, et des canaux navigables ou flottables en trains, sur lesquels la pêche est exercée au profit de l'État, avec l'indication des limites entre la pêche fluviale et la pêche maritime. Ce tableau, consacré par une ordonnance royale du 10 juillet 1835, a été modifié ultérieurement dans quelques-unes des indications qu'il renferme, par plusieurs ordonnances et décrets qui ont été insérés au *Bulletin des lois*. — Dans huit départements, qui n'ont que des rivières flottables à bûches perdues, l'État n'a pas à affermer le droit de pêche. Ces départements sont les suivants : Cantal, Corse, Gers, Lozère, Orne, Pyrénées-Orientales, Haute-Vienne et Var.

Sur ce même sujet sont intervenues les dispositions suivantes :

Art. 1er du décret du 21 février 1852 : — « Des décrets du président de la République, insérés au *Bulletin des lois*, et rendus sur la proposition du ministre de la marine, détermineront dans les fleuves et rivières affluant directement ou indirectement à la mer, les limites de l'inscription maritime et *les points de cessation de la salure des eaux.* »

Art. 46 du décret du 4 juillet 1853 : — « La pêche est maritime, c'est-à-dire libre, sans fermage ni licence, tant sur les côtes du premier arrondissement (celui de Cherbourg) que dans les fleuves, rivières et canaux désignés au tableau suivant, jusqu'aux limites de l'inscription maritime. Toutefois, les dispositions du présent décret ne sont applicables dans ces fleuves, rivières et canaux que jusqu'au point de cessation de la salure des eaux. Entre ce point et les limites de l'inscription maritime, la pêche, quoique libre et exempte de licence, est soumise aux règles de police édictées par la loi du 15 avril 1829 sur la pêche fluviale. »

La même disposition a été transcrite, sous le même numéro, dans les réglements relatifs aux arrondissements maritimes de Brest, Lorient et Rochefort, édictés par décrets du même jour.

Le réglement relatif à l'arrondissement maritime de Toulon, rendu postérieurement, reproduit cette disposition dans les termes différents qui suivent :

Art. 57 du décret du 19 novembre 1859 : — « La pêche est libre, sans fermage ni licence, à la mer, sur les côtes, dans les étangs salés, ainsi que dans les fleuves, rivières, canaux, plans ou cours d'eau communiquant directement ou indirectement avec la mer jusqu'aux limites de l'inscription maritime. — Toutefois les dispositions du présent décret ne sont applicables dans les fleuves, rivières, canaux, etc., que jusqu'au point de cessation de la salure des eaux. — Entre ce point et les limites de l'inscription maritime, la pêche, quoique libre et exempte de licence, est soumise aux mesures d'ordre et de police édictées en vertu de la loi du 15 avril 1829 sur la pêche fluviale… »

N. B. Les art. 46 et 57, qui précèdent, sont accompagnés de tableaux indiquant, pour chaque arrondissement maritime, les limites de l'inscription maritime et celles de la salure des eaux. Ces indications modifient celles que contient le tableau annexé à l'ordonnance de 1835, dont il a été fait mention plus haut.

Art. 4.

Les contestations entre l'Administration et les adjudicataires, relatives à l'interprétation et à l'exécution des conditions des baux et adjudications, et toutes celles qui s'élèveraient entre l'Administration ou ses ayants-cause et des tiers intéressés à raison de leurs droits ou de leurs propriétés, seront portées devant les tribunaux.

—

11. — *Compétence pour reconnaître l'existence de droits de pêche.* — Lorsque l'administration et un particulier prétendent respectivement au droit de pêche dans une noue alimentée par les eaux d'une rivière navigable ou flottable avec trains, c'est au tribunal civil qu'il appartient de prononcer sur la contestation. — La demande de l'adjudicataire en résiliation de son bail pour cause de trouble apporté à sa jouissance par l'administration, est de la compétence du tribunal civil, même dans le cas où ledit trouble provient de l'exécution de travaux publics. (Tribunal des conflits, 11 décembre 1875). — C'est aussi à ce tribunal que l'adjudicataire du droit de pêche doit soumettre sa demande d'indemnité, dans le cas où un arrêté du ministre du commerce portant réquisition du poisson, a autorisé d'en pêcher, au mépris de son droit, dans le cantonnement qui lui avait été affermé. — Conseil d'État, 29 mai 1874.

Art. 5.

Tout individu qui se livrera à la pêche sur les fleuves et rivières navigables ou flottables, canaux, ruisseaux ou cours d'eau quelconques, sans la permission de celui à qui le droit de pêche appartient, sera condamné à une amende de vingt francs au moins et de cent francs au plus, indépendamment des dommages-intérêts.

Il y aura lieu, en outre, à la restitution du prix du poisson qui aura été pêché en délit, et la confiscation des filets et engins de pêche pourra être prononcée.

1.

Néanmoins, il est permis à tout individu de pêcher à la ligne flottante tenue à la main, dans les fleuves, rivières et canaux désignés dans les deux premiers paragraphes de l'art. 1er de la présente loi, le temps du frai excepté.

—

12. — *Permissions de pêche.* — L'obligation d'avoir une permission de celui auquel le droit de pêche appartient, est absolue : ainsi, l'associé du sous-fermier d'un cantonnement de pêche croirait à tort être affranchi de cette obligation vis-à-vis de l'État, et pouvoir se livrer à la pêche sans s'être fait préalablement agréer par les agents de l'Administration (Cour de cassation, 21 mars 1840). — La pêche des poissons d'eau douce n'est libre et affranchie de l'obligation d'avoir une licence ou permission que dans la partie des fleuves affluant à la mer, où elle prend le caractère de pêche maritime. — V. plus haut, n° 10.

13. — De même, celui qui habite une commune dont les propriétés contiennent un étang ou sont traversées par un cours d'eau non navigable, ne peut pêcher dans ces eaux que s'il est adjudicataire du droit de pêche. — Cour de cassation, 5 mars 1829.

Il en est ainsi, même quand l'usage contraire est établi en vertu d'une longue tolérance (même arrêt). — Cette décision, quoique rendue sous l'empire de la législation antérieure à la loi du 15 avril 1829, doit encore être suivie aujourd'hui (M. Dalloz, v° *Pêche fluviale,* n° 87).

14. — Ce n'est pas tout que d'avoir une permission, il faut que celui qui l'a délivrée, ait eu le droit de la donner; autrement le pêcheur ne peut s'en prévaloir (Cour de cassation, 11 juin 1825). — Il faut, de plus, s'il s'agit d'une permission donnée par un fermier d'un cantonnement de pêche, que cette permission soit régulière et qu'elle ait été accordée dans les limites et sous les conditions du cahier des charges. (Cour de cassation, 10 février 1849 ; Cour de Paris, 10 juin 1852). — Une permission autorisant l'emploi d'un procédé prohibé pour pêcher dans un cantonnement affermé par l'État, serait, relativement à cette clause, sans aucune valeur, eût-elle même été visée par l'ingénieur des ponts et chaussées. — Cour de Bordeaux, 29 juin 1871.

15. — Et le tribunal correctionnel ne pourrait s'abstenir de considérer comme un délit le fait d'avoir usé d'une permission non régulière, sous prétexte qu'un tel fait serait seulement susceptible d'entraîner la résiliation du bail du fermier, et de motiver contre le titulaire de la permission une condamnation à des dommages-intérêts (Cour de cassation, 16 juillet 1856). — De même, le tribunal admettrait à tort comme excuse la circonstance que le pêcheur dont la permission a été reconnue dépourvue de valeur, ne connaissait pas le cahier des charges. — Cour de cassation, 13 mars 1851.

16. — Toutefois, une cour a jugé que la négligence du fermier qui n'aurait pas rempli toutes les formalités à lui imposées par le cahier des charges, ne saurait motiver des poursuites contre le porteur de la licence délivrée d'une manière irrégulière (Cour de Bordeaux, 26 août 1847). — Mais cette solution est difficile à admettre, parce que celui qui s'est fait délivrer irrégulièrement une permission par un fermier de pêche, est en faute de ne s'être pas assuré de l'étendue des droits de celui-ci et des conditions auxquelles l'exercice de ces droits a été soumis par le cahier des charges. Il a été jugé, en ce sens, que lorsque, aux termes du cahier des charges, un individu n'a pu être autorisé par le concessionnaire d'une grande licence à pêcher dans son cantonnement qu'en qualité de compagnon l'aidant ou l'accompagnant, il commet le délit de pêche sans permission, s'il procède seul à une pêche hors la présence de celui-ci. — Cour d'Angers, 18 décembre 1869. — V. n° 298.

17. — L'adjudicataire du droit de pêche qui ne se

conforme pas à son cahier des charges, doit-il être considéré comme pêchant sans permission ? On ne l'a pas pensé, mais il peut y avoir lieu contre lui à une demande de dommages-intérêts (Cour de Besançon, 3 août 1854). — Le cahier des charges pourrait, du reste, pour ce cas, stipuler une clause pénale.

18. — On ne peut pêcher, sans permission, non-seulement le poisson vivant, mais aussi le poisson *mort* (Cour de Bordeaux, 29 septembre 1860, et 13 décembre 1863). — Par *poisson*, il faut entendre tous les objets de pêche, ce qui comprend la *grenouille* (Cour de Montpellier, 10 novembre 1862), et l'*écrevisse* (Cour de Besançon, 17 janvier 1863); mais non, cependant, les produits vivant des eaux qui ne sont pas propres à l'alimentation de l'homme, tels que les moules d'eau douce, dites *anodontes*. — Cour de Pau, 20 février 1874.

19. — *Poursuites.* — Le fait d'avoir péché sans permission dans une rivière navigable, peut être poursuivi, soit au nom et à la diligence du fermier auquel il porte préjudice (V. l'art. 67), soit par le ministère public (Cour de cassation, 3 juin 1853), soit aussi à la requête de l'administration des ponts et chaussées, aujourd'hui substituée en cette matière à l'administration des forêts (Cour de cassation, 2 mars 1849). On estimerait à tort que le droit de poursuite n'appartient qu'au fermier et au ministère public. — Cour de cassation, 13 mars 1851... Décision contraire : Cour de Nancy, 27 janvier 1847.

20. — Les particuliers qui jouissent d'un droit de pêche sur un cours d'eau, peuvent établir des gardes pour surveiller la pêche et dénoncer les délinquants; il en est de même des fermiers du droit de pêche dans les cours d'eau du domaine public. — V. l'art. 65.

21. — *Pénalités.* — Indépendamment de l'amende de 20 à 100 fr. et des dommages-intérêts envers celui auquel le droit de pêche appartient, le délinquant est passible de la confiscation des filets et engins de pêche. Toutefois, le présent art. 5 dit seulement que cette confiscation *pourra* être prononcée; il a été ex-

pliqué, dans le rapport fait à la Chambre des députés, que c'est là une mesure répressive abandonnée à l'appréciation du juge. — Usant de cette faculté, une cour a déclaré n'y avoir lieu de prononcer la confiscation du filet, dans un cas où le délit provenait d'une erreur de droit (Cour de Bordeaux, 15 février 1833). — Mais il est bien entendu qu'il s'agit de filets et engins non prohibés, car les filets prohibés doivent être saisis et détruits. — Voir les art. 39 et 41.

22. — Dans le cas où un chasseur, à défaut de gibier, tire sur du poisson dans un cours d'eau où il n'a pas le droit de pêcher, il commet un délit de pêche et se rend passible des peines édictées par le présent article (V., en ce sens, MM. Giraudeau et Lelièvre, *la Chasse*, n° 110; *Journ. de la Gendarm.*, 1861, n° 588, p. 416); il commet de plus aujourd'hui le délit de pêche à l'aide d'un procédé prohibé (V. à la fin du volume l'art. 15 du décret du 10 août 1875, et ce qui est dit n° 532). Mais le fusil n'est pas susceptible de confiscation, parce qu'il n'est pas un engin de pêche. Au surplus, même si l'on admettait une solution contraire sur ce point, il faudrait observer les prescriptions de l'art. 25 de la loi du 3 mai 1844, sur la chasse, aux termes duquel « les délinquants ne peuvent être saisis ni désarmés. »

Les filets non prohibés dont la confiscation est prononcée en exécution de l'art. 5, sont vendus au profit du trésor (V. l'art. 41). — Quant à la restitution du *prix* du poisson qui a été péché en délit, elle doit toujours être ordonnée (art. 42 et 73), et cela même dans le cas où le poisson a été péché dans un cours d'eau non navigable; il est à remarquer, en effet, que l'art. 42 relatif à la vente du poisson saisi comme ayant été péché en délit, est déclaré applicable à la répresion des délits commis au préjudice des particuliers (art. 68). — Mais M. Daviel, t. 2, n° 688, n'admet pas que le poisson lui-même soit restitué.

23. — L'art. 5 ne s'applique pas au cas où des poissons ont été pris, non plus dans une eau courante, mais dans un étang privé, vivier ou réservoir; et, en cette matière, il n'y a pas à distinguer entre les réservoirs artificiels créés par le propriétaire qui y a placé des poissons, et les réservoirs naturels qui se forment dans quelques propriétés lors des hautes eaux, et sont peuplés par des poissons amenés par les crues (Tribunal de Gray, 13 juin 1873). — La soustraction de ces poissons, faite dans une intention frauduleuse, est un vol puni par l'art. 388 du Code pénal d'un emprisonnement d'un an à cinq ans et d'une amende de 16 à 500 fr., sauf réduction de la peine en cas de circonstances atténuantes. — Il n'importe que cette soustraction ait été effectuée au moyen d'un procédé de pêche et que l'étang dans lequel le fait a été commis soit situé dans une propriété non close; ce n'en est pas moins un vol. — Cour de cassation, 11 décembre 1834.

24. — Mais le fait d'avoir pêché du poisson dans l'étang ou réservoir d'autrui ne pouvant être réprimé que comme vol véritable et non comme délit de pêche, il en résulte que le juge correctionnel, s'il reconnaît que le prévenu a agi de bonne foi et sans intention de fraude, prononce à bon droit son acquittement (même arrêt). Une cour d'appel voudrait qu'en pareil cas on appliquât le présent art. 5, parce qu'il exige le consentement de celui à qui la pêche appartient, pour prendre du poisson dans les *cours d'eau quelconques,* sans distinction (Cour de Dijon, 11 décembre 1872). Mais cette interprétation est à bon droit critiquée dans le recueil périodique de jurisprudence générale de MM. Dalloz. On ne peut, en pareil cas, condamner l'auteur du fait qu'à des dommages-intérêts envers celui à qui le poisson appartient (V. n° 339). — Sur ce qu'il faut entendre par *étangs particuliers ou réservoirs,* V. n° 150; V, aussi n° 84.

De plus, en l'absence d'une disposition qui punisse la *tentative* du délit prévu par l'art. 388 précité, le fait d'avoir pêché, même de mauvaise foi, dans un étang privé, ne pourrait donner lieu à aucune poursuite correctionnelle, si aucun poisson n'avait été

pris. Le contraire a été jugé, toutefois, par un arrêt
de la Cour de Caen, du 29 novembre 1843, qui est
approuvé par M. Dalloz, v° *Vol.*, n° 418.

25. — Bien que celui qui pêche, dans un cours
d'eau non navigable, sur le terrain d'un riverain de
ce cours d'eau, commette une violation du droit de
propriété de celui-ci, il n'y a pas lieu évidemment de
qualifier de vol le délit par lui commis. Le riverain,
en effet, ne possède pas le poisson circulant dans l'eau
qui coule devant sa propriété; il ne possède que la
faculté de le prendre en usant des procédés autorisés
(V. Pothier, *de la Propriété*, n° 53). — Le présent
art. 5 ne laisse aucun doute sur la solution de cette
question, qui d'ailleurs était déjà résolue en ce sens
avant la loi de 1829. — Cour de Paris, 22 avril 1825.

26. — *Pêche à la ligne flottante.* — Cette pêche
était permise à chaque particulier par les anciennes
ordonnances. « En effet, lit-on dans un dictionnaire
de jurisprudence publié à Besançon en 1764 (v° *Pêche*), cette sorte de pêche n'est pas capable de dépeu-
pler les rivières et ne peut être regardée que comme
une sorte de délassement; il y a néanmoins des lieux,
est-il ajouté, où il faut être reçu maître pêcheur à
verge, pour pêcher à la ligne, car que n'a-t-on pas
érigé en maîtrise? » — V. aussi Denisart, v° *Pêche*,
n° 10.

Elle n'est autorisée sans permission, par le présent
art. 5, que dans les eaux du *domaine public*. — Il a
été déclaré par le rapporteur de la loi de 1829 que
si la pêche à la ligne flottante tenue à la main échappe
à toute pénalité, ce procédé néanmoins « ne jouit d'un
tel privilège que dans les rivières et canaux où la pêche est exercée par l'État, et il constituerait une contravention s'il avait lieu dans les cours d'eau dont la
pêche appartient aux propriétaires riverains. »

Ainsi, le fait de pêcher, même à la ligne flottante,
dans un canal navigable ou flottable qui ne dépend
pas du domaine public, constitue un délit, en l'absence d'une permission du propriétaire de ce canal
(Tribunal de la Seine, 26 août 1856). — Spéciale-

ment, la pêche dans un canal creusé par une commune et concédé par elle à une compagnie (tel que
le canal de l'Ourcq, établi aux frais de la ville de
Paris), ne peut être pratiquée même à la ligne flottante sans la permission de la compagnie concessionnaire (Cour de Paris, 9 octobre 1857). — Mais si
le canal a été concédé par l'État, et doit, par conséquent, faire retour au domaine public, les conces-
sionnaires ne peuvent s'opposer à ce qu'on y pêche
à la ligne. — Cour de Douai, 27 septembre 1844.

27. — L'art. 5 n'a entendu disposer que relativement aux eaux du domaine public *navigable ou flottable*. Par conséquent il n'est pas permis de pêcher,
sans autorisation du fermier de la pêche, dans les
eaux des fossés d'une place de guerre, alors que
ces eaux proviennent d'une rivière non navigable
ni flottable. — Cour d'Amiens, 13 mars 1874.

28. — Un cours d'eau non navigable ni flottable,
qui traverse une forêt domaniale, dépend du domaine
de l'État et non du domaine public; on ne peut donc
y pêcher même à la ligne flottante sans une permission de l'administration forestière (Cour de cassation, 4 juillet 1846). — A plus forte raison, ne peut-
on pêcher, même à la ligne flottante, dans des bassins
ou réservoirs construits pour servir à l'alimentation
d'un canal de navigation et à des opérations de pisciculture, s'ils ne communiquent avec le canal que
par des rigoles artificielles et au moyen de vannes
de décharge grillées (Cour de Dijon, 11 décembre
1872); c'est là une propriété privée de l'État. — De
même dans les cours d'eau non navigables, ni flottables, qui traversent des biens communaux, et dans
lesquels, par conséquent, la pêche appartient aux
communes propriétaires de ces biens, la pêche, même
à la ligne, n'est possible qu'avec une permission ou
plutôt une concession (Cour de cassation, 5 mars
1829). — Ce dernier arrêt, toutefois, ne tranche pas
positivement la question. Il a statué sur un cas de
pêche à la ligne *dormante* dans un étang appartenant à une commune; or, ce mode de pêche ne peut

être pratiqué, au détriment du fermier, même dans les rivières navigables.

29. — Les auteurs de la présente loi n'ont pas donné la définition de la ligne flottante. « Cette description, si elle est nécessaire, a dit le rapporteur de la commission devant la Chambre des Pairs, est du domaine des ordonnances. » — Le gouvernement n'a pas jugé utile, non plus, de s'expliquer sur ce point; on devra donc prendre pour règles les solutions fournies par la jurisprudence, que nous reproduisons ci-après. Il a été d'ailleurs reconnu, dans le rapport sur la loi de 1865, que c'est par une fausse interprétation de l'art. 5 de la loi de 1829 que d'anciens réglements préfectoraux avaient fixé la grosseur des hameçons et le poids des plombs que le pêcheur à la ligne est autorisé à employer.

30. — La loi n'autorisant pour la pêche sans permission dans les eaux du domaine public que la ligne *flottante*, il y a délit à pêcher avec une ligne *dormante* ou *de fond*, c'est-à-dire avec une ligne dépourvue de flotteur et garnie de plombs qui entraînent l'appât au fond de l'eau (Cour de Lyon, 28 novembre 1850). — C'est ce qui avait déjà été jugé, avant la loi de 1829, relativement à l'emploi d'un instrument de pêche dit *mazzacchera*, sorte de ligne dont le manche s'appuie sur une fourchette fixée en terre et dont on ne peut se servir qu'en fixant l'extrémité au fond de l'eau à l'aide d'un plomb. — Cour de cassation, 1er décembre 1810.

31. — Mais l'usage de la ligne *volante* dite *à la mouchette*, rentre dans les prévisions de la loi (Cour de Besançon, 19 novembre 1856); il en est de même de l'usage d'une ligne garnie de quelques plombs mais pourvue d'un flotteur, si cette ligne est constamment soumise au mouvement du flot, de manière que le pêcheur qui la tient à la main, soit obligé de la ramener vers lui (Cour de Douai, 27 septembre 1844; Cour de Paris, 21 mai 1851). — Une ligne dépourvue de flotteur n'en devrait pas moins être considérée comme ligne flottante, si l'amorce n'était

empêchée par aucun poids étranger de suivre le mouvement du flot (Cour de Paris, 5 février 1862).

32. — Le pêcheur peut garnir sa ligne de plusieurs hameçons, pourvu qu'elle ne cesse pas d'être flottante (Tribunal de Versailles, 31 décembre 1811; Cour de Paris, 21 mai 1851). — Il peut aussi se servir de sa ligne sur un bateau aussi bien que sur le bord de l'eau, la loi n'ayant rien disposé à cet égard (Cour de Liége, 28 décembre 1835).

33. — Mais la ligne devant être *tenue à la main*, il y a lieu de déclarer en contravention le pêcheur qui dépose sa ligne sur le bord, même momentanément, au lieu de la retirer de la rivière (Cour de Bourges, 12 octobre 1839). — De même, est en contravention le pêcheur qui, pour tirer de l'eau le poisson pris avec sa ligne, se sert d'un filet auxiliaire dit *épuiselle*, encore bien que les mailles de ce filet ne seraient pas contraires aux prescriptions des règlements; ce procédé, dont l'usage rend la pêche à la ligne beaucoup plus fructueuse, ne peut être pratiqué que par ceux qui sont munis d'une permission (Cour de Metz, 15 février 1860). — Sur la visite des lignes par les gardes-pêche, V. l'art. 31 ci-après.

34. — Le pêcheur à la ligne, libre de choisir sa place, sous la seule condition de se conformer aux arrêtés de police, quand le fleuve ou la rivière navigable est bordé par un quai ou une voie publique, ne jouit pas de la même faculté le long des rivières dont les terrains riverains sont simplement soumis à la servitude de halage ou de marchepied; il ne peut se placer qu'aux endroits accessibles au public, à moins qu'il n'ait une permission des propriétaires intéressés. — « Nous n'hésiterons point, dit à ce sujet M. Dufour, 2e éd., t. 4, n° 308, à admettre que la fréquentation du chemin de halage est interdite à tous autres qu'aux navigateurs et pêcheurs (V. article 35); que les ports, les abreuvoirs et les gués publics offrent seuls l'accès du fleuve à ceux qui veulent y puiser de l'eau, s'y baigner, y *pêcher à la ligne*, et, en un mot, exercer un de ces droits que l'on désigne sous le nom de *naturels*, pour exprimer qu'ils ont leur source dans des vues providentielles que la loi civile n'a pu méconnaître. Le marchepied ne constitue point un *chemin*, dans le sens ordinaire de ce mot; ce n'est point une voie publique; il ne désigne qu'un espace qui, sans cesser de faire partie des héritages dont il dépend, est assujetti à servir de passage dans des circonstances déterminées. »

Toutefois, le pêcheur à la ligne qui se placerait sur un terrain soumis seulement à la servitude de halage ou de marchepied, ne commettrait pas un délit de pêche. Le fait pourrait seulement, dans certains cas, constituer une contravention de simple police, et tomber sous l'application de l'art. 471, n° 13, du Code pénal, qui punit d'une amende de 1 à 5 fr. « ceux qui, n'étant ni propriétaires, ni usufruitiers, ni locataires, ni fermiers, ni jouissant d'un terrain ou d'un droit de passage..., seront entrés et auront passé sur ce terrain ou sur partie de ce terrain, *s'il est préparé ou ensemencé.* »

35. — La pêche à la ligne, comme les autres pêches, est interdite en temps de frai. Il a été expliqué dans le rapport sur la loi de 1865 que cette disposition était maintenue. — Sur le temps de frai, V. l'art. 1er du décret du 10 août 1875.

Le pêcheur à la ligne est tenu aujourd'hui, comme les autres, de rejeter en rivière les poissons qui n'ont pas les dimensions réglementaires. — V. l'art. 8 du même décret.

36. — L'exception faite, par égard pour d'anciens usages, en faveur de la ligne flottante, ne s'étend pas à d'autres procédés de pêche. On décidait, avant le décret du 10 août 1875, qu'elle ne s'étendait pas, notamment, à celui qui consiste à prendre le poisson *à la main* sans le secours de filets. Pour l'emploi de ce procédé de pêche, il fallait une permission du fermier. (Cour de cassation, 7 août 1823 et 9 août 1860; Cour de Bordeaux, 20 septembre 1860). — Aujourd'hui, le procédé dont il s'agit est prohibé par l'art. 18, n° 8, du règlement général du 10 août

1875, et ne peut, par conséquent, être employé, même avec permission.

———◆◆◆———

TITRE II.

DE L'ADMINISTRATION ET DE LA RÉGIE DE LA PÊCHE.

Art. 6.

(Conforme à l'art. 3 du Code forestier.)

Nul ne peut exercer l'emploi de garde-pêche s'il n'est âgé de vingt-cinq ans accomplis.

—

37. — *Condition d'âge.* — L'âge de 25 ans est celui exigé des gardes champêtres par le Code rural de 1791 (tit. 1, sect. 7, art. 5), et des gardes forestiers par le Code forestier (art. 3). Il faut, en effet, une certaine maturité pour constater des délits par procès-verbaux pouvant faire foi jusqu'à incription de faux, et pour procéder à des saisies et à des arrestations. — Aucune dispense ne peut être accordée; et l'individu qui exercerait les fonctions de garde-pêche sans avoir l'âge requis, n'aurait pas l'aptitude à verbaliser. — Pourrait-il, en cas d'injures, outrages ou voies de fait, invoquer les dispositions qui protégent les agents de la police judiciaire dans l'exercice de leurs fonctions? M. Meaume, dans son *Commentaire du Code forestier*, n° 15, estime que non; mais V. ce qui est dit sur l'article suivant, n° 41, pour le cas d'entrée en fonctions avant la prestation du serment.

38. — Pour pouvoir être nommé à l'emploi de garde-pêche, il ne suffit pas que le candidat ait plus de

vingt-cinq ans, il faut aussi qu'il n'ait pas dépassé trente-cinq ans, et qu'il sache lire et écrire (Ordonnance du 15 novembre 1833) ; cette limite d'âge a été portée à trente-six ans par la loi du 24 juillet 1873, au profit des candidats qui sortent de l'armée avec le grade de sous-officier.

Sur la *nomination* des gardes-pêche, V. l'art. 38. — Sur les questions d'*incompatibilité*, de *traitement*, de *retraites*, etc., V. l'art. 37.

Art. 7.

(Conforme à l'art. 5 du Code forestier.)

Les préposés chargés de la surveillance de la pêche ne pourront entrer en fonctions qu'après avoir prêté serment devant le tribunal de première instance de leur résidence, et avoir fait enregistrer leur commission et l'acte de prestation de leur serment au greffe des tribunaux dans le ressort desquels ils devront exercer leurs fonctions.

Dans le cas d'un changement de résidence qui les placerait dans un autre ressort en la même qualité, il n'y aura pas lieu à une nouvelle prestation de serment.

---

39. — *Prestation de serment.* — Le serment est prêté sur la réquisition de l'officier du ministère public après que ce magistrat a constaté la régularité de la commission, mais sans que l'intervention d'un avoué soit nécessaire (Cour de cassation, 20 septembre 1823, et 15 juillet 1830). — Le tribunal civil ne pourrait, sans excès de pouvoir, admettre une prestation de serment que le ministère public s'abstien-

drait ou refuserait de requérir (Cour de cassation, 22 mars 1813, et 17 août 1851). — Le montant des frais de la prestation de serment est évalué à 6 fr. 45 c.

40. — Les frais de prestation du serment judiciaire pour le service de la pêche sont à la charge des agents des ponts et chaussées ou de la pêche.

41. — *Entrée en fonctions avant la prestation de serment.* — Il est admis par la jurisprudence que, dans cette circonstance, l'agent ne peut dresser de procès-verbaux valables (Cour de cass., 6 août 1813; Cour de Bordeaux, 20 février 1810; M. Dalloz, v° *Serment*, n° 63,; mais, par cela seul qu'il exerce un emploi public ostensiblement et sous l'autorité du gouvernement il est protégé par les dispositions qui répriment les injures et voies de fait envers les agents de la police judiciaire (Cour de cassation, 20 juin 1831, 8 janvier 1856, et 5 avril 1860). — Cette dernière observation ne concerne que le cas de bonne foi. La loi dispose, pour le cas de mauvaise foi ou de négligence inexcusable, que « tout fonctionnaire public qui sera entré en exercice de ses fonctions sans avoir prêté le serment, *pourra être poursuivi*, et sera puni d'une amende de 16 fr. à 150 fr. » — Art. 196 du Code pénal.

42. — *Entrée en fonctions avant l'enregistrement de la commission.* — Le garde-pêche dont les fonctions doivent s'étendre sur plusieurs arrondissements, est tenu de faire enregistrer sa commission et l'acte de prestation du serment, non-seulement au greffe du tribunal devant lequel le serment a été prêté, mais aussi au greffe des tribunaux des autres arrondissements dans lesquels il est appelé à verbaliser. A défaut de l'accomplissement de cette formalité, ses procès-verbaux seraient déclarés nuls dans ces arrondissements, sauf pour l'administration la faculté d'établir l'existence du délit à l'aide d'autres preuves; c'est ce qui a été reconnu à l'égard des gardes forestiers, qui sont soumis aux mêmes obligations (Cour d'Amiens, 7 avril 1838). — Mais la circonstance que le greffier près du tribunal qui a reçu la

prestation du serment, aurait, tout en constatant sur la commission du garde la réception du serment, négligé d'en faire en même temps la transcription sur le registre spécial qu'il est obligé de tenir, ne pourrait priver les procès-verbaux de ce garde de la foi qui lui est due. — Cour de cassation, 1er avril 1808.

43. — *Changement de résidence.* — Le garde doit se présenter au greffier du nouveau ressort pour que celui-ci porte sur sa feuille d'audience, à la date courante, les mentions relatives au nom, aux fonctions du garde et au serment qu'il a précédemment prêté. L'accomplissement de cette formalité est mentionnée sur la commission. (Instruction de l'administration de l'enregistrement, n° 438). — Le défaut d'enregistrement de la commission, s'il était imputable exclusivement à la négligence du garde-pêche, ferait à bon droit contester à celui-ci, comme on l'a vu au numéro précédent, l'aptitude à verbaliser dans le nouveau ressort.

44. — *Interdiction de chasser.* — « Le permis de chasse ne sera pas délivré :.... 4° aux gardes champêtres ou forestiers des communes et établissements publics, ainsi qu'aux gardes forestiers de l'État et aux gardes-pêche » (Loi du 3 mai 1844, art. 7). — Cette disposition, ainsi que cela a été expliqué dans la discussion de la loi de 1844, ne concerne que les gardes-pêche de l'État. On sait que ces gardes sont appelés à concourir à la constatation des délits de chasse (même loi, art. 22). — V. l'art. 38.

45. — D'après une interprétation admise par deux cours d'appel, le garde-pêche qui ferait usage d'un permis délivré en contravention à la défense prérappelée, s'exposerait à être poursuivi pour délit de chasse sans permis (Cour de Rouen, 30 novembre 1844; et Cour d'Angers, 19 février 1862). Mais la Cour de cassation a jugé que le fait d'un garde d'avoir chassé avec un permis obtenu par surprise, ne peut, à défaut d'énonciation d'une sanction pénale dans la loi, donner lieu à l'application d'aucune peine

(Cour de cassation, 28 janvier 1858.) — Au reste, le préfet, prévenu de son erreur, peut toujours signifier le retrait du permis surpris à sa religion; et dans ce cas, le garde qui continuerait à faire usage du permis indûment obtenu, s'exposerait à être poursuivi pour délit de chasse sans permis. — Circulaire du ministre de l'intérieur, du 20 mai 1844.

46. — En dehors du cas où le permis de chasse a été obtenu par erreur, le garde-pêche qui enfreint l'interdiction de chasser, se rend passible du maximum des peines prononcées par les art. 11 et 12 de la loi du 3 mai 1844. — Il n'en est ainsi, toutefois, que lorsque le délit de chasse est commis dans la circonscription même que le garde-pêche est chargé de surveiller. Commis ailleurs, le délit de chasse n'est passible que des peines ordinaires. — Cour d'Aix, 16 mars 1871.

Art. 8.

Les gardes-pêche pourront être déclarés responsables des délits commis dans leurs cantonnements, et passibles des amendes et indemnités encourues par les délinquants, lorsqu'ils n'auront pas dûment constaté les délits.

—

47. — *Responsabilité des gardes-pêche.* — Le projet de loi portait, comme l'art. 6 du Code forestier : « Les gardes *sont* (et non pas *pourront être déclarés*) responsables... etc. » Cette disposition a été considérée comme trop rigoureuse, et, à la demande de la commission de la Chambre des députés, le texte actuel a été substitué à celui du projet. « Les délits forestiers, a-t-on dit, laissent des traces qu'il est possible de reconnaître et de suivre, il n'en est pas de même des délits de pêche. Ne voulant pas exposer à

une peine inévitable le garde qui a fait son devoir et rempli ses fonctions avec zèle, la commission vous propose de rendre cette disposition facultative, disant seulement que les gardes-pêche *pourront être déclarés* responsables des délits commis dans leurs cantonnements. Les tribunaux n'en auront pas moins le pouvoir de punir la complicité, la connivence, même la négligence; et cela suffit à la société. » — Extrait du rapport.

48. — La responsabilité des gardes champêtres, quand ils font fonctions de gardes-pêche, nous paraît devoir être appréciée dans les termes du présent art. 8, et non pas dans les termes, beaucoup plus rigoureux, de l'art. 7 de la section 5 du titre Ier du Code rural de 1791, portant que « *ils seront* responsables des dommages, dans le cas où ils négligeront de faire dans les vingt-quatre heures le rapport des délits. »

49. — Il ne peut être question de déclarer les gardes-pêche responsables qu'à raison du défaut de constatation des délits dont la poursuite est prescrite dans un intérêt public, et non de ceux qui ne portent atteinte qu'à des intérêts privés, les gardes ayant, relativement à ces derniers, la faculté et non l'obligation de verbaliser (art. 5).

50. — La négligence, d'après la déclaration de la commission de la Chambre des députés mentionnée au n° 47, peut être punie, tout aussi bien que la complicité et la connivence. Sur les moyens d'apprécier de cette négligence, V. les instructions ministérielles transcrites à la suite de l'art. 38 de la présente loi. — M. Dupin a émis l'opinion qu'un garde, dont le procès-verbal serait affecté de nullité par suite de l'une de ces fautes lourdes qui sont inexcusables, pourrait être considéré comme « n'ayant pas *dûment* constaté le délit » (*Code forestier*, note sur l'art. 6). Mais la question n'a d'intérêt que dans le cas où aucune preuve n'a pu être produite pour suppléer au procès-verbal. — V. l'art. 52.

Les gardes-pêche peuvent aujourd'hui être poursuivis en responsabilité par les parties qui se prétendent lésées par leur négligence à constater les délits, sans autorisation préalable de l'administration. Les dispositions qui exigeaient cette autorisation préalable ont été abrogées par le décret du 19 septembre 1870.

51. — *Délits commis par les gardes-pêche.* — Lorsque les délits qui leur sont imputés se rapportent à l'exercice de leurs fonctions, les gardes-pêche doivent, à la requête du procureur général, être traduits devant la première chambre de la Cour d'appel, conformément aux prescriptions de l'art. 483 du Code d'instruction criminelle (Cour de Paris, 7 décembre 1869). — Décidé, à cet égard, qu'un délit de chasse commis par un garde-pêche ne peut être considéré comme se rapportant à l'exercice des fonctions de cet agent, et doit, dès-lors, être déféré au tribunal correctionnel et non à la Cour d'appel (Cour de cassation, 6 janv. 1827). — Cette décision doit-elle encore être suivie depuis la loi du 3 mai 1844, qui a compris dans les fonctions des gardes-pêche la mission de constater les délits de chasse par des procès-verbaux faisant foi jusqu'à preuve contraire? Nous ne le pensons pas, parce que, dans leur circonscription, les gardes-chasse et les gardes-pêche sont toujours réputés dans l'exercice de leurs fonctions, c'est donc devant la Cour d'appel qu'il y a lieu de les poursuivre. — V. l'art. 53 ci-après.

Art. 9.

L'empreinte des fers dont les gardes-pêche font usage pour la marque des filets, sera déposée au greffe des tribunaux de première instance (abrogé).

---

52. — *Vérification de la régularité des filets.* — Cet article se réfère à l'art. 32 ci-après; or, comme l'art. 32

a été abrogé sur ce point par l'art. 9 de la loi du 31 mai 1865 (qu'on trouvera reproduite à sa date), il s'ensuit que le présent art. 9 est lui-même implicitement abrogé. — Le mode de vérification de la dimension des mailles des filets a été changé; et ce qui doit être déposé au greffe aujourd'hui, c'est un exemplaire de l'instrument fourni par l'administration pour les vérifications à faire d'après le nouveau procédé. — V. l'art. 1er du décret du 28 août 1865.

———◆◆◆◆———

TITRE III.

DES ADJUDICATIONS DES CANTONNEMENTS DE PÊCHE.

Art. 10.

(D'après la loi du 6 juin 1810.) « La pêche au profit de l'Etat sera exploitée, soit par voie d'adjudication publique, soit par concession de licences à prix d'argent.

« Le mode de concession par licences ne sera employé que lorsque l'adjudication aura été tentée sans succès.

« Toutes les fois que l'adjudication d'un cantonnement de pêche n'aura pu avoir lieu, il sera fait mention, dans le procès-verbal de la séance, des mesures qui auront été prises pour donner toute la publicité possible à la mise en adjudication, et des circonstances qui se seront opposées à la location. »

—

53. — *Concession par adjudication.* — L'ancien

art. 10 parlait d'adjudication *aux enchères et à l'extinction des feux.* La suppression des mots soulignés
implique que le gouvernement peut employer, selon
qu'il le juge opportun, l'adjudication au rabais, l'adjudication aux enchères et à l'extinction des feux,
l'adjudication sur soumissions cachetées. — Le modèle de cahier des charges, adressé aux préfets par
circulaire du 15 novembre 1875, admet les deux premiers modes.

51. — *Concession par licences.* — Du rejet d'une
proposition faite à la Chambre des députés dans le
but de faire limiter à trois années la durée des
licences, il résulte que le gouvernement peut, à la
condition de ne pas excéder neuf années, fixer, comme
il le juge convenable, la durée des licences.

55. — *Chasse sur les cours d'eau.* — Elle est
affermée conjointement avec la pêche, et s'applique
uniquement au gibier d'eau (V. l'art. 15 du cahier
des charges de 1875, à la fin du volume). M. Daviel,
t. 1, n° 249, approuve la réunion de ces deux droits
dans la même adjudication. Il faut remarquer, en
effet, que les gardes-pêche ont mission de surveiller
sur les cours d'eau la chasse aussi bien que la pêche
(V. l'art. 38 et nos explications); et que le décret du
25 mars 1863, charge la même administration, celle
des contributions indirectes, de recouvrer les fermages de la pêche et de la chasse sur les cours
d'eau.

Art. 11.

L'adjudication publique devra être annoncée
au moins quinze jours à l'avance par des affiches
apposées dans le chef-lieu du département, dans
les communes riveraines du cantonnement et
dans les communes environnantes.

—

56. — *Annonces par affiches.* — Appliquant à ce cas, par analogie, l'art. 84 de l'ordonnance du 1er août 1827 sur l'adjudication des coupes forestières, M. Baudrillart, t. 1er, p. 197, estime que les affiches doivent indiquer « le lieu, le jour et l'heure de l'adjudication, les fonctionnaires chargés d'y présider, la situation et l'étendue du cantonnement de pêche ». — V. l'art. 13.

57. — « Dans le cas où certains cantonnements n'auraient pas trouvé adjudicataire, l'amodiation sera remise, séance tenante et *sans nouvelles affiches*, au jour qui sera indiqué par le président. » — Art. 3 du cahier des charges des adjudications du droit de pêche, adressé aux préfets par circulaire du 15 novembre 1875.

<h1 style="text-align:center">Art. 12.</h1>

(Semblable à l'art. 18 du Code forestier.)

Toute location faite autrement que par adjudication publique sera considérée comme clandestine et déclarée nulle. Les fonctionnaires et agents qui l'auraient ordonnée ou effectuée, seront condamnés solidairement à une amende égale au double du fermage annuel du cantonnement de pêche.

Sont exceptées les concessions par voie de licence.

—

58. — *Location clandestine.* — La loi ne dit pas qui devra *déclarer nulle* la location faite autrement que par adjudication publique. Suivant M. Dalloz, v° *Pêche fluviale*, n° 64, cette mission appartiendrait à l'Administration, parce qu'il s'agit de l'appréciation

2.

4

des formes de l'acte. — Sur les concessions par voie de licence., V. n° 51.

Art. 13.

(Semblable à l'art. 19 du Code forestier.)

Sera de même annulée toute adjudication qui n'aura point été précédée des publications et affiches prescrites par l'art. 11, ou qui aura été effectuée dans d'autres lieux, à autres jour et heure que ceux qui auront été indiqués par les affiches ou les procès-verbaux de remise en location.

Les fonctionnaires ou agents qui auraient contrevenu à ces dispositions, seront condamnés solidairement à une amende égale à la valeur annuelle du cantonnement de pêche; et une amende pareille sera prononcée contre les adjudicataires, en cas de complicité.

---

59. — Le présent article suppose que des *publications* ont dû être faites en même temps que des appositions d'affiches; M. Rogron, p. 32, fait observer que l'art. 11 n'a prescrit que des affiches. Mais l'art. 10 veut qu'il soit justifié que des mesures ont été prises pour donner *toute la publicité possible* à la mise en adjudication. — Cette disposition de l'art. 10 est en harmonie avec celles de l'art. 81 de l'ordonnance du 1er août 1827, qui, en matière forestière, après avoir fait mention de la publicité par affiches, ajoute : « Les préfets et sous-préfets emploieront, au surplus, les autres moyens de publication qui seront à leur disposition. » — Il peut donc y avoir lieu de faire insérer des annonces dans les journaux de l'arrondissement.

60. — *Nullité de l'adjudication.* — Les formalités de publicité et d'enchères, prescrites par les art. 10 et suiv., ont été introduites dans l'intérêt de l'État; il en résulte que le concessionnaire ne peut se prévaloir de l'omission de ces formes, alors qu'il n'en éprouve aucun préjudice. — Cour d'Agen, 2 janvier 1831.

Art. 14.

(Conforme à l'art. 20 du Code forestier, modifié par la loi du 4 mai 1837.)

(*D'après la loi du 6 juin* 1840). « Toutes les contestations qui pourront s'élever pendant les opérations d'adjudication, soit sur la validité desdites opérations, soit sur la solvabilité de ceux qui auront fait des offres et de leurs cautions, seront décidées immédiatement par le fonctionnaire qui présidera la séance d'adjudication. »

61. — En matière d'adjudications forestières, il est admis que les décisions du président sont définitives et qu'aucun recours par la voie contentieuse n'est ouvert contre elles aux intéressés (Conseil d'État, 12 avril 1853). — La question s'élevant exactement dans les mêmes termes en matière de pêche fluviale, y doit recevoir aussi la même solution.

Art. 15.

(Semblable à l'art. 21 du Code forestier.)

Ne pourront prendre part aux adjudications, ni par eux-mêmes, ni par personnes interposées, directement ou indirectement, soit comme parties principales, soit comme associés ou cautions :

1° Les agents et gardes forestiers et les gardes-pêche, dans toute l'étendue du royaume; les fonctionnaires chargés de présider ou de concourir aux adjudications, et les receveurs du produit de la pêche dans toute l'étendue du territoire où ils exercent leurs fonctions. — En cas de contravention, ils seront punis d'une amende qui ne pourra excéder le quart ni être moindre du douzième du montant de l'adjudication; et ils seront, en outre, passibles de l'emprisonnement et de l'interdiction qui sont prononcés par l'art. 175 du Code pénal;

2° Les parents et alliés en ligne directe, les frères et beaux-frères, oncles et neveux des agents et gardes forestiers et gardes-pêche, dans toute l'étendue du territoire pour lequel ces agents ou gardes sont commissionnés. — En cas de contravention, ils seront punis d'une amende égale à celle qui est prononcée par le paragraphe précédent;

3° Les conseillers de préfecture, les juges, officiers du ministère public et greffiers des tribunaux de première instance dans tout l'arrondissement de leur ressort. — En cas de contravention, ils seront passibles de tous dommages-intérêts, s'il y a lieu.

Toute adjudication qui serait faite en contravention aux dispositions du présent article sera déclarée nulle.

—

62. — *Personnes incapables de se rendre adjudicataires.* — Le présent art. 15 ne nomme pas parmi les personnes incapables, les officiers de police judiciaire appelés à concourir à la surveillance de la pêche, tels que les commissaires de police, gardes champêtres, gendarmes. Cette omission a peu d'intérêt, parce que la chasse et la pêche sont généralement interdites à ces fonctionnaires et agents, dans les lieux où ils exercent leurs fonctions, par les réglements disciplinaires qui les concernent. — Mais leurs parents ou alliés ne devraient pas être considérés comme incapables de se porter adjudicataires. La crainte que la surveillance ne soit mal exercée à l'égard de ceux-ci, est ici moins à redouter, puisque cette surveillance est principalement exercée par les gardes-pêche, dont la position est suffisamment indépendante.

Pour l'application du même art. 15, il ne faut pas oublier que les agents du service des ponts et chaussées ont été substitués aux agents forestiers en tout ce qui concerne l'exploitation de la pêche dans les fleuves, rivières et canaux navigables et flottables. — V. pour la solution des difficultés qui se présentent à ce sujet, les explications présentées sur le décret du 29 avril 1862, qu'on trouvera rapporté plus loin.

63. — *Adjudication par personne interposée.* — Dans quelques matières, la loi présume l'interposition (V. les art. 911, 1099 et 1100 du Code civil). Le présent art. 15 n'a pas entendu, à notre avis, établir une présomption d'interposition lorsqu'il a déclaré incapables de se porter adjudicataires les parents et alliés des gardes-pêche; il a voulu positivement refuser d'admettre comme fermiers du droit de pêche des personnes que les gardes-pêche ne pourraient pas surveiller avec une complète indépendance. — L'interposition dont il s'agit ici, et qui concerne toutes autres personnes non désignées, est donc une interposition *de fait*, dont l'existence devra être prouvée par l'Administration à l'appui de sa demande d'annulation de l'adjudication. — MM. Dalloz, v° *Forêts*, n° 1083; Rogron, sur l'art. 21 du Code forestier, p. 55.

64. — *Adjudications intéressant le Domaine de*

l'Etat ou les communes. — *Les incapacités énumé-
rées dans le présent art. 15 ne concernent que la
location du droit de pêche dans les eaux du domaine
public.* — S'il s'agissait de la location du droit de
pêche dans les cours d'eau dépendant du domaine
particulier de l'État ou de celui de la commune, il
n'y aurait lieu, à notre avis, de comprendre parmi
les incapables de se porter adjudicataires que les
personnes désignées dans l'art. 1596 du Code civil,
c'est-à-dire les fonctionnaires publics chargés de l'administration de ce domaine particulier.

Art. 16.

(Conforme à l'art. 21 du Code forestier.)

(D'après la loi du 6 juin 1840.) « Toute association secrète, toute manœuvre entre les
pêcheurs ou autres, tendant à nuire aux adjudications, à les troubler ou à obtenir les cantonnements de pêche à plus bas prix, donnera lieu à
l'application des peines portées par l'art. 412 du
Code pénal, indépendamment de tous dommages-
intérêts ; et si l'adjudication a été faite au profit
de l'association secrète ou des auteurs desdites
manœuvres, elle sera déclarée nulle. »

---

63. — *Association contre la liberté des enchères.*
— L'ancien article parlait seulement de « manœuvres
tendant à nuire *aux enchères* ». Le mot *adjudications*
a été substitué au mot *enchères,* parce que la loi du
6 juin 1840 admet plusieurs modes d'adjudication.
— V. l'art. 20.

Art. 412 du Code pénal : « Ceux qui, dans les adjudications de la propriété, de l'usufruit ou de la location des choses mobilières ou immobilières, d'une

entreprise, d'une fourniture, d'une exploitation ou d'un service quelconque, auront entravé ou troublé la liberté des enchères ou des soumissions, par voies de fait, violences ou menaces, soit avant, soit pendant les enchères ou les soumissions, seront punis d'un emprisonnement de quinze jours au moins, de trois mois au plus, et d'une amende de cent francs au moins et de cinq mille francs au plus. — La même peine aura lieu contre ceux qui, par dons ou promesses, auront écarté les enchérisseurs. »

Art. 17.

(Conforme à l'art. 23 du Code forestier.)

Aucune déclaration de command ne sera admise, si elle n'est faite immédiatement après l'adjudication et séance tenante.

66. — *Déclaration de command.* — L'individu déclaré adjudicataire, qui s'est porté enchérisseur pour le compte d'un autre, doit en faire la déclaration dans le délai fixé, s'il ne veut s'exposer à rester adjudicataire pour son compte personnel. Mais la personne dont le nom est ainsi déclaré, n'est liée, vis-à-vis de l'Administration, qu'autant qu'il est justifié qu'elle a donné pouvoir d'enchérir pour son compte, ou qu'elle ratifie la déclaration de celui qui se dit son mandataire (Art. 707 du Code de procédure civile).

Art. 18.

(Conforme à l'art. 21 du Code forestier.)

Faute par l'adjudicataire de fournir les cautions exigées par le cahier des charges dans le délai prescrit, il sera déclaré déchu de l'adjudication par un arrêté du préfet, et il sera procédé, dans les formes ci-dessus prescrites, à une nouvelle adjudication du cantonnement de pêche, à sa folle enchère.

L'adjudicataire déchu sera tenu, *par corps*, de la différence entre son prix et celui de la nouvelle adjudication, sans pouvoir réclamer l'excédant s'il y en a.

—

67. — *Cautions.* — Le cahier des charges de 1875 porte à cet égard : « L'adjudicataire sera tenu de fournir, dans les cinq jours qui suivent celui de l'adjudication, une caution bonne et solvable, laquelle, après avoir été agréée, s'il y a lieu, par le fonctionnaire qui présidera la séance, de l'avis des membres du bureau, s'obligera solidairement, avec le preneur, à l'exécution de toutes les charges et conditions du présent cahier des charges (art. 6). »

68. — *Déchéance de l'adjudicataire.* — Sur cet objet, l'art. 18 reproduit l'art. 740 du Code de procédure civile. — « L'adjudicataire déchu, ajoute le cahier des charges de 1875, paiera en outre les frais de la première adjudication » (art. 7).

La voie de la contrainte par corps, aujourd'hui supprimée en matière civile, ne nous paraît plus pouvoir être employée contre l'adjudicataire déclaré déchu (Loi du 22 juillet 1867, art. 2 et 3). — Pour les formalités de la vente à folle enchère, il n'y a pas lieu de suivre les art. 733 et suiv. du Code de procédure civile.

———

Art. 19.

(D'après la loi du 6 juin 1840.) « Toute adjudication sera définitive du moment où elle

sera prononcée, sans que, dans aucun cas, il puisse y avoir lieu à surenchère. »

—

69. — *Surenchère.* — L'ancien art. 19 admettait le droit de surenchérir et en réglementait l'exercice; et l'ancien art. 20 désignait la juridiction appelée à statuer sur les contestations relatives à la validité des surenchères, à savoir le conseil de préfecture. Ce droit a été supprimé parce que la certitude de pouvoir surenchérir déterminait souvent les abstentions au jour des enchères, et rendait ainsi plus facile le concert frauduleux que l'article précédent a voulu empêcher. — La faculté de surenchérir a été également supprimée en matière d'adjudications forestières, et l'art. 23 du Code forestier a été modifié à cet effet par une loi du 4 mai 1837.

Art. 20.

(*D'après la loi du 6 juin 1840.*) « Les divers modes d'adjudication seront déterminés par une ordonnance royale.

« Les adjudications auront toujours lieu avec publicité et concurrence. »

—

70. — L'ordonnance annoncée par cet article a été rendue le 28 octobre 1810, et contient ce qui suit :

« Art. 1er. A l'avenir, les adjudications du droit de pêche à exercer, au profit de l'Etat, dans les fleuves, rivières et cours d'eau navigables et flottables, pourront se faire par adjudications au rabais ou par adjudications aux enchères et à l'extinction des feux.

« 2. Lorsque l'adjudication publique aura été tentée sans succès, l'exercice du droit de pêche pourra être

3

concédé par licence à prix d'argent, sur l'autorisation du *directeur général des forêts.* »

Le pouvoir de concéder l'exercice du droit de pêche par licence à prix d'argent, comme celui de le mettre en adjudication, appartient aujourd'hui à l'administration des ponts et chaussées. — V. plus loin le décret du 29 avril 1862.

71. — *Adjudications au rabais.* — Elles ont lieu de la manière suivante : La mise à prix et le taux auquel les rabais devront être arrêtés, sont déterminés par le fonctionnaire chargé de représenter à l'opération l'administration des ponts et chaussées. Le chiffre en est remis au président de l'adjudication après lecture de chaque article de l'affiche. La mise à prix annoncée par le crieur est diminuée successivement jusqu'à ce qu'une personne prononce les mots « *je prends* ». Dans le cas où plusieurs personnes se portent simultanément adjudicataires, il est tiré au sort entre elles d'après le mode fixé par le président, sur la proposition de l'agent des ponts et chaussées, à moins que l'une d'elles ne réclame les enchères. — Ce mode de procéder est celui qui était suivi à l'époque où le service de l'exploitation et de la surveillance de la pêche fluviale était réuni à l'administration des forêts. — Art. 8 du cahier des charges de 1838.

72. — *Adjudications aux enchères.* — « Elles sont faites après l'extinction de trois bougies allumées successivement ; si pendant la durée des trois bougies, il survient des enchères, l'adjudication ne peut être prononcée qu'après l'extinction d'un dernier feu sans enchères survenues durant sa durée. » Cette description de l'opération, donnée par l'art. 8 de l'ancien cahier des charges de 1838, se rapproche de celle contenue dans l'art. 700 du Code de procédure civile. — Le nouveau cahier des charges de 1875 porte seulement que « les enchères seront de 2 fr. au moins sur les estimations inférieures à 100 fr., et de 5 fr. au moins sur les estimations supérieures à cette somme et n'excédant pas 200 fr. ; de 10 fr. au moins pour celles de 201 fr. à 1,000 fr., et de 25 fr. pour celles au-dessus de 1,000 fr. » (art. 5). — L'adjudication a lieu publiquement, sous la présidence du préfet, du sous-préfet ou du maire, avec le concours d'un agent des ponts et chaussées et d'un agent des contributions indirectes (art. 3).

Art. 21.

(Conforme à l'art. 27 du Code forestier, modifié par la loi du 4 mai 1837.)

(D'après la loi du 6 juin 1810.) « Les adjudicataires seront tenus d'élire domicile dans le lieu où l'adjudication aura été faite; à défaut de quoi, tous actes postérieurs leur seront valablement signifiés au secrétariat de la sous-préfecture. »

—

73. — *Élection de domicile.* — Les conséquences de l'élection de domicile sont déterminées par la loi, de la manière suivante :
Art. 111 du Code civil : « Lorsqu'un acte contiendra, de la part des parties ou de l'une d'elles, élection de domicile pour l'exécution de ce même acte dans un autre lieu que celui du domicile réel, les significations, demandes et poursuites relatives à cet acte pourront être faites au domicile convenu, et devant le juge de ce domicile. »

Art. 22.

(Identique à l'art. 28 du Code forestier.)

Tout procès-verbal d'adjudication emporte exécution parée et *contrainte par corps* contre les adjudicataires, leurs associés et cautions, tant pour le paiement du prix principal de l'adjudication que pour accessoires et frais.

Les cautions sont, en outre, contraignables solidairement et par les mêmes voies au paiement des dommages, restitutions et amendes qu'aurait encourus l'adjudicataire.

—

74. — *Procès-verbal d'adjudication.* — « Les minutes des procès-verbaux d'adjudication seront rédigées sur papier visé pour timbre, et signées sur-le-champ par tous les fonctionnaires présents et par les adjudicataires ou leurs fondés de pouvoir; s'ils sont absents ou s'ils ne veulent ou ne peuvent signer, il en sera fait mention aux procès-verbaux » — (Art. 12 du cahier des charges de 1858).

75. — *Exécution parée.* — Le procès-verbal d'adjudication, à raison de son caractère authentique, fait pleinement foi des conventions qu'il énonce, et ne peut être combattu que par la voie de l'inscription de faux (art. 1319 du Code civil). Il peut être procédé sans ordonnance du président à sa mise à exécution. — Mais à la saisie des biens du débiteur, l'Administration ne peut plus ajouter aujourd'hui l'emploi de la contrainte par corps, du moins pour avoir payement du prix principal, des accessoires et des frais d'adjudication, car il en est autrement en ce qui concerne les amendes, dommages-intérêts, etc. (V. ce qui est dit sur l'art. 18; V. aussi, plus bas, l'art. 77 de la présente loi). — Elle ne peut pas, non plus, prendre inscription hypothécaire, attendu que le procès-verbal d'adjudication ne confère pas hypothèque. — Circulaire du directeur général de la comptabilité des finances, 30 novembre 1833.

76. — *Responsabilité des cautions.* — L'engagement des cautions étant *solidaire*, il n'y a jamais lieu à la discussion préalable de l'adjudicataire. —

De plus, les cautions se trouvent placés sous l'empire de l'art. 1203 du Code civil, aux termes duquel « le créancier d'une obligation contractée *solidairement*, peut s'adresser à celui des débiteurs qu'il veut choisir, sans que celui-ci puisse lui opposer le bénéfice de la division. »

77. — L'exécution parée est accordée par le présent article, pour le paiement tant du prix principal d'adjudication que des accessoires et des frais, contre les associés et les cautions, aussi bien que contre les adjudicataires.

78. — *Prix d'adjudication*. — Le prix annuel des baux est payable par trimestre et d'avance, aux époques des 1er janvier, 1er avril, 1er juillet et 1er octobre. Si l'adjudication a été faite dans le cours de l'année, l'adjudicataire ne doit le prix du terme commencé que proportionnellement au temps qui reste à courir jusqu'au terme suivant. — Lorsqu'un fermier avait laissé écouler un terme sans satisfaire à ses engagements, il pouvait être déclaré, par un arrêté du préfet, déchu de son adjudication (Cahier des charges de 1858, art. 14 et suiv.). Cette dernière disposition a été adoucie : le préfet ne peut plus prononcer que la résiliation *provisoire* du bail de l'adjudicataire, et c'est au ministre des travaux publics qu'il appartient de prononcer la résiliation définitive. — Cahier des charges de 1875, art. 31.

Mais la caution ne peut se prévaloir de ce que le fermier est passible d'une déclaration de déchéance, pour se prétendre dégagée. — Cour de Paris, 23 avril 1855.

79. — Les fermages de la pêche sont recouvrés par l'administration des contributions indirectes. — V. plus loin le décret du 25 mars 1863, et l'art. 27 du cahier des charges de 1875.

80. — *Frais et accessoires*. — L'adjudicataire doit, conformément à l'art. 1593 du Code civil, les frais d'actes et autres accessoires à la vente. Les frais d'adjudication sont calculés à 1 et demi p. 100 du prix annuel. Il faut ajouter à ces frais « les droits

de *timbre* et les droits d'*enregistrement* tant de la minute du procès-verbal d'adjudication que de l'expédition de ce procès-verbal et de celle du cahier des charges à lui délivré » (cahier des charges de 1875, art. 27). — D'après les instructions générales de l'administration de l'enregistrement, qui portent les n°° 216 et 1011, les baux et les licences pour la pêche dans les fleuves et rivières qui dépendent du Domaine, sont soumis aux mêmes droits que les baux ordinaires. — Le droit de bail à ferme est de 20 cent. p. 100 sur le prix cumulé de toutes les années; et le droit de cautionnement des baux, de 10 cent. p. 100 (art. 1er de la loi du 16 juin 1824). Le droit fixe de certificat de caution est de 1 fr.

81. — *Patente.* — L'adjudicataire ou fermier du droit de pêche doit encore la contribution des patentes. Le Conseil d'Etat a déclaré que la patente n'est due que par ceux qui font de la pêche un commerce, une industrie ou une profession; ainsi l'individu, par exemple un juge de paix, qui ne s'est rendu acquéreur du droit de pêche que pour son agrément, ne doit pas cette contribution (Conseil d'Etat, 17 juillet 1861, 6 décembre 1862 et 18 février 1863). — Toutefois l'adjudicataire qui sous-loue son droit de pêche à plusieurs pêcheurs de profession, est passible de la patente. — Conseil d'Etat, 24 février 1861.

82. — Les adjudicataires et porteurs de licences, de même que les cultivateurs et fermiers vendant les produits de leurs cultures, tant qu'ils se bornent à écouler par eux-mêmes ou par des intermédiaires les poissons qu'ils ont péchés, ne sont pas commerçants; par suite, ce n'est pas devant le tribunal de commerce qu'il faut les poursuivre pour avoir paiement de fournitures à eux faites pour leur pêche (Cour de Paris, 31 mai 1859); par suite aussi, ils ne paraissent pas pouvoir être assujettis à être munis, dans leur domicile, d'un assortiment de poids et de mesures (Cour de cassation, 17 mars 1855, et 8 janvier 1861). Mais pour la vente sur les marchés et

pour la vente en boutique, cet assortiment devient nécessaire (Cour de cassation, 19 décembre 1856); il en est autrement lorsque la vente est faite à la pièce ou au petit tas, ce mode de vente n'obligeant pas à se servir de poids ou de mesures. — Cour de cassation, 12 octobre 1850.

Le poisson frais peut être expédié par les chemins de fer, à la grande vitesse, au prix de 28 cent. par kilom., par expédition de 50 kilogr. au moins, et pour les quantités inférieures, d'après le tarif général pour les articles de messagerie et marchandises à grande vitesse, sans que ce prix puisse dépasser 28 cent. par kilom. Il doit être livré, quand il est destiné à l'approvisionnement de Paris, par la voie d'une vente à la Halle, dans les deux heures de l'arrivée des trains, même la nuit. — Arrêté ministériel du 15 avril 1859.

⸺◆◆◆⸺

TITRE IV.

CONSERVATION ET POLICE DE LA PÊCHE.

Art. 23.

Nul ne pourra exercer le droit de pêche dans les fleuves et rivières navigables ou flottables, les canaux, ruisseaux ou cours d'eau quelconques, qu'en se conformant aux dispositions suivantes.

—

83. — En se servant de l'expression *cours d'eau quelconques*, l'art. 23 indique suffisamment que les dispositions du présent titre concernent les cours d'eau dans lesquels le droit de pêche appartient aux propriétaires riverains, aussi bien que les cours d'eau

dans lesquels ce droit est affermé par l'État. Le législateur a eu surtout en vue de favoriser le repeuplement des cours d'eau et la reproduction du poisson qui, à l'époque du frai, abandonne souvent les cours d'eau navigables pour remon'er jusque dans les plus petits ruisseaux. Cette réglementation est conforme à la jurisprudence antérieure à la présente loi (V. notamment Cour de cassation, 20 décembre 1810), et elle régit les ruisseaux et petits cours d'eau non flottables, ainsi que cela résulte de la discussion de l'article à la Chambre des pairs, même dans les parties qui se trouvent à l'intérieur de parcs ou de propriétés closes.

81. — Il n'y a d'exception que pour les *étangs et réservoirs*, tels que les définit l'art. 30 (Cour de cassation, 5 novembre 1817). — V. ce qui en a été dit plus haut, n°* 23 et 24; V. aussi ci-après, n° 150.

Un étang formé artificiellement dans l'ancien lit d'une rivière et n'ayant aucune communication avec le lit nouveau, ne perd pas son caractère de propriété privée pour devenir une dépendance du Domaine public, dans le cas où, par l'effet d'un événement de force majeure, les eaux de la rivière l'ont momentanément envahi, si, d'ailleurs, les limites vraies de cette rivière n'ont pas été déplacées. Par suite, le propriétaire de cet étang conserve le droit d'y pêcher en tout temps et avec des engins de toute sorte. — Cour de cassation, 30 mai 1873.

Art. 24.

Il est interdit de placer, dans les rivières navigables ou flottables, canaux et ruisseaux, aucun barrage, appareil ou établissement quelconque de pêcherie ayant pour objet d'empêcher entièrement le passage du poisson.

Les délinquants seront condamnés à une

amende de cinquante francs à cinq cents francs, et en outre aux dommages-intérêts, et les appareils ou établissements de pêche seront saisis et détruits.

—

85. — *Barrages et appareils empêchant le passage du poisson.* — « Les barrages qui empêchent la remonte nuisent plus au repeuplement des rivières que toutes les drogues et tous les engins prohibés » (Rapport à la Chambre des députés). — Le barrage, d'ailleurs, excède le droit de celui dont la propriété est traversée par un cours d'eau. Il n'a que l'exercice du droit de pêche, et non la propriété du poisson qui circule dans le cours d'eau; ne pouvant rien faire qui prive les propriétaires voisins du droit de jouir des eaux qui se dirigent naturellement vers leurs possessions (art. 640 et 644 du Code civil), il ne doit rien faire, non plus, en dehors de la pêche pratiquée suivant les procédés autorisés, qui puisse empêcher le poisson d'arriver dans les eaux qui arrosent leurs héritages. A cet égard, les individus dont les propriétés sont closes, sont soumis aux mêmes obligations que les autres propriétaires.

86. — Le présent art. 24 ne s'applique pas seulement aux barrages à établir après la promulgation de la loi; il fait obstacle à ce que les propriétaires qui avaient établi des barrages ou appareils de pêcherie arrêtant complètement la remonte du poisson, puissent les conserver et en continuer l'usage. — Cour de Lyon, 14 août 1845.

87. — *Ce qu'on entend par barrage.* — L'art. 24 en disant que le barrage prohibé est celui qui a pour objet « d'empêcher *entièrement* le passage du poisson, » a fait naître plusieurs difficultés qui donnent un réel intérêt aux solutions suivantes :

Des filets tendus dans toute la largeur d'un cours d'eau tels que ceux formant l'appareil de pêche connu en Gascogne sous le nom de *barreau,* constituent un barrage prohibé, quand même ces filets, à raison de leur mobilité dans l'eau et de leur mouvement alternatif d'ascension, laisseraient par moments un vide suffisant pour le passage du poisson, si, d'ailleurs, à d'autres moments, ils empêchent le passage d'une manière absolue. — Cour de cassation, 20 décembre 1831.

88. — La précaution qu'un pêcheur aurait prise, en plaçant un filet en travers d'un cours d'eau, de ménager un certain espace libre de chaque côté, ne devrait pas empêcher de considérer ce fait comme constituant l'établissement d'un barrage prohibé, si d'un côté le passage se trouvait obstrué par des herbes et des roseaux, et si de l'autre côté, à raison de la faible quantité d'eau et des manœuvres imaginées pour repousser le poisson, la libre circulation du poisson était aussi entièrement empêchée. — Cour de Nancy, 17 avril 1839.

Le règlement général du 10 août 1875 exige, d'ailleurs, dans son art. 11, que le tiers de la largeur du cours d'eau soit laissé libre.

89. — L'établissement d'une grille en fer qui laisse passer les petits poissons, mais qui retient les gros, est, de même, contraire aux prohibitions du présent article. — Cour de Lyon, 19 novembre 1884.

90. — Il n'y a pas à distinguer, à raison de la généralité des termes employés par la loi, le cas où un barrage n'empêcherait la remonte du poisson qu'à l'époque des basses eaux, de celui où il opposerait au passage du poisson un empêchement permanent. — Cour de cassation, 11 décembre 1837.

91. — *Barrages partiels.* — Les barrages partiels ne sont pas interdits par le présent article. — Les propriétaires de barrages de cette sorte régulièrement établis avant la loi de 1829, ont donc pu les conserver sans délit (Cour de Lyon, 14 août 1845). Mais comme ces barrages partiels peuvent servir à diverses pêches de nature à amener rapidement le dépeuplement des rivières, il appartient au gouvernement d'en prohiber l'établissement, en tant du moins que procédés de

pêche, en vertu des pouvoirs que lui confère l'art. 26 de la loi — V. relativement à l'emploi des filets fixes, l'art. 11 du règlement du 10 août 1875.

92. — Bien que M. Demolombe, *des Servitudes*, n° 173, place sur la même ligne les ouvrages établis pour l'exercice des droits d'irrigation et ceux qui sont faits en vue de l'exercice des droits de pêche, il est permis de douter que les mêmes règles leur soient applicables, et qu'il faille, notamment, pour établir un barrage *partiel* de pêche sur un cours d'eau non navigable ni flottable, se munir d'une autorisation préalable de l'administration. On se fonderait à tort, pour justifier la nécessité de cette autorisation, sur ce que le décret du 25 mars 1852, dit *de décentralisation*, a délégué aux préfets le droit d'accueillir ou rejeter, sur l'avis des ingénieurs en chef et conformément aux instructions ministérielles, les demandes ayant pour objet « l'autorisation sur les cours d'eau non navigables ni flottables de tout établissement nouveau, tel que moulin, usine, *barrage,* prise d'eau d'irrigation, patouillet, bocard, lavoir à mine » (tableau D., n° 2). — Les barrages de pêche, au moins lorsqu'ils ne peuvent agir que sur la circulation du poisson, n'ont aucun rapport avec ceux dont il s'agit dans le décret de 1852, et qui sont de nature à modifier la circulation des eaux, soit en les retenant, soit en les détournant.

93. — *Dans quelles eaux les barrages sont prohibés.* — L'interdiction des barrages concerne, d'après notre article, « les rivières navigables ou flottables, canaux et ruisseaux. » *Les fleuves* ne sont pas nommés dans cette énumération ; mais cela tient, dit un arrêt, à l'impossibilité de concevoir *à priori* un appareil de pêcherie susceptible de barrer dans toute sa largeur un cours d'eau aussi considérable (Cour de Colmar, 3 décembre 1861). — Le présent article doit être expliqué à l'aide du précédent. V. encore l'art. 31, où le mot *rivières* a également un sens général.

Quand une rivière, à l'époque des hautes eaux,

vient alimenter des *noues*, *boires ou fossés*, appartenant à des riverains, le poisson qui de la rivière passe dans ces noues, boires ou fossés, doit pouvoir librement en ressortir; de sorte que le fait d'un riverain de lever, à l'arrivée des hautes eaux, le grillage en fer qui ferme l'entrée d'une noue existant dans sa propriété, et de le baisser ensuite quand les eaux diminuent, pour retenir le poisson qui a pénétré dans la noue, constitue une contravention à l'interdiction des barrages (Cour de Lyon, 10 novembre 1864). — Peu importe que cela ait été constamment pratiqué, de père en fils, par ses auteurs, car il n'y a pas de prescription contre les lois d'ordre public.

94. — Si au lieu d'un grillage mobile il y avait un grillage fixe, la noue serait considérée, en ce qui concerne la circulation du poisson, comme isolée de la rivière et transformée en vivier; l'existence de ce grillage ne pourrait, dans ce cas, donner lieu a aucune poursuite. — Toutefois, lorsque la rivière, à l'époque des hautes eaux, vient alimenter, par le même passage, plusieurs pièces d'eau appartenant à divers propriétaires, ou bien un canal allant se perdre dans les terres après avoir traversé les héritages qui leur appartiennent, ceux-ci peuvent demander la suppression d'un grillage établi sur un fonds intermédiaire et qui empêche le poisson d'arriver jusqu'aux pièces d'eau dans lesquelles ils ont le droit de pêche. — Cour de cassation, 21 novembre 1833, et 3 août 1861.

95. — Il n'y a délit à établir un barrage à l'entrée d'une noue formant dépendance d'une rivière, que dans le cas où il s'agit d'un barrage complet et non d'un barrrge partiel (V. n° 91). Mais l'interdiction des barrages partiels dans les rivières, si elle était édictée par le gouvernement en vertu des pouvoirs que lui confère l'art. 26 (V. n° 117), devrait être considérée comme impliquant la défense d'établir des barrages de cette nature à l'entrée des noues et boires (Cour de Paris, 21 juin 1865). — V. l'art. 15, n° 1, du règlement général du 10 août 1875.

96. — Les eaux débordées d'une rivière rentrent dans le lit, au moment où cesse l'inondation, par des canaux naturels ou artificiels; il n'est pas plus permis d'établir des barrages dans ces sortes de canaux que dans les cours d'eau permanents (Cour de cassation, 7 avril 1818). — De même lorsque les eaux débordées s'engagent dans une sorte de golfe, l'établissement d'un barrage accompagné de nasses à l'entrée du golfe pour prendre le poisson à mesure que la baisse des eaux le fait redescendre vers la rivière, tombe sous l'application de notre article (Cour de cassation, 5 février 1818). — V. n° 90.

97. — Il a été dit, plus haut, que des barrages ne peuvent être établis dans les ruisseaux et petits cours d'eau traversant des propriétés, même quand celles-ci sont closes. Cependant, comme le propriétaire, dont le domaine est traversé par un cours d'eau, peut séparer celui-ci en deux ou plusieurs bras à la charge de rendre les eaux à leur cours naturel à la sortie de son fonds (art. 644 du Code civil), il peut aussi établir des barrages dans l'un de ces bras et y former un vivier, qui de la sorte se trouve en dehors du cours d'eau.

98. — De même le propriétaire dans le fonds duquel jaillit une source, tire du droit que lui donne l'art. 641 du Code civil d'en user à sa volonté, la faculté de barrer le cours d'eau avant sa sortie de la propriété. La remonte du poisson, à laquelle ce barrage fait obstacle, n'intéresse d'ailleurs que lui seul, puisque les eaux ne coulent pas dans les fonds supérieurs. Cette solution a été donnée par le Gouvernement dans le cours de la discussion qui s'est engagée devant la Chambre des pairs sur le présent article.

99. — *Barrage dans un bras de rivière.* — Un point qui donne lieu à controverse, c'est celui de savoir si, lorsqu'une rivière se divise de manière à former deux ou plusieurs bras, le barrage établi dans l'un de ces bras, est contraire aux prohibitions du présent art. 21. — On objecte que, dans ce cas, le

poisson qui remonte le barrage peut, en rebroussant,
se procurer un passage dans les autres bras laissés
libres; d'où l'on conclut que le fait ne rentre pas
dans les prévisions de la loi, qui suppose que le
passage du poisson est *entièrement* empêché. —
Dans une espèce où un individu était poursuivi pour
« avoir fermé par des claies et fascines les issues
pouvant livrer passage au poisson pour franchir
la digue établie près de son établissement dans
une rivière désignée », un arrêt a écarté l'application de l'art. 31 par le motif « que la digue du prévenu ne recevait que la moitié du volume de l'eau,
l'autre moitié se dirigeant vers un autre établissement placé sur la rive gauche, et que les issues
pratiquées à la digue de ce dernier étaient ouvertes
et offraient sur ce point une libre circulation au
poisson. » — Cour de cassation, 7 septembre 1810.

100. — Mais la Cour de cassation, dans une espèce
où le fermier d'un cantonnement avait établi un
barrage dans toute la largeur d'un véritable bras de
rivière et à un endroit autre que celui de l'entrée
des eaux dans ce bras, a décidé, et avec raison, que
« l'interdiction portée par l'art. 31 s'étend, dans sa
généralité, à chacune des dérivations d'un cours
d'eau comme au cours d'eau lui-même. » — Cour de
cassation, 20 décembre 1831. — Décision conforme :
Cour de Bordeaux, 4 mars 1852.

101. — *Barrages industriels.* — « Le barrage destiné à conduire les eaux à un moulin, dit la Cour de
cassation, ne peut être régi que par les lois relatives
à la police des eaux, et non par la loi réglementaire
de la pêche » (Cour de cassation, 11 décembre 1837).
Le présent art. 31 paraît donner, en effet, ce sens au
mot *barrage*, puisqu'il le fait suivre des mots « appareil ou établissement quelconque de *pêcherie.* » —
Cependant, lorsque l'usinier transforme un barrage
industriel en un barrage destiné à servir à la pêche,
en établissant accessoirement des pêcheries, soit le
long de la chaussée qui conduit les eaux à son moulin, soit en face des coupures établies dans cette

chaussée, nul doute que le fait ne tombe sous l'application du présent article; mais, dans ce cas, le jugement de condamnation ne doit ordonner la suppression que des travaux faits pour la pêche, sans toucher aux travaux qui constituent le barrage industriel (même arrêt du 11 décembre 1837). — Aujourd'hui un règlement général défend « d'accoler aux écluses, barrages, chutes naturelles, pertuis, vannages, coursiers d'usines et échelles à poissons, des nasses, paniers et filets à demeure. » — V. l'article 15, n° 2, du décret du 10 août 1875.

102. — De même, le Gouvernement peut exiger l'établissement dans les barrages industriels, moyennant indemnité, de passages dits *échelles*, destinés à assurer la libre circulation du poisson; ce droit lui est reconnu par l'art. 1er de la loi du 31 mai 1865 (V. cette loi à sa date). — Et il est interdit de pêcher autrement qu'à la ligne flottante dans les passages ou échelles à poissons. — V. l'art. 15, n° 3, du décret précité.

Art. 25.

Quiconque aura jeté dans les eaux des drogues ou appâts qui sont de nature à enivrer le poisson ou à le détruire, sera puni d'une amende de trente francs à trois cents francs, et d'un emprisonnement d'un mois à trois mois,

------

103. — *Destruction ou enivrement du poisson à l'aide de drogues ou appâts.* — L'art. 25, en se servant du mot *appâts*, a voulu désigner évidemment un fait de pêche. Mais on aurait tort d'en restreindre l'application aux faits de pêche proprements dits, car le mot *appâts* est précédé du mot *drogues* qui n'éveille dans l'esprit aucune idée de procédé de

pêche; cette disposition, comme on le verra, a été entendue dans le sens le plus large. — L'art. 12 de la loi du 3 mai 1844 sur la chasse punit de même « ceux qui auront employé des drogues ou appâts qui sont de nature à enivrer le gibier ou à le détruire. »

104. — *Déversement de résidus industriels dans les rivières.* — Une cour d'appel avait d'abord décidé que l'art. 25 n'a pour objet que de réprimer un mode de pêche prohibé, et qu'il ne peut, par exemple, être appliqué à l'industriel qui a fait couler dans un cours d'eau les résidus liquides provenant de son usine, dans le cas même où ces liquides auraient causé la destruction ou l'enivrement du poisson. — Cour de Douai, 25 août 1858.

105. — Mais cette solution n'a pas prévalu; et la Cour de cassation a jugé, sur le pourvoi formé contre l'arrêt qu'on vient de faire connaître, que « la loi du 15 avril 1829 n'a pas eu pour but unique de réglementer la police de la pêche dans les fleuves ou rivières navigables ou flottables, ruisseaux et cours d'eau quelconques, mais qu'elle a voulu aussi et principalement remédier au dépenplement des rivières et assurer la conservation et la régénération du poisson au point de vue de l'alimentation publique...; que la pensée du législateur de 1829 a été, en édictant le Code de la pêche fluviale, de compléter, en les généralisant, les prescriptions de l'art. 452 du Code pénal, qui ne concernent que l'empoisonnement des poissons dans les étangs, viviers ou réservoirs, et en les déclarant applicables, dans une juste mesure, au jet dans un cours d'eau de drogues ou appâts, et généralement de toute substance de nature à enivrer le poisson ou à le détruire, qu'elle qu'ait été d'ailleurs l'intention de l'auteur du fait, s'il est établi que le jet des drogues a été volontaire de sa part et qu'il en connaissait les propriétés nuisibles. » — Cour de cassation, 27 janvier 1859.

106. — La Cour de Douai s'est ralliée à cette interprétation et a décidé à son tour, dans une nouvelle affaire, que l'industriel qui a continué à déverser

dans les eaux d'une rivière des résidus et vinasses provenant d'une distillerie de betteraves par lui exploitée, après qu'il a pu constater que la présence de ces substances dans le cours d'eau avait pour effet d'empoisonner le poisson, doit être déclaré coupable du délit prévu par l'art. 25; et cela, dans le cas même où l'écoulement de ces résidus aurait été permis sous certaines conditions par arrêté du préfet, une telle permission ne dispensant pas celui qui l'a obtenue de pourvoir à ce que le déversement ne nuise au poisson. — Cour de Douai, 1er mars 1859.

107. — A l'objection qu'on serait tenté de tirer de ce que l'art. 25 ne parle que de l'action de *jeter*, on doit répondre que, pour l'interprétation du n° 6 de l'art. 471 du Code pénal, qui défend, en termes semblables, « de *jeter* ou exposer, au devant des édifices, des choses de nature à nuire par des exhalaisons insalubres », la jurisprudence de la Cour de cassation a admis qu'une défense ainsi formulée comprend implicitement celle de *laisser couler* dans le ruisseau de la voie publique des liquides produisant de telles exhalaisons. — Cour de cassation, 31 juillet 1862, 31 juillet 1863, 18 février 1866.

108. — Pour l'application de la jurisprudence dont l'exposé précède, il faut deux conditions:

En premier lieu, il faut qu'il soit certain que les liquides déversés dans le cours d'eau, sont de nature à détruire ou enivrer le poisson. — L'ordonnance de 1669 nommait, spécialement, la chaux, la noix vomique, la coque du Levant et la substance connue sous le nom de *momie*; mais cette énumération suivie des mots « et autres drogues ou appâts », n'était pas limitative. — On a renoncé également à insérer dans la loi de 1829 une nomenclature des substances nuisibles aux poissons. — Il a été jugé qu'il appartient au juge correctionnel de décider, en l'absence d'indications à cet égard dans la loi, si telle substance dont le jet dans un cours d'eau a donné lieu à un procès-verbal, est effectivement de nature à produire les effets dont la loi s'est préoccupée (Cour de cassation, 19 mai 1837; Cour de Besançon, 27 août 1859.

Le décret du 4 juillet 1853, spécial à l'arrondissement maritime de Cherbourg, dit, sur ce sujet, dans son art. 137 : « Il est défendu de jeter dans les eaux de la mer, le long des côtes et dans la partie des fleuves, rivières, canaux et étangs où les eaux sont salées, de la chaux, des noix vomiques, des noix de cyprès, des coques du Levant, de la manne, du musc et *toutes autres drogues* ou liquides pour appâter, enivrer ou empoisonner le poisson. » — Les règlements des autres arrondissements maritimes contiennent des défenses semblables.

En second lieu, ainsi que l'énonce l'arrêt de la Cour de cassation du 27 janvier 1859, il faut que l'auteur du déversement des liquides qui ont nui aux poissons, *ait connu* les propriétés nuisibles de ces liquides. — Il a été jugé, en effet, que l'art. 25 est inapplicable à celui qui a laissé couler dans un cours d'eau des résidus industriels qui ont amené la destruction d'une certaine quantité de poissons, s'il est établi, en fait, qu'il ne connaissait pas les propriétés délétères de ces résidus. — Cour de Lyon, 17 août 1863.

109. — Lorsque le déversement délictueux a été fait par le contre-maître ou les ouvriers d'une usine, le chef de l'établissement, bien qu'il n'ait pas personnellement participé à l'infraction, n'en est pas moins pénalement responsable du fait, qu'il aurait pu et dû empêcher comme ayant la police de l'usine. — Cour de cassation, 25 août 1858.

110. — Aujourd'hui les préfets sont appelés à réglementer « l'évacuation dans les cours d'eau des matières et résidus susceptibles de nuire au poisson et provenant des fabriques et établissements industriels quelconques. » — V. l'art. 19, n° 2, du décret du 10 août 1875.

111. — *Rouissage du lin et du chanvre.* — L'opération du rouissage peut gêner la navigation : elle peut nuire à la salubrité publique en rendant impo-

tables les eaux employées par les riverains des cours
d'eau à leurs usages domestiques; enfin, elle peut
contribuer au dépeuplement des rivières, aussi bien
que le déversement des résidus industriels. — A ce
dernier point de vue, d'anciens règlements, notamment les arrêts du Conseil des 4 mars 1702 et 11 septembre 1723, interdisaient le rouissage du chanvre
dans les rivières navigables et flottables. — Mais ces
règlements ont été abrogés par l'art. 83 de la présente
loi; et la proposition d'insérer dans cette loi une disposition renouvelant la même interdiction, n'a pas
été accueillie. Il a paru qu'il serait beaucoup plus
dangereux pour la salubrité, de contraindre indirectement les cultivateurs à faire dans les mares l'opération du rouissage, qui s'y effectue d'ailleurs moins
bien que dans les eaux courantes, et que l'intérêt de
la conservation du poisson n'était pas de nature à
justifier une gêne aussi considérable pour l'industrie
et les exploitations agricoles, que celle de l'interdiction du rouissage dans les fleuves et rivières.

113. — Dans cette situation, on n'est pas d'accord
sur le point de savoir si la destruction du poisson
causée dans un cours d'eau par l'opération du rouissage, peut donner lieu à des poursuites fondées sur
l'art. 25. — D'une part, il a été décidé, dans une
espèce où un individu avait fait écouler dans une
rivière, au moyen de rigoles, les eaux corrompues
des vastes routoirs d'une commune, ce qui avait
amené la destruction du poisson, que ce fait constitue
une infraction passible des peines prononcées par
l'art. 25 (Cour de Colmar, 14 décembre 1858). —
D'autre part, il a été jugé que le rouissage du chanvre
dans les rivières ne doit pas être confondu avec l'action de jeter dans les rivières les sucs infects des
chanvres; que si les préfets peuvent prohiber cette
seconde opération dans l'intérêt de la conservation
du poisson, ils ne peuvent pas interdire la première
en vertu de la loi de 1829 sur la pêche; que, dans
le cas où l'interdiction du rouissage a été édictée par
un règlement dans un intérêt de salubrité publique et

non dans l'intérêt de la conservation du poisson, l'infraction commise à un tel réglement ne peut, en ce qu'elle tomberait seulement sous l'application de l'art. 471, n° 15, C. pén., et non sous celle du présent art. 25 de la loi de 1829, être poursuivie par l'administration à laquelle a été confiée la surveillance de la pêche. — Cour de Besançon, 23 février 1859.

113. — Il a été encore décidé qu'il suit, tant du rejet de la disposition proposée pour renouveler dans la loi de 1829 l'interdiction du rouissage dans les rivières que de l'abrogation des anciens réglements relatifs à cet objet, que l'autorité administrative est sans pouvoir pour faire revivre les anciennes défenses relatives au rouissage, et que, dès lors, le règlement pris par un préfet pour interdire, dans l'intérêt de la conservation du poisson, le rouissage du chanvre et du lin dans les rivières navigables et flottables, ainsi que dans les ruisseaux qui y affluent, ne peut pas même avoir pour sanction l'art. 471, n° 15, du Code pénal. — Cour de cassation, 5 février 1857.

114. — Sans dénier aux riverains des cours d'eau le droit d'y pratiquer le rouissage, l'administration a pensé, et avec raison, qu'il lui appartenait du moins de réglementer l'exercice de ce droit dans l'intérêt de la conservation du poisson; à cet effet, il a été inséré dans l'art. 19 du décret du 10 août 1875 (rapporté à la fin de ce volume), une disposition portant que « des arrêtés préfectoraux.... détermineront la *durée* du rouissage du lin et du chanvre dans les cours d'eau et *les emplacements* où cette opération pourra être pratiquée avec le moins d'inconvénients pour le poisson. »

115. — *Destruction de poissons dans les étangs, rivières ou réservoirs.* — Le présent art. 25 de la loi de 1829 ne concerne que le jet de drogues ou appâts dans les eaux courantes et d'un libre accès. Lorsque, dans une intention méchante et par esprit de vengeance, un individu procède à la destruction du poisson qu'un propriétaire tient captif dans des eaux stagnantes qui lui appartiennent, il commet un délit

beaucoup plus grave, que réprime la disposition suivante :

Art. 452 du Code pénal : « Quiconque aura empoisonné.... des poissons dans les étangs, rivières ou réservoirs, sera puni d'un emprisonnement d'un an à cinq ans, et d'une amende de 16 fr. à 300 fr. Les coupables pourront être mis par l'arrêt ou le jugement sous la surveillance de la haute police pendant deux ans au moins et cinq ans au plus. »

116. — L'action de tuer est jugée moins grave par l'art. 453 du Code pénal que l'action d'empoisonner ; cet article devrait donc être appliqué, au lieu de l'article transcrit au numéro précédent, à celui qui, par méchanceté, aurait tué du poisson contenu dans l'étang d'autrui, notamment en faisant feu sur ce poisson comme sur une pièce de gibier.

Art. 26.

Des ordonnances royales détermineront :

1° Les temps, saisons et heures pendant lesquels la pêche sera interdite dans les rivières et cours d'eau quelconques ;

2° Les procédés et modes de pêche qui, étant de nature à nuire au repeuplement des rivières, devront être prohibés ;

3° Les filets, engins et instruments de pêche qui seront défendus comme étant aussi de nature à nuire au repeuplement des rivières ;

4° Les dimensions de ceux dont l'usage sera permis dans les divers départements pour la pêche des différentes espèces de poissons ;

5° Les dimensions au-dessous desquelles les poissons de certaines espèces qui seront désignées, ne pourront être pêchés, et devront être rejetés en rivière ;

6° Les espèces de poissons avec lesquelles il sera défendu d'appâter les hameçons, nasses, filets ou autres engins.

—

117. — *Règlements sur la pêche.* — Une ordonnance royale, en date du 15 novembre 1830, rendue en exécution du présent art. 26, a été abrogée par un décret du 23 janvier 1868; cette abrogation a été maintenue par le nouveau règlement du 10 août 1875, qu'on trouvera à la fin du volume.

L'objet de cette ordonnance et les motifs de l'abrogation qui en a été prononcée, ont été indiqués par le rapport sur lequel a été rendu le décret du 23 janvier 1868, dans les termes suivants:

«... Une ordonnance royale du 15 novembre 1830, rendue en exécution de cet article de la loi, a énuméré les filets et engins dont l'emploi serait interdit d'une manière absolue, et a délégué aux préfets le soin de régler, sur l'avis des conseils généraux et sauf approbation par ordonnance royale, l'exécution des autres prescriptions de l'article précité. — Des règlements distincts sont ainsi intervenus dans chaque département; il en est résulté une grande diversité, tant dans les époques d'interdiction de la pêche des nombreuses espèces qui fréquentent nos rivières, que dans les procédés, modes, filets ou engins de pêche autorisés ou prohibés. Ces dispositions contradictoires ont eu le grave inconvénient de faciliter la fraude en rendant souvent illusoire la répression des contraventions. — Il a semblé utile de mettre un terme à cette situation, en adoptant un même règlement pour tous les cours d'eau du territoire, sauf quelques dispositions spéciales à certaines localités. L'uniformité dans les prescriptions concernant la largeur des mailles des filets, les engins et les modes de pêche autorisés ou prohibés et les dimensions au-dessous desquelles tel ou tel poisson serait rejeté à l'eau, ne pouvait soulever d'objections sérieuses; l'application d'une semblable mesure ne devait appeler la discussion qu'en ce qui touche les époques d'interdiction de la pêche des différentes espèces. L'uniformité ne s'harmonise pas, on effet, complétement avec les lois naturelles de la reproduction; ces lois varient selon les climats et les espèces; cependant il a paru que, pour tous les poissons habitant les eaux douces de notre territoire, on pouvait admettre un classement correspondant à deux périodes distinctes de ponte; celle d'hiver pour les salmonidées, et celle d'été pour les autres espèces; puis déterminer dans chacune de ces périodes un intervalle moyen entre les saisons extrêmes du frai, de manière à protéger suffisamment les espèces les plus hâtives comme les plus tardives... »

118. — On trouvera à la suite des dispositions du décret du 10 août 1875, qui est le seul règlement général de police sur la matière, les indications de jurisprudence qui se rapportent à la pêche en temps prohibé, à celle pour laquelle il est fait usage de filets autres que ceux qui sont permis, etc.

119. — *Réglements des préfets.* — Tous les réglements locaux sur la pêche, ainsi que les ordonnances ou décrets qui les approuvent, ont été abrogés (Décret du 25 janvier 1868, art. 16); et cette abrogation est implicitement maintenue par le règlement général du 10 août 1875. La délégation qui avait été faite aux préfets, par l'ordonnance du 15 novembre 1830, de la faculté d'édicter des prohibitions en matière de pêche fluviale sous l'approbation du Gouvernement, est aujourd'hui restreinte à quelques objets spéciaux. — V. les art. 2, 6, 10, 16, 18 et 19 du décret de 1875.

120. — *Réglements des maires.* — Les maires n'ont aucun pouvoir réglementaire en matière de pêche fluviale, même à l'égard des eaux dans lesquelles le droit de pêche appartient aux communes qu'ils administrent. — Mais ils pourraient obliger les pêcheurs, spécialement les pêcheurs à la ligne, à observer certaines mesures de police destinées à prévenir les accidents auxquels le public serait exposé ou auxquels ceux-ci s'exposeraient eux-mêmes (pareil

pouvoir leur a été reconnu en matière de chasse), et l'inobservation de ces mesures donnerait lieu à des poursuites de simple police, par application de l'art. 471, n° 15, du Code pénal.

121. — Tout ce qui concerne la police de la *vente des poissons* dans la commune, tombe sous le droit de réglementation de l'autorité municipale, investie par la loi des 16-24 août 1790 (art. 3 du titre XI) de l'inspection sur la fidélité du débit des denrées et sur la salubrité des comestibles mis en vente. — Le maire peut donc interdire de vendre les poissons ailleurs que sur le marché, et de les colporter par les rues ou dans les maisons particulières. L'hôtelier ou aubergiste qui, au mépris de cette défense, achète du poisson apporté à son établissement, se rend passible de l'amende prononcée par l'art. 471, n° 15, du Code pénal (Cour de cassation, 23 septembre 1817); mais il n'y a pas lieu de saisir le poisson colporté ou acheté en contravention, le juge de police ne devant pas ajouter à l'amende la peine de la confiscation (Cour de cassation, 10 février 1854). — L'arrêté qui défend de « vendre du poisson sur aucun point de la commune autre que le marché, et dans les maisons particulières », est réputé avoir entendu seulement prohiber le colportage du poisson par la ville, mais non la vente dans la boutique des marchands. — Cour de cassation, 16 juillet 1831.

Art. 27.

Quiconque se livrera à la pêche pendant les temps, saisons et heures prohibés par les ordonnances, sera puni d'une amende de trente à deux cents francs.

122. — *Pêche en temps prohibé.* — L'interdiction de la pêche pendant les temps fixés par les règle-

ments, s'applique non-seulement aux poissons proprement dits, mais aussi aux *écrevisses* (Cour de Besançon, 17 janvier 1863 ; Cour de Lyon, 14 juillet 1862 ; Cour de cassation, 13 juillet 1863). — Rappelons aussi que, d'après l'art. 26, elle concerne la pêche dans les rivières et cours d'eau *quelconques*; mais non dans les étangs particuliers (V. nos 148 et suiv.). Si un étang particulier était établi de manière à pouvoir communiquer avec une rivière navigable ou flottable au moyen de portes automobiles, il ne serait pas permis d'y pêcher en temps prohibé, même dans le temps où les portes se trouveraient fermées (Cour d'Angers, 9 février 1873). Ainsi, le présent art. 27 est applicable à l'individu qui a été surpris pêchant la nuit dans un canal en communication avec une rivière navigable, encore bien qu'à ce moment les écluses fussent fermées et la communication interrompue. — Paris, 9 janvier 1874.

Pour l'indication des temps, saisons et heures prohibés, V. le décret du 10 août 1875, à la fin de ce volume.

123. — *Pêche en temps de frai.* — On a vu plus haut que l'interdiction de la pêche en temps de frai, comme les autres défenses édictées dans le présent titre, s'appliquent aux rivières non navigables ni flottables aussi bien qu'aux cours d'eau du domaine public. — D'après l'article suivant, l'amende ne peut être moindre de 60 fr. si le délit se trouve compliqué de l'emploi de filets prohibés.

124. — *Pêche pendant la nuit.* — La pêche pendant la nuit n'est pas interdite d'une manière absolue ; on n'a pas voulu reproduire dans la loi de 1829 la disposition que l'ordonnance de 1669 contenait à ce sujet, parce qu'il est des poissons, tels que l'anguille, qu'il est difficile de pêcher pendant le jour. — Il appartient au Gouvernement de déterminer à l'égard de quelles espèces de poissons la pêche est défendue ou permise pendant la nuit : c'est ce qu'il a fait dans l'art. 6 du règlement général du 10 août 1875.

125. — Si le délit consiste exclusivement en ce que

le prévenu a pêché à une heure indue, il faut appliquer le présent art. 27. Mais si le prévenu n'a pêché la nuit que pour dissimuler la perpétration d'un délit de pêche, tel que celui de pêche avec engins prohibés, le fait tombe sous l'application de l'art. 70 de la présente loi, qui prescrit le doublement de la peine ; l'heure de la pêche devient alors une circonstance aggravante.

126. — D'après la jurisprudence de la Cour de cassation, la *nuit* s'entend, dans les lois pénales, de tout l'intervalle de temps qui s'écoule entre le coucher et le lever du soleil. — Toute difficulté est prévenue à cet égard par l'art. 6 du décret du 10 août 1875 qui dispose, en reproduisant les termes de l'ordonnance de 1669, que « la pêche n'est permise que depuis le lever jusqu'au coucher du soleil ». Ainsi, même en été, pêcher durant le crépuscule, c'est pêcher la nuit. — On n'assimile pas à l'action de pêcher la nuit le fait de laisser dans l'eau pendant la nuit des nasses ou paniers à prendre le poisson. V. sur ce dernier point l'art. 7 du même décret.

127. — *Pêche pendant les jours fériés.* — L'ordonnance de 1669 contenait sur ce sujet une disposition ainsi conçue : « Défendons à tous pêcheurs de pêcher aux jours de dimanche et de fête, sous peine de 40 livres d'amende ; et pour cet effet, leur enjoignons d'apporter tous les samedis et veilles de fête, incontinent après le soleil couché, au logis du maître de communauté, tous leurs engins et harnois, lesquels ne leur seront rendus que le lendemain du dimanche ou fête après le soleil levé, à peine de 50 livres d'amende, et interdiction de la pêche pour un an » (art. 4 du titre XXXI). — Cette disposition n'est plus en vigueur, et les opérations de la pêche ne sont pas comprises, non plus, parmi les travaux que la loi du 18 novembre 1814 a interdits les jours de fêtes et dimanches. Or, il est de jurisprudence que l'indication des travaux faits en public à, dans la loi de 1814, un caractère limitatif et non démonstra-

tif. — Cour de cassation, 14 août 1823, et 4 juin 1857.

128. — Dans la discussion de la loi de 1829, une proposition tendant à maintenir en vigueur l'art. 4 de l'ordonnance de 1669, a été rejetée. — « Il faut même dire, ajoute M. Duvergier, *eod loc.*, que les règlements qui détermineront le temps où la pêche sera permise, devant s'occuper uniquement de ce qui est relatif aux intérêts de la pêche et à la conservation des poissons, ne pourraient, sans sortir du cercle que la loi leur a tracé, établir une prohibition fondée sur un motif religieux ou politique. » — Il a été jugé, dans le sens de cette opinion, que la pêche ou récolte des herbes marines sur les bords de la mer n'a pu être légalement interdite par un règlement les jours de fêtes et dimanches. (Cour de cassation, 23 juillet 1864). — V. l'art. 13 du décret du 10 août 1875.

129. — *Pêche dans les parties réserrées pour la reproduction du poisson.* — Dans les parties réservées, la pêche, même à la ligne flottante tenue à la main, est interdite toute l'année, et cette interdiction peut durer cinq ans. Méconnaître cette interdiction est un délit. — V. à ce sujet la loi du 31 mai 1865.

130. — *Cas où il y a plusieurs délinquants.* — Lorsqu'un délit de pêche en temps prohibé a été commis par plusieurs personnes, le juge doit appliquer à chacune d'elles l'amende prononcée par le présent art. 27 ; il estimerait à tort qu'il n'y a lieu d'appliquer qu'une amende et de la répartir entre les délinquants, ainsi que la loi l'a prescrit en matière forestière. — Cour de Nancy, 20 janvier 1840.

Art. 28.

Une amende de trente à cent francs sera prononcée contre ceux qui feront usage, en quelque temps et en quelque fleuve, rivière, canal ou ruisseau que ce soit, de l'un des procédés ou modes de pêche ou de l'un des instruments ou engins de pêche prohibés par les ordonnances.

Si le délit a eu lieu pendant le temps du frai, l'amende sera de soixante à deux cents francs.

—

131. — *Pêche avec engins ou d'après des procédés prohibés.* — La loi, en se servant des expressions « en *quelque* fleuve, rivière, canal ou ruisseau *que ce soit* », a indiqué assez clairement qu'il n'y a pas à distinguer, pour l'application de l'art. 28, entre les cours d'eau dans lesquels le droit de pêche appartient aux particuliers, et ceux dans lesquels ce droit appartient à l'État ; par conséquent, l'allégation, par l'individu surpris pêchant dans un cours d'eau avec des engins prohibés, que le droit de pêche dans ce cours d'eau est sa propriété, n'est pas un moyen de justification et ne fait pas naître une question préjudicielle (Cour de cassation, 14 février 1846). — La jurisprudence antérieure à la loi de 1829 appliquait également à la pêche dans les rivières non navigables ni flottables, les défenses relatives à certains engins ou modes de pêche déterminés. — Cour de cassation, 12 février 1808, 2 mars 1809 et 20 février 1812.

132. — Dans les énonciations de l'art. 28, on ne voit pas figurer « les noues, boires et fossés » dont parle l'art. 1er. Une Cour en a conclu que la prohibition de la pêche avec certains filets ou engins ne leur est pas applicable (Cour de Montpellier, 11 avril 1837) ; mais cette solution a été, avec raison, désapprouvée par la Cour de cassation. Il suffit que ces noues, boires ou fossés, tirent leurs eaux de rivières navigables ou flottables, pour qu'ils soient soumis aux dispositions qui ont été prises en vue de favoriser le repeuplement des rivières. — Cour de cassation, 14 février 1846 ; et Cour de Lyon, 24 mars 1868.

133. — Ajoutons que la double condition, mentionnée en l'art. 1er, d'une communication *permanente* avec la rivière et d'un *entretien par l'État*, ne concerne que la question de savoir si c'est à l'État qu'appartient le droit de pêche, et nullement celle de savoir si la prohibition de certains procédés de pêche doit être étendue aux noues, boires et fossés; il a donc été jugé que le fait de pêcher dans une noue avec des engins prohibés, est un délit, lorsque cette noue communique avec une rivière navigable ou flottable, encore bien que la communication n'aurait lieu qu'à l'époque des hautes eaux et que l'État n'aurait pas la charge de l'entretien. — Cour de cassation, 5 novembre 1857.

134. — D'après ce dernier arrêt, ne sont exceptés que les étangs et réservoirs particuliers qui, au point de vue de la circulation du poisson. se trouvent complétement isolés des cours d'eau navigables ou flottables (V. l'art. 30). Et même, puisque les dispositions du présent titre, relatives à la police de la pêche, s'appliquent aux cours d'eau non navigables comme à ceux qui sont navigables ou flottables (V. l'art. 23), il suffit qu'un étang soit alimenté et traversé par des ruisseaux dont l'un, en amont, met en jeu plusieurs usines et comporte un appareil de pêcherie, pour que l'usufruitier de cet étang ne puisse y exercer le droit de pêche qu'en se conformant à ces dispositions. — Cour de cassation, 6 mars 1867.

Pour l'indication des procédés de pêche prohibés ou permis, V. les art. 9 et suiv. du décret du 10 août 1875.

135. — *Peines.* — Le présent art. 28 prescrit le doublement de l'amende quand le fait de pêche, d'après un mode ou avec un filet prohibé, a été commis en *temps de frai.* — Pour le cas où il s'y joint la circonstance de *nuit* ou celle de la *récidive,* V. les art. 69 et 70 de la présente loi.

136. — La confiscation du filet ne devra pas être ajoutée à l'amende, dans le cas de pêche d'après un mode prohibé, si le filet dont il a été fait usage est autorisé pour d'autres procédés de pêche. — Cour de Paris, 11 juin 1810.

Art. 29.

Les mêmes peines seront prononcées contre ceux qui se serviront, pour une autre pêche, de filets permis seulement pour celle du poisson de petite espèce.

Ceux qui seront trouvés porteurs ou munis, hors de leur domicile, d'engins ou instruments de pêche prohibés, pourront être con·lamnés à une amende qui n'excédera pas vingt francs, et à la confiscation des engins ou instruments de pêche, à moins que ces engins ou instruments ne soient destinés à la pêche dans des étangs ou réservoirs.

---

137. — *Usage abusif des filets à mailles étroites.* — En exigeant de larges mailles pour la pêche des poissons appartenant aux grosses espèces, les réglements ont voulu que les poissons de ces espèces qui n'ont pas encore acquis une certaine croissance, puissent échapper au pêcheur; ce but n'est pas rempli si le pêcheur se sert, pour la pêche des poissons des grosses espèces, d'un filet à mailles étroites. Il a été jugé qu'il y a délit à ne pas rejeter en rivière un poisson de grosse espèce pris avec un filet à mailles étroites, même lorsque ce poisson a atteint les dimensions réglementaires (Cour de Paris, 13 juillet 1871). — L'emploi pour une autre pêche d'un filet qui n'est autorisé que pour la pêche des poissons appartenant aux petites espèces, ne se présume pas. C'est à la partie poursuivante à établir qu'il y a eu usage abusif. Si le procès-verbal mentionne seulement le fait de pêche avec un filet à petites mailles,

sans constater que celui qui s'en servait pêchait du poisson autre que celui de petite espèce, il n'y a pas lieu de prononcer une condamnation. — Cour de Dijon, 4 janvier 1837 et 21 décembre 1842.

La pêche avec un filet à mailles étroites, bien que faite en vue seulement de la capture des poissons de petite espèce, devient un délit lorsqu'elle a lieu en dehors des emplacements indiqués par les règlements préfectoraux. — V. l'art. 10 du décret du 10 août 1875.

138. — La législation sur la pêche maritime contient des dispositions semblables à celle du premier alinéa du présent art. 29. — On lit, notamment dans le règlement du 4 juillet 1853, relatif à l'arrondissement maritime de Brest : « Sont également prohibés : 1°....; 2° les rets, filets, engins, instruments, modes et procédés de pêche exclusivement destinés à la pêche de certains poissons ou coquillages, lorsqu'ils sont employés à d'autres pêches ou en dehors des époques indiquées... »

139. — *Transport de filets prohibés.* — En disant « *pourront* être condamnés, etc. », l'art. 29 fait connaître suffisamment que la question de savoir s'il convient de prononcer une condamnation est laissée à l'appréciation du juge; il a été expliqué, dans la discussion du projet de loi, que la seconde disposition de l'art. 29 a un caractère facultatif, aussi bien en ce qui concerne la prononciation de la confiscation qu'en ce qui concerne celle de l'amende. « Il ne s'agit ici, comme il a été dit dans l'exposé présenté à la Chambre des pairs, que d'une disposition préventive ». C'est pour cette raison que la disposition de l'art. 29 n'est pas impérative. — Quelques députés auraient voulu que l'on ne pût être puni que dans le cas de tentative d'emploi des filets pour la pêche. Mais le ministre des finances a répondu avec raison : « Remarquez que le projet de loi n'autorise pas, comme l'ordonnance de 1669, les visites à domicile pour rechercher les filets à mailles prohibées. Comment parviendrait-on à la saisie, si

on ne le peut, ni dans les maisons des pêcheurs, ni sur eux; car ils trouvent toujours le moyen, lorsqu'ils s'en servent, de les cacher, soit dans l'eau, soit dans les roseaux? On ne peut ordinairement prendre les pêcheurs que lorsqu'ils sortent de leurs bateaux pour se rendre à domicile... Nous ne voyons pas d'autres moyens d'atteindre les délinquants. »

Le présent art. 29 ne s'explique que sur le *transport* des filets prohibés. Le décret du 9 janvier 1852, sur la pêche maritime, porte dans son art. 7 : « Sera puni d'une amende de 25 à 125 fr. ou d'un emprisonnement de trois à vingt jours : 1° Quiconque aura fabriqué, détenu hors de son domicile ou mis en vente les rets, filets, engins, instruments de pêche prohibés par les règlements ou en aura fait usage... » — Mais, dans la pêche maritime, il n'y a pas à se préoccuper de l'emploi des filets pour la capture du poisson dans des étangs particuliers; le législateur a donc pu, en cette matière, réprimer la fabrication et la vente aussi bien que le transport.

140. — Si la pêche avec filet devait avoir lieu dans un étang ou réservoir particulier, le transport qui a été constaté échappe à toute répression (V. ce qui est dit n° 148); mais c'est au pêcheur, ce semble, à établir cette circonstance. — V., comme analogie, ce qui est dit *infrà* au n° 152.

Le transport d'un filet qui pourrait être employé comme filet traînant, mais qui peut aussi être manœuvré régulièrement, tel que la trouble (V. n° 523), ne peut être incriminé, si d'ailleurs les dimensions des mailles sont conformes aux prescriptions des règlements. — Cour de Besançon, 24 décembre 1872.

141. — On n'assimilera pas à un transport de filets le fait d'avoir suspendu des filets au mur extérieur de la maison pour les faire sécher (Cour de Limoges, 6 décembre 1856); on peut trouver dans ce fait un indice à l'appui de la dénonciation d'un délit de pêche avec filets prohibés, mais non le délit prévu par le présent art. 29.

142. — Il a été décidé en matière de chasse, et

l'on devrait décider aussi en matière de pêche, que le simple soupçon n'autorise pas un garde à fouiller les vêtements d'un individu présumé porteur d'engins prohibés; et que le procès-verbal dressé pour constater la découverte d'engins due à une perquisition abusivement pratiquée sur la personne du porteur, ne saurait être pris par le juge pour base d'une condamnation — Cour de Rouen, 17 avril 1859.

Quant à la recherche des filets et engins au domicile des possesseurs, elle est défendue par l'art. 40 de la loi.

143. -- Le fait d'accompagner le porteur d'un filet prohibé pour concourir avec lui à la pratique d'une pêche délictueuse, constitue la complicité du délit de transport de filet prohibé. — Cour de Besançon, 21 décembre 1872.

144. — *Détention d'engins prohibés.* — La loi ne prévoit que le cas de transport; la détention à domicile n'est donc pas en elle-même un délit, d'autant plus que la loi, on vient de le voir, n'autorise pas la recherche des engins dans les habitations ou leurs dépendances (Cour de cassation, 3 janvier 1846); cette recherche ne peut avoir lieu que dans les bateaux. — V. l'art. 33.

145. — Il n'y aurait pas même lieu, suivant nous, de saisir chez un aubergiste les filets prohibés dont il serait trouvé détenteur, car, d'une part, la loi du 31 mai 1865 ne permet de rechercher chez les aubergistes que le poisson colporté et vendu en temps prohibé, et, d'autre part, la présente loi de 1829 ne met le possesseur de filets prohibés en demeure de justifier que ces filets doivent servir exclusivement à une pêche dans des eaux privées, que dans le cas où il est surpris les transportant au dehors. — Mais l'individu qui aurait été trouvé porteur d'un filet prohibé, dans un cabaret ou une auberge où il se serait arrêté momentanément, devrait être déclaré en délit, tout comme s'il avait été rencontré sur la voie publique.

Art. 30.

Quiconque pêchera, colportera ou débitera des poissons qui n'auront point les dimensions déterminées par les ordonnances, sera puni d'une amende de vingt à cinquante francs et de la confiscation des dits poissons. — Sont néanmoins exceptées de cette disposition les ventes de poissons provenant des étangs ou réservoirs.

Sont considérés comme des étangs ou réservoirs les fossés et canaux appartenant à des particuliers dès que leurs eaux cessent naturellement de communiquer avec les rivières.

---

116. — *Pêche, colportage et débit de poissons n'ayant pas les dimensions exigées.* — L'ordonnance de 1669 fixait, dans son art. 12, les dimensions au-dessous desquelles le poisson pêché devait être rejeté en rivière ; cette ordonnance ayant été abrogée, le défaut de renouvellement des prescriptions qu'elle renfermait sur ce sujet, ne permettait pas d'appliquer aux pêcheurs le présent art. 30 (Cour de Riom, 28 janvier 1816). Mais aujourd'hui cet objet est réglé par l'art. 8 du décret du 10 août 1875, non-seulement en ce qui concerne les poissons, mais aussi en ce qui concerne les écrevisses.

117. — *Transport de poissons.* — La loi sur la pêche ne prohibe pas, comme la loi du 3 mai 1844 sur la chasse (art. 4), le transport et le colportage, mais le *colportage* seulement, c'est-à-dire le transport pour vendre. Il suit de là qu'une personne rapportant chez elle, pour la consommation de sa famille, une provision de poissons qu'elle a achetée au marché ou ailleurs, n'est pas passible d'un procès-verbal, à raison de ce qu'il s'y trouverait

quelques poissons n'ayant pas les dimensions voulues. — Cour de Riom, 28 juin 1843.

148. — *Poissons pêchés dans les étangs et réservoirs particuliers.* — Le dépeuplement de ces étangs et réservoirs ne concernant qu'un intérêt privé et non un intérêt public, la loi n'avait pas à intervenir. Dans le projet, l'exception ne concernait que « l'alevin destiné à l'empoissonnement »; mais la commission de la Chambre des députés a demandé et obtenu que, par respect pour le droit de propriété, aucune limite ne fût apportée au droit de colporter et de vendre le poisson provenant des étangs et réservoirs. Il arrive souvent, en effet, que les nécessités de l'agriculture ou de la salubrité exigent qu'on vide un étang en temps de pêche prohibé. Il faut alors pouvoir vendre le poisson qui en provient.

149. — M. Duvergier, dans ses observations sur l'art. 30, estime que, bien que le législateur n'ait parlé que du cas de vente des poissons de petite dimension provenant des réservoirs, il est dans l'esprit de la loi que le fait de *pêche* de ces poissons soit excepté de la règle générale comme le fait de *vente*. — Mais cela n'avait pas besoin d'être dit. Les poissons qui se trouvent dans les étangs et réservoirs particuliers appartiennent aux propriétaires de ces étangs, à la différence des poissons se trouvant dans les eaux courantes, lesquels sont sans maître; la loi n'avait donc pas à réglementer la capture de ces poissons.

150. — Certains étangs, fossés et canaux appartenant à des particuliers sont en communication avec des rivières à l'époque des hautes eaux; tant que dure cette situation, à raison de ce qu'ils forment comme des dépendances de la rivière, l'exercice de la pêche y est soumis à toutes les restrictions édictées dans l'intérêt du repeuplement des cours d'eau. Cela est vrai, non-seulement lorsque la communication est naturelle, mais aussi lorsqu'elle est artificielle, et procurée, par exemple, au moyen de portes ouvrantes ou fermantes. Tant que les portes sont ouvertes, la pêche dans ces étangs ou amas d'eau est soumise au même régime que la pêche dans les rivières elles-mêmes; cela ne saurait faire difficulté. — Cour de cassation, 10 janvier 1874.

Il faudrait aller plus loin, suivant quelques arrêts, et décider que, même après que les portes de communication ont été fermées, les lois sur la réglementation de la pêche continuent de s'appliquer à ces étangs. La communication pouvant à chaque instant être rétablie, comme cela a lieu pour les canaux fermés par des écluses, est en effet considérée à bon droit comme toujours subsistante. — Cour d'Angers, 9 février 1873; Cour de Paris, 9 janvier 1874.

Mais, d'après le présent art. 30, dès que leurs eaux cessent *naturellement* de communiquer avec les rivières, ces étangs, fossés et canaux sont soumis au même régime que les étangs et réservoirs particuliers, et la pêche n'y est plus soumise à aucune restriction quant à la dimension des poissons. L'enlèvement du poisson est, d'ailleurs, nécessaire dans les fossés dont les eaux subissent en été une rapide évaporation. — Il va sans dire que cet enlèvement ne peut être pratiqué que par le propriétaire. Effectué pour tout autre après cessation de la communication naturelle avec la rivière, il pourrait, nonobstant l'emploi de filets, être considéré comme vol, à moins que la bonne foi de l'auteur du fait ne soit établie. (Tribunal de Gray, 13 juin 1873.) — V. nos 23 et 24. V. aussi n° 84.

151. — L'établissement d'un obstacle artificiel à la communication du fossé avec la rivière, ne donnerait pas droit au même avantage que la cessation *naturelle* de la communication. — V. d'ailleurs l'art. 24.

152. — C'est à l'individu qui est surpris colportant ou vendant des poissons dont les dimensions sont inférieures à celles exigées, à fournir, pour échapper à l'application de l'art. 30, la preuve que ces poissons proviennent d'étangs ou réservoirs particuliers; sans cela, il y a présomption que les poissons colportés

ont été pêchés en rivière (Cour de cassation, 13 juin 1833. — Il ne lui suffirait pas de justifier qu'il les a achetés sur un marché et en quelque sorte sous les yeux de la police locale, s'il les a achetés pour les revendre (V. n° 147), ce qui l'obligeait à tenir compte des prescriptions de la loi. — Cour de cassation, 22 juin 1865.

153. — Mais lorsque le prévenu a opposé, au moment même où un procès-verbal lui a été déclaré, que le poisson saisi provenait d'étangs particuliers, il y a lieu, si de la représentation des registres d'un commissionnaire chargé de vendre des poissons de cette provenance, il résulte que, vers la même époque, il lui a été effectivement vendu de ces poissons, de considérer la provenance alléguée comme suffisamment établie. — Cour de Lyon, 12 avril 1866.

154. — *Poissons pris à la ligne flottante.* — Les dispositions sur les dimensions leur sont aujourd'hui applicables (art. 8 du décret du 10 août 1875, à la fin du volume). — V. n° 501.

Art. 31.

La même peine sera prononcée contre les pêcheurs qui appâteront leurs hameçons, nasses, filets ou autres engins avec des poissons des espèces prohibées, qui seront désignées par les ordonnances.

—

155. — *Défense d'appâter avec des poissons de certaines espèces.* — L'art. 11 du titre XXXI de l'ordonnance du mois d'août 1669 défendait « de mettre lignes avec échets et amorces vives ». L'art. 26 a réservé au gouvernement le droit d'édicter des défenses semblables par des ordonnances ou décrets ; et le présent art. 31 donne une sanction aux règlements à

intervenir. — Pendant longtemps, le gouvernement n'a pas fait usage du droit qu'on vient de rappeler. Mais aujourd'hui les préfets ont le pouvoir de prendre des mesures sur ce sujet. — V. l'art. 16 du décret du 10 août 1875.

156. — Dans l'état actuel de la législation, les filets et engins dont l'emploi n'est pas défendu, peuvent être appâtés avec des amorces vives. La loi du 2 juillet 1850, qui réprime les mauvais traitements à l'égard des animaux, n'y met d'ailleurs aucun obstacle, puisqu'elle ne concerne que les animaux *domestiques*. — Mais ils ne peuvent plus cependant être appâtés avec des poissons de toute espèce, si des mesures restrictives ont été prises sur ce sujet par le préfet du département. — V. n° 537.

Art. 32.

Les fermiers de la pêche et porteurs de licences, leurs associés, compagnons et gens à gages, ne pourront faire usage d'aucun filet ou engin quelconque, qu'après qu'il aura été plombé ou marqué par les agents de l'administration de la police de la pêche.

La même obligation s'étendra à tous autres pêcheurs compris dans les limites de l'inscription maritime, pour les engins et filets dont ils feront usage dans les cours d'eau désignés par les §§ 1 et 2 de l'art. 1ᵉʳ de la présente loi.

Les délinquants seront punis d'une amende de vingt francs pour chaque filet ou engin non plombé ou marqué.

—

157. — *Plombage et marque des filets.* — Le présent article a été formellement abrogé en ce qui con

cerue la marque ou plombage des filets, par l'art. 9
de la loi du 31 mai 1865. Cette loi a-t-elle entendu,
en ne prononçant pas une abrogation pure et simple,
maintenir l'obligation d'une vérification *préalable*
des filets par les agents de l'administration? Il eut
été à désirer qu'elle s'expliquât formellement à cet
égard. — Le mode de vérification des mailles de filets, actuellement en vigueur, est déterminé par un
décret du 26 août 1865. — V. ci-après le texte de
cette loi et de ce décret.

Art. 33.

Les contre-maîtres, les employés du balisage
et les mariniers qui fréquentent les fleuves, rivières et canaux navigables ou flottables, ne
pourront avoir dans leurs bateaux ou équipages
aucun filet ou engin de pêche, même non prohibé, sous peine d'une amende de cinquante
francs et de la confiscation des filets.

A cet effet, ils seront tenus de souffrir la visite, sur leurs bateaux et équipages des agents
chargés de la police de la pêche, aux lieux où
ils aborderont.

La même amende sera prononcée contre ceux
qui s'opposeront à cette visite.

—

158. — *Défense aux mariniers d'avoir des filets
dans leurs bateaux.* — Cette défense, qui se trouvait
également formulée dans l'ordonnance de 1669
(art. 15 du titre XXXI), a pour objet la conservation des intérêts des fermiers de la pêche et des porteurs de licences dans les cantonnements qui leur
sont affectés. Par suite, ces mots de l'article 33 « les
mariniers qui fréquentent les fleuves, rivières et ca-

naux navigables et flottables », comprennent tous
ceux qui, n'étant ni fermiers ni porteurs de licences
dans un cantonnement, y sont trouvés ayant des
filets dans leurs bateaux. — Les pêcheurs de profession sont compris parmi les mariniers ou gens de rivière tenus de souffrir la visite de leurs bateaux ou
équipages. — Cour de cassation, 16 décembre 1836.

Ainsi, un pêcheur ne peut, pour se rendre à son
cantonnement, traverser, avec un filet dans son bateau, le cantonnement d'un autre, et il doit déférer
aux réquisitions ayant pour objet la visite de son
bateau. — Cour de cassation, 21 novembre 1832.

Le possesseur de moulin sur bateau est tenu pareillement de souffrir ces visites, alors d'ailleurs que
le bateau ne lui tient pas lieu de domicile; et il est
en contravention si des filets y sont trouvés (Cour
de cassation, 6 mars 1835, et 19 février 1836) ; il en
est de même, suivant un arrêt, de l'individu qui ex-
ploite dans une ville un bateau à lessive ouvert au
public, encore bien qu'il articulerait qu'il en fait
son domicile. — Cour de Paris, 21 juin 1838.

159. — Le présent article nomme, en même temps
que les mariniers, les contre-maîtres et les employés
du balisage, c'est-à-dire les gens employés par l'Administration à certains travaux nécessaires pour faire
disparaître des rivières tout ce qui peut faire obstacle à la navigation. S'il est admis que ces désignations, comme celle de *compagnons de rivière* dont
se servait l'ordonnance de 1669, ont un caractère
démonstratif et non limitatif, il résulte cependant de
l'arrêt du 16 décembre 1836, cité plus haut, que
l'art. 33 ne s'applique qu'aux personnes qui, par
profession, parcourent habituellement les rivières en
bateaux. — Les individus qui possèdent sur une rivière des bateaux de plaisance, par exemple les canotiers, seraient donc en droit de refuser de se soumettre aux visites des agents chargés de la police de
la pêche. — V. n° 163.

160. — La défense d'avoir des filets à bord ne
s'applique pas aux bâtiments qui naviguent dans la

partie maritime d'un fleuve, même dans celle comprise entre le point où les eaux cessent d'être salées et la limite de l'inscription maritime, surtout lorsque ces bâtiments sont des navires de mer montés par des maîtres au cabotage (Cour de Rennes, 4 décembre 1850). — On se rappelle que dans cette partie des fleuves la pêche est gratuite (V. ce qui est dit sur l'art. 3 de la présente loi); il n'y a donc pas de précautions à prendre pour réserver les bénéfices de la pêche à des adjudicataires de cantonnements. Les seules dispositions relatives à la police de la pêche que la loi de 1829 a pu vouloir appliquer à la partie maritime des fleuves, sont celles qui ont pour objet la suppression des obstacles de nature à empêcher la remonte du poisson, ou l'interdiction des modes de pêche qui peuvent amener le dépeuplement trop rapide des rivières. — Toutefois, le contraire a été jugé par une cour d'appel, mais à tort à notre avis. — Cour de Bordeaux, 5 janvier 1849.

161. — *Visite des bateaux.* — La visite ne peut avoir lieu que dans les lieux où les bateaux abordent. Le projet de loi obligeait les mariniers à souffrir la visite « toutes les fois qu'ils en seraient requis »; mais cette disposition a paru trop gênante pour la navigation commerciale, trop susceptible d'abus de la part des agents de la police de la pêche, et elle a été remplacée par la disposition restrictive qui vient d'être indiquée.

Art. 34.

Les fermiers de la pêche et les porteurs de licences, et tous pêcheurs en général, dans les rivières et canaux désignés par les deux premiers paragraphes de l'art. 1er de la présente loi, seront tenus d'amener leurs bateaux, et de faire l'ouverture de leurs loges et hangars, bannetons, huches et autres réservoirs ou boutiques à poisson, sur leurs cantonnements, à toute réquisition des agents et préposés de l'administration de la pêche, à l'effet de constater les contraventions qui pourraient être par eux commises aux dispositions de la présente loi.

Ceux qui s'opposeront à la visite ou refuseront l'ouverture de leurs boutiques à poisson, seront, pour ce seul fait, punis d'une amende de cinquante francs.

162. — *Obligation des fermiers de la pêche d'amener leurs bateaux.* — Cette obligation est rappelée dans l'art. 23 du cahier des charges de 1875. Elle concerne *les pêcheurs en général,* au nombre desquels il faut comprendre, ce semble, même ceux qui se tiennent en bateau pour pêcher à la ligne flottante, mais non les mariniers et autres gens de rivière, qui ne se livrent pas à la pêche. C'est ce qui a été formellement expliqué dans la discussion qui s'est engagée sur cet article à la Chambre des députés : le projet portait « sont tenus *pareillement* »; ce dernier mot a été retranché, parce que l'art. 31 n'est pas applicable à toutes les personnes désignées en l'art. 35.

163. — A plus forte raison, les canotiers et autres personnes qui ne se livrent à la navigation sur les fleuves et rivières que pour leur agrément, ne sont-elles pas tenues d'amener leurs bateaux.

164. — L'obligation pour les pêcheurs d'amener leurs bateaux n'est établie que sur les fleuves et rivières navigables et les canaux désignés dans l'article 1er, ce qui comprend évidemment les noues et boires qui sont en communication permanente avec ces cours d'eau et dans lesquelles la pêche est affermée au profit de l'État. Mais elle n'existe pas sur les cours d'eau dans lesquels le droit de pêche ap-

partient aux propriétaires riverains; on a pensé que cette obligation serait peu compatible avec les droits de ces propriétaires.

165. — *Visite des réservoirs ou boutiques à poissons.* — Cette visite était autorisée par l'ordonnance de 1669 (art. 25 du titre XXXI); mais aucune peine n'était prononcée contre les pêcheurs qui refusaient de la subir.

La loi a voulu, en imposant aux pêcheurs l'obligation de souffrir la visite de leurs réservoirs à toute réquisition des agents, que ceux-ci puissent s'assurer si parmi les poissons renfermés dans les boutiques il ne s'en trouve pas qui aient des dimensions moindres que celles fixées par les règlements. — Dans l'expression *pêcheurs*, le présent article comprend non-seulement ceux qui par état se livrent à la pêche, mais aussi ceux qui ne le font qu'accidentellement ou avec l'assistance d'autrui. Le possesseur d'une boutique à poissons établie sur une rivière, ne peut donc refuser de subir la visite des agents; autrement les fermiers de pêche pourraient toujours éluder les visites en mettant leurs boutiques à poissons sous le nom d'un individu en apparence étranger à la pêche. — Cour d'Amiens, 3 décembre 1843.

Les boutiques à poissons que les pêcheurs possèdent *en dehors* de leurs cantonnements, ne sont pas, d'après les termes de la présente disposition, soumises aux visites des agents et préposés de l'administration de la pêche.

166. — Tout objet dont le pêcheur se sert pour recueillir le poisson qu'il a pêché, rentre dans la désignation générale de « réservoirs ou boutiques ». — Ainsi, un pêcheur ne peut refuser de représenter la filoche, le panier ou le mouchoir de poche dans lequel il a mis le poisson qu'il vient de prendre. Dans une espèce où, pour soustraire le poisson à la vérification d'un garde, le pêcheur avait remis à un compagnon, resté inconnu, le mouchoir de poche contenant le produit de sa pêche, et où celui-ci avait, à sa recommandation, pris la fuite, il a été jugé que

le pêcheur devait, en pareil cas, être déclaré coupable du délit de refus de visite prévu par la présente disposition, bien qu'au moment où le garde avait demandé à vérifier si le poisson appartenait aux espèces pouvant être pêchées avec le filet à mailles étroites dont le pêcheur était muni (V. l'article 29), il ne fût plus détenteur du poisson que le garde avait vu pêcher. — Cour de Nancy, 17 janvier 1834.

167. — *Visite des instruments de pêche.* — La loi ne parle que des « réservoirs ou boutiques à poissons », et non des instruments de pêche. Une Cour d'appel en a conclu que, si un pêcheur ne peut refuser la visite de son bateau et de son réservoir à poisson, il ne commet cependant pas de délit en refusant de laisser visiter ses nasses (Cour de Besançon, 2 mars 1846). — Mais une autre Cour s'est fondée sur ce que l'objet de l'article, ainsi que le législateur le déclare formellement, est de fournir aux agents le moyen de « constater les contraventions qui pourraient être commises par les pêcheurs aux dispositions de la présente loi », pour décider, avec plus de raison, suivant nous, que l'énumération des objets soumis à la vérification, qui sont mentionnés en l'art. 31, n'a rien de limitatif, et doit être interprétée en ce sens que les pêcheurs sont tenus de soumettre, d'une manière générale, à la visite des gardes les choses dont l'inspection peut servir à la constatation des délits. — Spécialement, le pêcheur installé dans un bateau ne peut refuser, quand il en est requis par un garde-pêche, de lever sa ligne pour que celui-ci puisse constater si elle remplit les conditions exigées par les règlements. — Cour de Metz, 4 janvier 1860.

Art. 35.

Les fermiers et porteurs de licences ne pourront user, sur les fleuves, rivières et canaux navigables, que du chemin de halage; sur les rivières et cours d'eau flottables, que du marchepied. Ils traiteront de gré à gré avec les propriétaires riverains pour l'usage des terrains dont ils auront besoin pour retirer et asséner leurs filets.

—

168. — *Usage des chemins de halage.* — Le chemin de halage ou chemin laissé sur le bord d'une rivière navigable, pour la facilité de la navigation et de la remonte des bateaux, du côté où doit se faire le tirage par les chevaux, doit avoir 21 pieds de large ou 7ᵐ 80; le marchepied ou chemin laissé sur la rive opposée pour la seule utilité des mariniers obligés de descendre à terre dans les manœuvres, n'a que 10 pieds ou 3ᵐ 25 (ordonnance de 1669, titre XXVIII, art. 7). — Quand la rivière est seulement flottable en trains, l'Administration est dans l'usage de restreindre à 10 pieds la servitude légale.

Le chemin de halage doit être laissé libre par le propriétaire riverain, aussi bien la nuit que le jour; en sorte que l'accident arrivé à un marinier qui, revenant la nuit le long de la rivière après avoir amarré son bateau, s'est blessé en voulant franchir une barrière placée par le propriétaire quelques instants auparavant, engage la responsabilité de celui-ci. — Cour de Lyon, 30 juin 1865.

169. — Le pêcheur peut user du chemin de halage comme tous les navigateurs pour faciliter les déplacements de son bateau.

Mais il résulte de la discussion de la loi qu'il ne peut encombrer le chemin en s'y établissant pour retirer ses filets et les faire sécher, encore moins en y plaçant des pieux pour ces opérations, surtout si le chemin de halage est en même temps un chemin public.

170. — Le halage n'est, en effet, qu'une servitude

(art. 650 du Code civil); il ne pouvait être question d'aggraver cette servitude en matière de pêche fluviale, l'État n'ayant pas la faculté de concéder aux adjudicataires et porteurs de licence des droits plus étendus que ceux qu'il a lui-même. Dans la plupart des cas, surtout lorsque la navigation est peu active sur le cours d'eau, le halage n'empêche pas l'herbe ou les récoltes de croître jusqu'au bord même de l'eau; et de la sorte, la parcelle de terrain sur laquelle s'exerce la servitude, ne reste pas improductive. Il en serait autrement si le pêcheur pouvait jeter ses filets de la rive et les traîner, en les retirant, sur ces végétations. La vase déposée et le frottement des filets auraient bientôt produit la stérilité. — Le droit de passage sur la rive pour le halage de son bateau est la seule faculté que le législateur a dû et a, en effet, entendu reconnaître aux adjudicataires et aux porteurs de licence. Les changements apportés à la rédaction de l'article ne laissent aucun doute sur ce point. Le projet de loi portait : « Les fermiers... ne pourront user, *pour l'exercice de la pêche*... que du chemin de halage ». Les mots soulignés ont été supprimés.

171. — Par contre, pour l'exercice du halage, le fermier de la pêche a tous les droits que peuvent invoquer les mariniers dans l'intérêt de la navigation. Il peut réclamer la suppression des obstacles, tels que barrières, constructions et plantations, qui ne laisseraient pas subsister, sur le bord, à l'époque des hautes eaux comme à celle des basses eaux, le passage dont la largeur est déterminée par l'ordonnance de 1669, et cela même dans les parties du rivage où la navigation a lieu sans le secours du halage à la corde. — Conseil d'État, 20 novembre 1815.

172. — L'adjudicataire ou porteur de licence ne peut exercer aucun droit de passage sur les terrains riverains, là où la servitude de halage n'existe pas et ne peut exister. — Ainsi, lorsque dans son cantonnement se trouve compris, comme dépendance de la rivière, une noue ou boire accessible en tout temps

aux bateaux de pêcheurs. il doit s'abstenir de prendre pied sur la rive, soit pour des actes de pêche, soit même pour faciliter les déplacements de son bateau. C'est ce que le ministre des finances a reconnu formellement, en réponse aux observations d'un député, dans le cours de la discussion dont le présent article a été l'objet.

173. — La question fait plus de difficulté, lorsqu'il s'agit des îles qui existent au milieu des rivières, les auteurs n'étant pas d'accord sur le point de savoir si ces îles sont soumises à la servitude de halage. Le passage pour le halage ne paraît pouvoir y être réclamé que dans le cas, assez rare, où il ne serait pas possible de le pratiquer sur la rive. C'est dans ce cas seulement que l'adjudicataire ou porteur de licence pourra descendre sur ces îles pour faciliter les déplacements de son bateau.

174. — Il a été bien entendu, dans la discussion de la loi, qu'il devra traiter de gré à gré avec le propriétaire pour obtenir le droit de retirer et asséner ses filets, ce qui s'applique surtout au cas où les terrains voisins des eaux dans lesquelles s'effectue la pêche, ne sont pas grevés de la servitude de halage ou de marchepied. Le texte de l'article ne présente à cet égard aucune incertitude.

175. — Toutes les fois que le passage est pris abusivement par l'adjudicataire ou porteur de licence sur une propriété riveraine, il peut y avoir lieu, s'il s'agit d'un terrain préparé ou ensemencé, non-seulement à une action du propriétaire en paiement de dommages-intérêts, mais aussi à des poursuites de simple police pour contravention aux dispositions de l'art. 471, n° 13, du Code pénal. C'est ce qui a été déjà dit à propos du passage des pêcheurs à la ligne. Mais il n'y a pas délit de pêche, car l'art. 35 n'a été écrit que pour rappeler les obligations de l'adjudicataire et non pour édicter des prescriptions nouvelles sanctionnées par la loi du 15 avril 1829.

176. — D'après une jurisprudence bien constante, le passage est délictueux, si la propriété traversée est

une prairie, parce qu'une propriété de ce genre est en
état de production permanente (Cour de cassation,
12 juillet 1855, et 28 juin 1856). La bonne foi, la circonstance qu'il existait des traces de passages antérieurs et qu'aucun écriteau n'indiquait une défense
de passer, l'absence de dommage appréciable, seraient
vainement invoquées comme excuses.

En dehors du cas d'un consentement antérieur du
propriétaire, dont la preuve peut être faite de toute
manière, celui qui a passé sur le terrain d'autrui, ne
peut justifier son action qu'en prouvant qu'il a agi
par nécessité, ou que le terrain qu'il a traversé est
improductif, et se trouve, par exemple, en nature de
bruyère. — Cour de cassation, 11 novembre 1861, et
2 juin 1865.

177. — Les adjudicataires du droit de pêche ne
doivent pas seulement respecter les droits des propriétaires riverains, ils doivent aussi se conformer
aux prescriptions des règlements édictés en vue de
maintenir la liberté et la sécurité de la navigation.
Cette obligation leur est rappelée formellement par
l'art. 11 du cahier des charges de 1875. — Aux termes
de l'art. 3 de l'arrêt du Conseil de 1777, « les riverains, mariniers ou autres, sont tenus de faire enlever
les pierres, terres, bois, pieux, débris de bateaux et
autres empêchements étant de leur fait ou à leur
charge, dans le lit des rivières navigables ou sur leurs
bords, à peine de 500 livres d'amende, et d'être en
outre contraints au paiement des frais d'enlèvement ».

Ainsi, dans le cas d'échouement de son bateau,
l'adjudicataire de la pêche pourrait, à défaut d'avoir
pourvu à l'enlèvement des débris, être déclaré en contravention à cette disposition de l'arrêt de 1777, sauf
le cas où il établirait que l'accident est dû à un
événement de force majeure. — Conseil d'Etat, 1er décembre 1852.

C'est devant le conseil de préfecture que doivent
être poursuivies les contraventions à l'art. 3 précité
de l'arrêt du Conseil de 1777. L'amende de 500 fr.

peut aujourd'hui, en vertu d'une loi du 23 mars 1842, être abaissée jusqu'au vingtième.

178. — L'inobservation des prescriptions dont il s'agit pourrait donner lieu, en outre, à une poursuite en dommages-intérêts de la part des personnes qui auraient éprouvé un dommage par suite de la négligence de l'adjudicataire de la pêche à faire disparaître les empêchements à la navigation provenant de son fait. — Si l'accident causé avait amené des blessures ou la mort d'une personne, l'adjudicataire de la pêche serait passible de poursuites correctionnelles comme coupable de blessures ou homicide causés par négligence ou inobservation des règlements. — V. les art. 319 et 320 du Code pénal.

179. — Les adjudicataires qui, en stationnant ou en étendant leurs filets, auraient indûment gêné la navigation, ne pourraient réclamer une indemnité aux mariniers qui, en descendant le cours d'eau, seraient venus heurter et briser les filets (Art. 12 du cahier des charges de 1875). — Mais tout accident causé à leurs filets ou bateaux pour des causes autres que l'exercice d'un droit régulier, qu'ils sont obligés de ne pas entraver, pourrait donner lieu, de leur part, à une juste demande de dommages-intérêts.

180. — *Limites des cantonnements.* — Ces limites sont indiquées par un poteau que le fermier est tenu de placer et d'entretenir. L'inexécution de cette obligation rend celui-ci passible d'une clause pénale dans laquelle l'administration a stipulé le paiement, par chaque jour de retard, d'une somme de 2 fr., à recouvrer au profit de l'État comme en matière de contributions. — Cahier des charges de 1875, art. 20 et 21.

181. — *Bateaux des fermiers.* — Ces bateaux doivent porter, inscrits en noir sur un fond blanc, le mot « pêche » et le numéro du cantonnement; le nombre en avait été fixé au double de celui des sous-fermiers, non compris deux bateaux pour l'usage de l'adjudicataire (Cahier des charges de 1838, art. 27).

— Mais cette disposition limitative n'a pas été reproduite dans le cahier des charges de 1875.

TITRE. V.

DES POURSUITES EN RÉPARATION DE DÉLITS.

SECTION 1ʳᵉ. — *Des poursuites exercées au nom
de l'Administration.*

Art. 36.

Le gouvernement exerce la surveillance et la
police de la pêche dans l'intérêt général.

En conséquence, les agents spéciaux par lui
institués à cet effet, ainsi que les gardes champêtres, éclusiers des canaux et autres officiers
de police judiciaire, sont tenus de constater les
délits qui sont spécifiés au titre IV de la présente
loi, en quelques lieux qu'ils soient commis; et
lesdits agents spéciaux exerceront, conjointement avec les officiers du ministère public, toutes
les poursuites et actions en réparation de ces
délits.

Les mêmes agents et gardes de l'Administration, les gardes champêtres, les éclusiers, les
officiers de police judiciaire, pourront constater
également le délit spécifié en l'art. 5, et ils transmettront leurs procès-verbaux aux procureurs
du roi.

182. — *Surveillance et police de la pêche.* — Ce service est aujourd'hui placé dans les attributions du ministre des travaux publics, et est confié à l'administration des ponts et chaussées. (V. ci-après le décret du 29 avril 1852.) Les gardes-pêche spéciaux qui, avant ce décret, dépendaient de l'administration forestière, ont été en conséquence transférés à celle des ponts et chaussées.

183. — Sous la législation antérieure, il y avait contestation sur le point de savoir si les agents de l'autorité publique devaient constater les délits de pêche commis dans des eaux autres que celles du domaine public, et, s'ils devaient, lorsque le droit de pêche dans les eaux du domaine public avait été affermé à des particuliers, constater les faits de pêche commis sans le consentement et au préjudice de ceux-ci. — Le présent art. 30 dit formellement. sur le premier point, que les délits de pêche rentrant dans les prévisions du titre IV, *devront être constatés, en quelques lieux qu'ils soient commis*, et, sur le second, que les faits de pêche commis en violation des droits des fermiers ou des propriétaires de la pêche, *pourront être constatés* par les agents de l'autorité publique ayant qualité pour verbaliser en cette matière.

184. — *Nomination des gardes-pêche.* — « Les préposés du service de la pêche se divisent en brigadiers et en gardes. Les brigadiers. indépendamment du cantonnement de pêche dont ils sont chargés, exercent leur surveillance sur les autres gardes dépendant de leur brigade et sur la conduite administrative et privée de ces agents; ils ont les mêmes attributions judiciaires et administratives et les mêmes droits que les gardes. » — Circulaire du ministre des travaux publics, du 20 juin 1863.

185. — D'après une ordonnance royale du 27 décembre 1831, l'administration centrale devait réserver aux sous-officiers rengagés qui sortaient de l'armée et qui lui étaient proposés par le ministre de la guerre, la moitié des emplois venant à vaquer. La proportion fut élevée aux trois quarts par un décret du 21 octobre 1868. Aujourd'hui, la totalité de ces emplois est réservée, par la loi du 24 juillet 1873, aux sous-officiers qui ont passé douze ans sous les drapeaux dans l'armée active, dont quatre avec le grade de sous-officier. — Par une faveur spéciale, une indemnité de 100 fr., pour frais d'installation, est accordée aux candidats sortant de l'armée qui sont nommés aux fonctions de garde-pêche sur la proposition du ministre de la guerre.

186. — Quant aux emplois qui, précédemment, étaient réservés à l'élément civil, ils étaient accordés de préférence aux agents attachés déjà au service des travaux publics, par exemple à des cantonniers chefs des routes et de la navigation, âgés de moins de trente-cinq ans et jugés méritants, auxquels ils procuraient une augmentation de salaire et la perspective d'une pension de retraite à la fin de leur carrière. — Circulaire du ministre des travaux publics du 20 juin 1863.

187. — Les conditions d'âge et autres, dont doivent justifier les candidats, ont été indiquées dans les observations sur l'art. 6. Les candidats sortant de l'armée doivent y satisfaire comme les autres, sauf que, pour eux, le maximum de l'âge d'admission est élevé à trente-six ans. Ils doivent, en outre, représenter un certificat de bonne conduite délivré par l'autorité militaire : « une moralité irréprochable est exigée de tous les candidats », dit le décret du 25 octobre 1874. — L'examen qu'ils doivent subir devant l'ingénieur en chef pour justifier de leur capacité, comprend, avec les notions de l'enseignement primaire, un peu de dessin et d'arithmétique.

188. — *Droit de poursuite de l'administration chargée du service de la pêche.* — Cette administration est investie du droit de poursuivre, conjointement avec les officiers du ministère public, les délits commis en violation des dispositions du titre IV, même quand ils l'ont été dans des eaux autres que celles du domaine public. — Lorsqu'il s'agit des

poursuites à exercer en vertu de l'article 5, l'administration chargée du service de la pêche, suivant une cour d'appel, n'aurait plus le pouvoir d'agir, parce que la dernière disposition du présent art. 30, en disant que les procès-verbaux seront envoyés au procureur de la République, aurait ainsi implicitement reconnu que le ministère public peut seul agir d'office dans le cas dont il s'agit. Mais cette solution n'a pas été accueillie par la Cour de cassation pour ce qui concerne la poursuite des faits de pêche commis dans les eaux du domaine public en violation des droits des fermiers des cantonnements. De tels faits causant un préjudice à l'État aussi bien qu'aux fermiers, l'Administration trouve dans l'art. 67 la justification de son droit d'action. — V. n° 10.

La même administration a-t-elle le droit de poursuivre les délits concernant la chasse du gibier d'eau sur les rivières navigables ? — Cela ne paraît pas pouvoir être contesté. C'est elle, en effet, qui afferme la chasse du gibier d'eau comme la pêche ; ses agents constatent les faits de chasse du gibier d'eau en délit tout comme les délits de pêche ; il y a, d'ailleurs, assimilation complète de la chasse du gibier d'eau à la pêche. — Cour de cassation, 20 mars 1858.

189. — *Droit de poursuite du ministère public.* — Le ministère public a le droit de poursuivre d'office les délits commis au préjudice des particuliers, même lorsqu'il s'agit de faits de pêche commis sans le consentement des propriétaires riverains dans des cours d'eau non navigables ni flottables (Cour de cassation, 3 juin 1853). — Son droit de poursuite en cette matière ne comporte aucune exception et est ainsi plus étendu que celui de l'administration des ponts et chaussées. — Il est également plus étendu en ce qui concerne la réquisition de l'application des peines, la jurisprudence n'admettant pas que les administrations publiques, lorsqu'elles sont autorisées par la loi à poursuivre la répression pénale de certains délits, puissent requérir la prononciation des peines corporelles (Cour de cassation, 27 novembre 1858) ; or, la

peine de l'emprisonnement peut, en cette matière,
être prononcée dans plusieurs cas spécifiés en l'art. 25
de la loi de 1829 et en l'art. 7 de la loi du 31 mai
1865.

190. — *Agents aptes à constater les délits de
pêche.* — L'art. 36, après les gardes-pêche spéciaux
institués par l'administration qui a dans ses attributions la surveillance et la police de la pêche, les
gardes champêtres et les éclusiers des canaux, nomme
d'une manière générale, les *autres* officiers de police
judiciaire.

Bien que, dans la gendarmerie, la qualité d'officier
de police judiciaire n'appartienne, à proprement parler, qu'aux officiers de l'arme, il a été décidé, d'une
manière générale, que « la gendarmerie a incontestablement qualité pour dresser des procès-verbaux des
délits de pêche » (Cour de Montpellier, 10 juillet 1837;
tribunal de Libourne, 23 novembre 1843; en ce sens,
MM. Dalloz, v° *Pêche fluviale*, n° 170, et Rogron, 2° éd.,
p. 73). — Cependant, un arrêt de la Cour de Douai
du 1er décembre 1869 a conclu de ce que les gendarmes ne sont pas nommés dans l'art. 36 de la présente
loi, qu'ils ne peuvent dénoncer les délits de pêche
fluviale que par de simples rapports. Cet arrêt
objecte que l'art. 330 du décret du 1er mars 1854 dit
seulement que « la gendarmerie *seconde* l'administration des eaux et forêts (aujourd'hui remplacée par
celle des travaux publics) dans la poursuite des délits forestiers et de pêche », mais la Cour ne fait pas
attention que le même décret dispose, dans son
art. 311, qui explique et complète l'art. 330, que « la
gendarmerie surveille l'exécution des règlements sur
la police des fleuves et des rivières navigables ou flottables, et *dresse des procès-verbaux* des contraventions à ces règlements ». — L'Administration n'a jamais hésité sur l'étendue des pouvoirs de la gendarmerie en cette matière. Après que le service de la
pêche fluviale fut transféré de l'administration des
forêts à celle des ponts et chaussées, M. le ministre
de la guerre a adressé aux chefs de légion de la gen-

darmerie une circulaire, en date du 21 mai 1865, pour rappeler que les attributions et les devoirs de la gendarmerie restaient les mêmes. M. le ministre des travaux publics a porté cette instruction à la connaissance des ingénieurs des ponts et chaussées par une circulaire du 20 juin 1865.

191. — Parmi les fonctionnaires et agents qui ont qualité pour constater les délits de pêche par procès-verbaux faisant foi en justice, il faut citer, en dehors du préfet du département, du procureur de la République et de ses substituts, qui ne feront que très-exceptionnellement usage de ce pouvoir, le maire et ses adjoints dans l'étendue du territoire de chaque commune, les juges de paix dans leurs circonscriptions cantonales, et les commissaires de police. — Art. 9 et suiv. du Code d'instruction criminelle.

192. — Quant aux agents forestiers, même depuis le décret du 29 avril 1862, qui a confié la surveillance de la pêche fluviale à l'administration des ponts et chaussées, ils conservent le droit de verbaliser en cette matière, soit parce que le décret dont il s'agit n'a porté aucune atteinte à la loi du 15 avril 1829, soit, au besoin, parce qu'ils sont compris dans la classe des officiers de police judiciaire, formellement chargés, par le présent article, de concourir d'une manière accessoire à la police de la pêche. — V. l'art. 45.

193. — L'énumération des agents aptes à verbaliser en matière de pêche est complétée par les indications de la disposition suivante :

Art. 1er du décret du 27 novembre 1859 : « Dans la partie des fleuves, rivières et canaux comprise entre les limites de l'inscription maritime et le point où cesse la salure des eaux, les infractions à la loi du 15 avril 1829, sur la pêche fluviale, ou aux règlements rendus en exécution de cette loi, seront recherchées et constatées concurremment avec les officiers de police judiciaire et autres agents institués à cet effet, par les *syndics des gens de mer, gardes maritimes et gendarmes de la marine.* — Ces agents transmettront leurs procès-verbaux au procureur de la République. »

194. — De plus, il a été inséré dans la loi du 31 mai 1865 une disposition qui charge les agents des douanes, ainsi que les employés des contributions indirectes et des octrois, de rechercher et de constater, concurremment avec les agents autorisés par la loi du 15 avril 1829, « les infractions concernant la pêche, la vente, l'achat, le transport, le colportage et l'importation du poisson ». — V. cette loi de 1865 à sa date.

Art. 27.

Les gardes-pêche nommés par l'Administration sont assimilés aux gardes forestiers royaux.

—

195. — *Gardes-pêche; assimilation de ces gardes aux gardes forestiers.* — L'assimilation des gardes-pêche aux gardes forestiers implique qu'ils sont, comme ceux-ci, officiers de police judiciaire, placés sous la surveillance du procureur de la République, sans préjudice de leur subordination à l'égard de leurs supérieurs dans l'administration (art. 17 du Code d'instruction criminelle), et justiciables, pour les délits commis dans leurs fonctions, de la première chambre de la Cour d'appel (art. 483 du même Code). — V. n°° 123 et suivants.

196. — Les effets de cette assimilation peuvent être invoqués, soit au profit des gardes-pêche, soit contre eux, même depuis que le décret du 29 avril 1862 a transféré le service de la pêche fluviale de l'administration forestière à celle des ponts et chaussées. C'est ce que le gouvernement a reconnu pour la solution de diverses questions.

197. — Les gardes-pêche peuvent, de même que les gardes forestiers et les gardes champêtres, être requis par l'autorité militaire, dans les époques de troubles, pour être employés, à l'intérieur, comme auxiliaires de la force publique pour le maintien de l'ordre. Dans ce cas, tout en conservant leur solde, ils ont droit à des prestations et indemnités, qui leur sont allouées par le ministre de la guerre. — Art. 1er du décret du 4 juin 1853.

198. — *Incompatibilités.* — L'art. 4 du Code forestier dispose que les emplois de l'administration forestière sont incompatibles avec toutes autres fonctions soit administratives, soit judiciaires. — Cette incompatibilité, par suite de l'assimilation des gardes-pêche de l'État aux gardes forestiers domaniaux, est applicable aux fonctions des gardes-pêche. Ainsi donc, comme les gardes forestiers, les gardes-pêche de l'État ne peuvent être jurés (art. 3 de la loi du 4 juin 1853), ni maires ou adjoints (art. 5, n° 6, de la loi du 5 mai 1855), etc. — Il résulte également de la même assimilation qu'il y a lieu d'appliquer aux gardes-pêche, comme aux gardes forestiers, la disposition de l'art. 31 de l'ordonnance royale du 1er août 1827, en ce qui concerne « l'interdiction, sous peine de révocation, de tenir auberge ou de vendre des boissons en détail ». — Circulaire du ministre des travaux publics, du 20 juin 1863.

199. — *Traitement.* — « Les gardes-pêche forment deux classes; leur traitement est fixé à 650 fr. pour la 1re classe, et à 600 fr. pour la 2e classe. Après quinze ans de service, les gardes de 1re classe peuvent obtenir un traitement de 700 fr. — Circulaire du ministre des travaux publics, du 20 juin 1863.

200. — Les brigadiers gardes-pêche, qui joignent aux fonctions de garde dans une circonscription déterminée la mission de surveiller la conduite administrative et privée des gardes des circonscriptions voisines, sont divisés en trois classes auxquelles correspondent des traitements de 1,000 fr., 900 fr. ou 800 fr. — Pour être nommé brigadier, il faut avoir servi comme simple garde pendant deux ans au moins. — Même circulaire.

Quant aux *avancements* de classe, ils sont accordés par le ministre, sur la proposition de l'ingénieur en chef et l'avis du préfet.

201. — *Indemnités.* — Indépendamment du traitement, et comme compensation des délivrances de bois de chauffage, du pâturage, du logement et des terrains à cultiver, accordés aux préposés forestiers, les brigadiers et les gardes-pêche recevaient, sous le régime de l'administration forestière, une indemnité annuelle de 100 fr., pour ceux qui résidaient dans les villes chefs-lieux de département et d'arrondissement, ou dans les chefs-lieux de canton ayant plus de 5,000 habitants, et de 75 fr. pour les autres (arrêté du directeur général des forêts, du 31 décembre 1858). — « Cette disposition, a dit le ministre des travaux publics, en prenant possession du service de la pêche fluviale, continuera d'être en vigueur; et l'indemnité dont il s'agit sera affranchie, comme par le passé, de la retenue pour la caisse des retraites. » — Même circulaire du 20 juin 1863.

202. — *Congés.* — Les permissions d'absence n'excédant pas dix jours peuvent être accordées aux gardes-pêche par les ingénieurs ordinaires, à la charge d'en informer immédiatement l'ingénieur en chef. Les congés de dix jours à un mois sont accordés par le préfet sur la proposition de l'ingénieur en chef. Ceux qui excèdent un mois ne peuvent être demandés qu'à l'administration supérieure. — Même circulaire.

203. — *Discipline.* — Les préfets ont le pouvoir d'infliger aux gardes-pêche, sur la proposition des ingénieurs en chef, la réprimande, la retenue d'une partie du traitement, ou la suspension. — Dans le cas d'infractions graves, il en est référé à l'administration centrale pour l'application des peines du changement de résidence ou de l'abaissement de classe (même circulaire). — Sur la responsabilité des gardes-pêche, V. l'art. 8.

204. — *Retraite.* — La loi du 7 juin 1853, sur les pensions civiles, a considéré les services des gardes-

pêche comme rendus dans la *partie active*. Ces agents sont compris dans le tableau n° 2 annexé à la loi, et confondus avec les gardes forestiers sous la dénomination commune de « gardes à pied de l'administration des forêts. » Il leur suffit, dès-lors, pour qu'ils obtiennent par ancienneté une pension de retraite, de justifier de vingt-cinq ans de services et de cinquante-cinq ans d'âge (Art. 5, § 2, de la loi précitée). — « Quoique ces dispositions, a dit le ministre des travaux publics, ne soient point applicables aux agents du service des ponts et chaussées, dont quelques-uns ont, d'ailleurs, des positions analogues à celles des gardes-pêche, il y a là un droit acquis pour les préposés de la pêche, droit auquel le passage du service de l'administration forestière à l'administration des ponts et chaussées ne doit pas porter atteinte; la disposition spéciale de la loi qui les concerne, doit donc continuer d'être appliquée». — Circulaire du ministre des travaux publics, du 20 juin 1863.

203. — Les gardes-pêche qui ont été choisis parmi les anciens militaires, sont, de plus, régis par la disposition suivante :

Art. 8 de la loi du 7 juin 1853 : « Les services dans les armées de terre et de mer concourent avec les services civils pour établir le droit à pension, et seront comptés pour leur durée effective, pourvu, toutefois, que la durée des services civils soit au moins de douze ans dans la partie sédentaire ou de dix ans dans la partie active. — Si les services militaires de terre ou de mer ont déjà été rémunérés par une pension, ils n'entrent pas dans le calcul de la liquidation. S'ils n'ont pas été rémunérés par une pension, la liquidation est opérée d'après le minimum attribué au grade par les tarifs annexés aux lois des 11 et 18 avril 1831 ».

Art. 38.

Ils recherchent et constatent par procès-verbaux les délits dans l'arrondissement du tribunal près duquel ils sont assermentés.

—

206. — *Recherche des délits de pêche.* — En dehors de l'arrondissement du tribunal près duquel il est assermenté, le garde-pêche n'a pas qualité pour constater des délits de pêche. Le procès-verbal qu'il rédigerait à cet effet serait radicalement nul (Cour d'Aix, 25 août 1864); et ce procès-verbal, à notre avis, ne lui donnerait aucun droit à la gratification allouée pour les constatations de délits de pêche. — Mais le garde-pêche n'en doit pas moins dénoncer par un rapport le délit de pêche dont il a été témoin en dehors de son arrondissement, le ministère public pouvant l'appeler devant le tribunal pour déposer à l'appui de son rapport; seulement ce rapport n'a pas pour effet, comme un procès-verbal, de faire courir la prescription (Même arrêt). — V. n° 310.

207. — Par exception à la règle générale, les gendarmes ont qualité pour procéder à la constatation des délits et contraventions, non-seulement dans la circonscription de leur brigade ou dans le ressort du tribunal devant lequel ils ont prêté serment, mais encore dans toute l'étendue du territoire de la République. — Conseil d'Etat, 7 juin 1831.

208. — *Tenue de service.* — « Les gardes pêche doivent toujours être revêtus de leurs insignes dans l'exercice de leurs fonctions » (Arrêté du ministre des travaux publics, du 2 mars 1866, art. 2). — Autrement, en effet, il serait souvent fort difficile d'appliquer les dispositions qui répriment certaines infractions commises envers eux, telles que les injures et outrages, la rébellion, le refus d'obéissance à des réquisitions légalement faites; les délinquants allégueraient toujours n'avoir pas su qu'ils avaient affaire à des agents de l'Administration. — C'est ainsi que le défaut d'obéissance à une réquisition a été déclaré non punissable, à raison de ce que la qualité du fonctionnaire duquel cett. réquisition émanait, n'avait été manifestée ni par le port d'un costume, ni par l'exhibition d'une écharpe, ni autrement (Cour de cassation, 8 avril 1851); c'est ainsi également que la jurisprudence a refusé de considérer comme outrages envers des fonctionnaires publics, des injures et menaces adressées, soit à un maire, soit à un commissaire de police, dont la qualité, non connue des auteurs de ces injures, n'était manifestée par aucun signe extérieur et n'avait été révélée par aucun avertissement. — Cour de cassation, 23 frimaire an XIV, et 10 juillet 1807.

209. — Le fonctionnaire ou agent non muni de son costume n'est plus, vis-à-vis de ceux qui ignorent sa qualité, qu'un simple particulier; et, outre qu'il s'expose à un soupçon d'illégalité en faisant un acte de ses fonctions, il n'est plus protégé, contre les injures ou voies de fait, que par les dispositions que peuvent invoquer les citoyens ordinaires.

En ce sens : Parant, *Lois de la presse*, p. 91.

210. — L'équipement et l'armement des gardes-pêche se composent d'une casquette d'uniforme en drap bleu, qu'ils se procurent à leurs frais, d'un baudrier avec plaque et d'un sabre d'infanterie suspendu à ce baudrier. Ils sont munis, en outre, d'une mesure métrique, d'un carnet et de l'instrument adopté pour la vérification des mailles des filets. — Les conducteurs et agents des ponts et chaussées chargés de concourir d'une manière accessoire à la surveillance de la pêche, ne sont pas armés. — Circulaire du ministre des travaux publics, du 2 mars 1866.

211. — *Tournées des gardes-pêche.* — En tête du carnet des gardes-pêche, se trouvent reproduites les instructions suivantes :

« Les gardes doivent veiller de jour et de nuit à

l'exécution des lois et règlements sur la pêche dans leur cantonnement. — Ils font une tournée chaque jour et parcourent, au moins une fois par semaine, toute l'étendue de leur cantonnement. — Ils exercent une surveillance rigoureuse surtout pendant la saison où la pêche est interdite. — La tournée de jour doit être fréquemment commencée avant le lever du soleil et prolongée jusqu'à la nuit close.

« Les gardes doivent toujours, dans leur tournées, être munis de leurs insignes, ainsi que de leur carnet et d'une mesure métrique. — Ils inscrivent dans leur carnet l'emploi quotidien de leur temps et tous les faits observés concernant le service. — Ils y mentionnent les procès-verbaux qu'ils ont dressés, les saisies faites et les endroits où les objets saisis ont été déposés. — Si les gardes n'ont pas fait de tournées pendant un ou plusieurs jours, ils en écrivent les motifs dans le carnet.

« Toutes les fois que les gardes passent à proximité de la résidence du conducteur de la subdivision, ils se présentent à son domicile, et, s'ils le rencontrent, ils lui rendent compte de leur tournée et font viser leur carnet. — Lorsque les gardes passent à proximité d'un chantier surveillé par un conducteur ou un agent secondaire, ils font également constater l'heure de leur passage et viser leur carnet. — A l'expiration de chaque quinzaine, les gardes-pêche rédigent un rapport d'après les indications consignées dans leur carnet et l'adressent au conducteur de la subdivision, au plus tard, le 3 et le 17 de chaque mois. — Quand le carnet est rempli, il est remis au conducteur de la subdivision qui le fait parvenir à l'ingénieur ordinaire. »

212. — Les gardes-pêche ont droit à une gratification lorsque le procès-verbal qu'ils ont dressé d'un délit, a donné lieu à condamnation suivie du recouvrement de l'amende. — V. ci-après le décret du 2 décembre 1865.

213. — *Recherche des délits de chasse.* — Les gardes-pêche sont compris, par l'art. 22 de la loi du

3 mai 1844, parmi les agents et fonctionnaires qui ont qualité pour constater les délits de chasse; mais leurs procès-verbaux en cette manière ne font foi que jusqu'à preuve contraire.

214. — D'après une opinion, les gardes-pêche n'auraient qualité pour constater les délits de chasse, que lorsqu'il s'agit de ceux commis sur les rivières, de même que les gardes forestiers n'auraient qualité pour constater les délits de chasse, que dans les forêts et non en plaine. — Mais, sans nous expliquer sur cette opinion en ce qui concerne les gardes forestiers, nous devons la repousser quant à la restriction qu'elle apporte aux attributions des gardes-pêche. Ces gardes, en effet, sont appelés à constater, non seulement les délits de pêche commis sur les rivières, mais aussi les délits de transport de filets défendus et de colportage de poisson en temps prohibé, qui sont commis dans l'etendue de leur circonscription; le législateur a évidemment entendu leur accorder le droit de verbaliser à l'égard des délits de chasse, partout où ils ont le droit de verbaliser en vertu des lois sur la pêche.

215. — Une ordonnance royale, du 5 mai 1818, accorde aux rédacteurs des procès-verbaux constatant des délits de chasse, une gratification qui est de 8 fr., 15 fr. ou 25 fr., suivant l'importance des délits. — Pour la constatation d'une contravention à l'arrêté du préfet sur la chasse du gibier d'eau, la gratification allouée est de 8 fr.

216. — *Dénonciation des contraventions à la police de la navigation.* — Ces contraventions étant parfois commises par ceux qui se livrent à la pêche, nous devons rappeler que les gendarmes ont le droit de les constater, mais qu'il n'en est pas de même des gardes-pêche. — Circulaire du ministre des travaux publics du 3 novembre 1863.

Art. 314 *du décret du 1er mars 1854 :* — « Elle (la gendarmerie surveille l'exécution des règlements sur la police des fleuves et des rivières navigables ou flottables, des bacs et bateaux de passage, des ca-

naux de navigation ou d'irrigation, des dessèche-
ments généraux ou particuliers, des plantations pour
la fixation des dunes, des ports maritimes de commerce ; elle dresse des procès-verbaux des contraventions à ces règlements et en fait connaître les auteurs aux autorités compétentes. »

Art. 30.

**Ils sont autorisés à saisir les filets et autres
instruments de pêche prohibés, ainsi que le poisson péché en délit.**

217. — *Saisie des filets et instruments de pêche.*
— La loi disant seulement que la saisie est *autorisée*, il en résulte que le garde-pêche peut s'en abstenir, toutes les fois qu'elle lui paraît devoir provoquer
des actes de rébellion et des rixes sérieuses. C'est
dans le même esprit que la loi du 3 mai 1844 défend
de désarmer les chasseurs. L'art. 41 ci-après prévoit,
du reste, le cas où le délinquant refuse de remettre
le filet prohibé après la sommation du garde-pêche.
V. le *Journal de la gendarmerie,* année 1866, p. 120.

218. — Toutefois, cela n'est pas douteux, la force
peut être employée au besoin pour effectuer la saisie,
puisque l'art. 47 donne aux gardes-pêche le droit de
requérir le concours de la force publique.

219. — Il n'est question dans le présent article que
de la saisie des filets *prohibés.* Lorsque le filet est
conforme aux prescriptions des règlements, et que le
délit résulte de ce que le possesseur en a fait un
usage non permis, en s'en servant dans un cours
d'eau où il n'a pas le droit de pêche, il n'y a pas
lieu de pratiquer la saisie, bien que la confiscation
puisse être prononcée par le juge (art. 5).

220. — En tout cas, la saisie d'un filet non dé-

fendu ne pourrait, à aucun point de vue, être effectuée par le garde, si le délit résultait de ce qu'il a
été fait usage de ce filet en temps prohibé ou pour
une pêche autre que celle à laquelle il est permis de
l'employer; en effet, les art. 27 et 29, § 1er, qui prévoient ces délits, ne disent pas, comme l'art. 5, que
la confiscation du filet employé par le délinquant
pourra être prononcée.

221. — Les filets et engins saisis sont déposés au
greffe (art. 41). — D'après une décision du ministre
des finances, en date du 21 mai 1861, les frais de
transport de ces filets et engins sont considérés
comme frais urgents et payés par les receveurs de
l'enregistrement. — Instruction de l'administration
de l'enregistrement, du 25 juin 1861, n° 2285.

222. — Le paiement de ces frais se fait d'après le
mode prescrit pour les taxes à témoins, c'est-à-dire
sur simple taxe ou mandat mis au bas du mémoire
du porteur ou voiturier, par un juge, le juge de paix,
le maire de la localité ou tout autre officier de police
judiciaire (Art. 133 et 134, n° 2, du décret du 18 juin
1811, relatif aux frais de justice criminelle). — Les
avances faites à ce sujet par les receveurs de l'enregistrement leur sont remboursées par les payeurs du
Trésor, au profit desquels les ingénieurs en chef dé-
livrent à la fin de chaque mois un mandat de régu-
larisation. — Circulaire du ministre des travaux
publics, du 22 octobre 1861.

223. — *Saisie du poisson pêché en délit.* — Ici,
pas de distinction dans la loi; la saisie doit être
effectuée toutes les fois que le fait de la capture du
poisson est qualifié délit. — Si le poisson n'a pu
être saisi par suite de résistance, il convient d'en
évaluer approximativement la quantité, pour que le
juge ait une base de la condamnation du délinquant
à des dommages-intérêts.

224. — Suivant M. Dalloz, v° *Pêche fluviale,*
n° 185, il faut saisir même le poisson n'ayant pas
les dimensions réglementaires. Mais, lorsque ce poisson est vivant, il est, ce semble, plus conforme à

l'esprit de la loi de le rejeter à l'eau, car l'injonction énoncée à cet égard dans le n° 5 de l'art. 25 de la présente loi a une portée générale.

Sur la vente du poisson saisi, V. l'art. 42 ci-après, et l'art. 5 du décret du 10 août 1875 (à la fin du volume).

Art. **40**

Les gardes-pêche ne pourront, sous aucun prétexte, s'introduire dans les maisons et enclos y attenant pour la recherche des filets prohibés.

---

225. — *Visites domiciliaires.* — La loi les interdit pour ce qui concerne la recherche des filets et engins prohibés, parce qu'il n'y a pas délit à détenir ces filets et engins dans son domicile (V. l'article 29). Mais dans tous les cas où il y a véritablement infraction aux lois et règlements sur la pêche, et où la visite domiciliaire est le seul moyen d'arriver à la constatation du délit et à la réalisation d'une saisie que la loi autorise, le droit commun doit reprendre son empire. — Ainsi l'introduction, en présence du juge de paix ou du maire, dans une propriété close attenant à une habitation, est dans le droit du garde-pêche; lorsque c'est le seul moyen d'arriver à la constatation de l'établissement d'un barrage prohibé dans un petit cours d'eau.

La discussion qui s'est engagée sur le présent article à la Chambre des pairs, ne laisse à cet égard aucune incertitude; et c'est en ce sens que le même article a été interprété par tous les auteurs.

226. — Ainsi encore nous admettrions qu'un garde-pêche, poursuivant un délinquant, peut pénétrer, suivant les formes prescrites par la loi, dans le domicile de ce délinquant, pour y saisir le poisson péché en délit, et même les filets encore mouillés, dont il s'est servi, si ce sont des filets prohibés, car dans ce cas, il ne s'agit plus de filets recherchés en tant qu'instruments de pêche prohibés, mais en tant qu'instruments d'un délit qui vient d'être commis en dehors du domicile. — Mais la question n'a pas encore été jugée, et nous reconnaissons qu'en interdisant la recherche à domicile, *sous aucun prétexte,* des filets prohibés, la loi peut à la rigueur être considérée comme ayant voulu exclure même le prétexte d'un flagrant délit.

Pour ce qui concerne la recherche à domicile du poisson péché ou colporté *en temps prohibé,* V. le dernier alinéa de l'art. 7 de la loi du 31 mai 1865, reproduite ci-après.

227. — Dans l'exécution des visites domiciliaires, les gardes-pêche comme les gardes champêtres doivent ne pas perdre de vue les dispositions suivantes :

Art. 16 du Code d'instruction criminelle : « ...Ils suivront les choses enlevées dans les lieux où elles auront été transportées et les mettront en séquestre : ils ne pourront néanmoins s'introduire dans les maisons, ateliers, bâtiments, cours adjacentes et enclos, si ce n'est en présence soit du juge de paix, soit de son suppléant, soit du commissaire de police, soit du maire du lieu, soit de son adjoint; et le procès-verbal qui devra en être dressé, sera signé par celui en présence duquel il aura été fait. »

Art. 184 du Code pénal : « Tout agent de la force publique qui, en sadite qualité, se sera introduit dans le domicile d'un citoyen *contre le gré de celui-ci,* hors les cas prévus par la loi et sans les formalités qu'elle a prescrites, sera puni d'un emprisonnement de six jours à un an et d'une amende de 16 francs à 500 francs ».

228. — La sanction de ces dispositions est, en dehors des poursuites qui peuvent être exercées contre l'agent, et même dans le cas où, en considération de la bonne foi de celui-ci, ces poursuites seraient abandonnées, l'annulation du procès-verbal dressé à la suite de la perquisition abusive. Le juge ne pourrait avoir aucun égard à ce procès-verbal et devrait acquitter le prévenu, si, le procès-verbal étant écarté, aucune preuve régulière n'était produite contre lui ; de plus, dans le cas où le prévenu serait, sur une autre preuve, reconnu coupable du délit dénoncé, le coût du procès-verbal dont il s'agit devrait être excepté de la condamnation aux frais (Cour de cassation, 20 février 1862). — Il est superflu d'ajouter qu'un tel procès-verbal ne peut donner au rédacteur, en cas de condamnation du prévenu sur une autre preuve, aucun droit à la gratification allouée en cette matière.

229. — Les observations qui précèdent concernent seulement le cas où une visite domiciliaire peut utilement être faite, mais a été effectuée en dehors des formes prescrites. — Quant au cas où cette visite domiciliaire a été pratiquée, même avec l'assistance d'un fonctionnaire croyant agir dans un cas autorisé, à l'effet unique d'arriver à la saisie d'engins prohibés, il y a seulement lieu, pour le ministère public, d'ordonner la restitution de ces filets. Le fait constaté n'étant pas un délit, il importe peu qu'il l'ait été irrégulièrement.

230. — Dans le cas où le délinquant chez lequel le garde-pêche s'est présenté pour effectuer une saisie ou une constatation de délit, n'a pas refusé l'entrée de son domicile, cette adhésion à la visite domiciliaire couvre l'irrégularité, et le procès-verbal peut, dans ce cas, servir de base à une condamnation. Cela a été décidé en matière forestière. — Cour de cassation, 19 juillet 1858.

231. — *Propriétés closes.* — La loi ne prévoit pas seulement le cas d'introduction dans l'habitation même de l'individu soupçonné de délit, mais aussi celui d'entrée dans le jardin ou terrain clos qui se trouve attenant à cette habitation. La loi du 3 mai 1844 sur la chasse, dans son art. 2, ne considère comme propriété close que celle qui, attenant à une habitation, est « entourée d'une clôture continue faisant obstacle à toute communication avec les héritages voisins ». Cette définition devrait aussi, à notre avis, être appliquée en matière de pêche. — Une brèche dans la clôture, quand même elle ne ferait communiquer le terrain ou jardin attenant qu'avec la propriété close d'un voisin, suffirait pour faire disparaître le privilége de l'inviolabilité; on ne pourrait surtout critiquer l'introduction qui aurait été effectuée par cette brèche elle-même. — Cour de Nîmes, 28 mars 1867.

Art. 41.

Les filets et engins de pêche qui auront été saisis comme prohibés, ne pourront, dans aucun cas, être remis sous caution : ils seront déposés au greffe, et y demeureront jusqu'après le jugement, pour être ensuite détruits.

Les filets non prohibés dont la confiscation aurait été prononcée en exécution de l'art. 5. seront vendus au profit du Trésor.

En cas de refus, de la part des délinquants, de remettre immédiatement le filet déclaré prohibé après la sommation du garde-pêche, ils seront condamnés à une amende de cinquante francs.

—

231. — *Dépôt et vente des filets saisis.* — Pour faciliter au garde-pêche la saisie des filets prohibés, le présent article déclare passible d'une amende de 50 francs le refus de remettre, après la sommation du garde, le filet déclaré prohibé. — Le filet saisi comme prohibé est non pas immédiatement détruit, mais déposé au greffe; il est possible, en effet, que la saisie soit déclarée nulle comme faite dans une visite domiciliaire illégale, ce qui entraînerait la restitution du filet à la partie poursuivie. — D'ail-

leurs, dans tous les cas où le procès-verbal ne fait pas foi jusqu'à preuve contraire, il est nécessaire que le filet demeure à la disposition du tribunal comme pièce de conviction. — On sait qu'un exemplaire de l'instrument affecté à la vérification des filets doit être déposé au greffe, aux termes de l'art. 1er du décret du 26 août 1865 et de l'art. 9 de la présente loi, pour servir au besoin à la vérification de la largeur des mailles.

233. — Le dépôt au greffe n'est prescrit, ni comme condition, ni comme moyen nécessaire de la poursuite. Si donc le garde-pêche avait négligé d'effectuer ce dépôt, quoiqu'ayant saisi le filet, le juge correctionnel, ainsi que cela a été jugé avant la loi de 1829, ne devrait pas pour cela s'abstenir de réprimer le délit, alors qu'une preuve suffisante de l'emploi d'un engin prohibé résulterait des énonciations du procès-verbal; il ne le pourrait pas, à plus forte raison, si la représentation de ce filet avant le jugement permettait d'en reconnaître et vérifier la forme contradictoirement avec le prévenu. — Cour de cassation, 18 avril 1822.

231. — Le filet saisi comme prohibé doit demeurer au greffe, *jusqu'après le jugement* qui en ordonne la destruction, parce que le jugement ne devra recevoir son exécution, même à cet égard, que lorsqu'il sera devenu définitif. — Pour opérer la destruction d'un filet, il suffit de le dénaturer et de le rendre impropre à l'usage que la loi interdit; mais rien n'empêche que les matériaux provenant de ce filet ne soient, au profit de l'État, vendus ou utilisés pour des usages différents. C'est l'interprétation qui a été donnée à la disposition de la loi du 27 mars 1851, qui prescrit la destruction des médicaments et aliments falsifiés (M. Dalloz, v° *Vente de substances falsifiées,* n°s 87 et 113). — Il n'en était pas ainsi, il est vrai, sous l'empire de l'ordonnance de 1669, qui, dans l'art. 25 du titre XXXI, prescrivait de brûler les filets et engins de pêche saisis comme prohibés; mais il faut considérer que la des-

truction des filets devait alors, à titre de peine exemplaire, être effectuée devant la porte du prétoire à l'issue de l'audience, ce qui explique le mode de destruction prescrit par la disposition prérappelée.

235. — La loi ne s'explique qu'insuffisamment sur les filets non prohibés dont elle déclare la confiscation facultative pour le juge. Il semblerait qu'elle permet de les laisser en la possession des délinquants moyennant une caution garantissant leur représentation en cas de confiscation; mais elle n'indique aucun moyen pratique d'arriver à ce résultat. D'après l'opinion la plus généralement admise, le juge ne peut prononcer la confiscation d'un objet qui n'est pas sous la main de la justice; et il ne saurait lui appartenir d'étendre au cas de refus de représentation du filet confisqué pour usage fait en contravention à l'art. 8, la prononciation de l'amende de 50 francs dont il est parlé plus haut. Il a été jugé dans ce sens, en effet, par une cour belge, statuant sur des poursuites exercées contre un individu pour avoir pêché dans les eaux louées à un fermier, que, lorsque les filets, instruments du delit, n'ont point été saisis, il n'y a pas lieu d'en prononcer la confiscation. — Cour de Bruxelles, 9 février 1861.

236. — Cependant, si le filet a été suffisamment décrit dans le procès-verbal. par l'agent qui en a déclaré la saisie, et si le délinquant est un pêcheur de profession, il ne paraît pas que l'exécution du jugement quant à la confiscation et à la vente au profit de l'État, puisse rencontrer d'obstacles sérieux. Le délinquant se trouve alors tenu de représenter le filet, comme ayant été constitué le gardien de l'objet saisi et ayant accepté cette charge; et cette obligation de restitution trouve sa sanction dans l'art. 400 du Code pénal, qui punit le fait du saisi d'avoir détruit, détourné ou tenté de détourner les objets saisis sur lui et confiés à sa garde.

Art. 42.

Quant au poisson saisi pour cause de délit, il sera vendu sans délai dans la commune la plus voisine du lieu de la saisie, à son de trompe et aux enchères publiques, en vertu d'ordonnance du juge de paix ou de ses suppléants, si la vente a lieu dans un chef-lieu de canton, ou, dans le cas contraire, d'après l'autorisation du maire de la commune : ces ordonnances ou autorisations seront délivrées sur la requête des agents ou gardes qui auront opéré la saisie, et sur la présentation du procès-verbal régulièrement dressé et affirmé par eux.

Dans tous les cas, la vente aura lieu en présence du receveur des domaines, et, à défaut, du maire ou adjoint de la commune, ou du commissaire de police.

—

237. — *Vente du poisson saisi.* — La vente doit être faite *sans délai*, parce que la conservation du poisson jusqu'au jour du jugement n'est pas possible. Deux garanties ont été stipulées par le législateur : il faut une ordonnance du juge de paix ou une permission du maire; et ce magistrat ne doit statuer que sur le vu d'un procès-verbal régulier constatant le délit. Le prix de la vente, si le tribunal vient à décider qu'il n'y avait pas délit, est restitué à celui au préjudice duquel la saisie a été faite. — Dans le cas où le poisson a été saisi en temps de pêche prohibé, la vente n'en est faite qu'à la charge par l'acquéreur de s'abstenir de le mettre en vente. — V. l'art. 5 du décret du 10 août 1875.

238. — De ce que la vente doit être faite en présence du receveur des domaines, il ne faut pas en conclure que, dans le cas de condamnation, le prix devra nécessairement être attribué à l'Etat. Cette vente, a dit le rapporteur de la loi devant la Chambre des députés, n'est qu'une mesure conservatoire prise au profit de qui il appartiendra. La loi s'est d'ailleurs occupée, dans une autre disposition, de l'attribution des restitutions. — V. l'art. 73.

239. — La requête et le procès-verbal de vente des poissons saisis pour cause de délit, doivent être rédigés sur papier timbré (Instruction de l'administration de l'enregistrement et du timbre, du 15 janvier 1868). — On a considéré « que la somme à avancer par les agents, toujours fort minime, ne s'élève au-dessus de 1 fr. que dans des circonstances exceptionnelles, ce qui ne permet pas de considérer comme onéreuse l'obligation d'effectuer un aussi faible déboursé; qu'il ne peut d'ailleurs y avoir inconvénient à appliquer aux agents de la pêche fluviale une règle suivie sans difficulté par les agents de la marine pour les ventes de poissons saisis en contravention aux décrets sur la pêche côtière ». — Décision du ministre des finances, du 13 août 1866.

240. — Prévoyant le cas où la vente du poisson saisi ne pourrait pas être pratiquée, l'Administration a émis l'avis, dans une instruction rédigée pour l'utilité des gardes-pêche, que « le poisson devrait être livré à l'établissement de bienfaisance le plus voisin, en vertu d'une ordonnance délivrée ainsi qu'il est dit au présent art. 42 ». — C'est ce que décidait une ancienne ordonnance de 1291, et c'est ce qui est prescrit, d'ailleurs, pour le cas de saisie de gibier colporté ou vendu en temps prohibé, par l'art. 4 de la loi du 3 mai 1844.

Art. 43.

(Semblable à l'art. 164 du Code forestier.)

Les gardes-pêche ont le droit de requérir di-

rectement la force publique pour la répression des délits en matière de pêche, ainsi que pour la saisie des filets prohibés et du poisson pêché en délit.

—

211. — *Réquisition de la force publique.* — Elle est faite *directement*, c'est-à-dire que les gardes-pêche ne sont plus obligés d'en référer à leurs supérieurs administratifs, qui avaient seuls, sous l'empire de la législation précédente, le droit d'adresser les réquisitions. — Le droit de réquisition directe est accordé à tous les officiers de police judiciaire par l'art. 25 du Code d'instruction criminelle. — Les réquisitions peuvent être adressées par les gardes-pêche, non-seulement à la gendarmerie et aux autres forces militaires, mais aussi aux gardes-champêtres.

212. — D'après le décret du 1er mars 1854, sur le service de la gendarmerie, les réquisitions sont toujours adressées au commandant de la gendarmerie du lieu où elles doivent recevoir leur exécution (art. 92); elles sont adressées par demande écrite, datée et signée, énonçant la loi qui les autorise et le motif en vertu duquel elles sont faites (art. 96). — Le garde doit se servir de la formule « nous requérons », et s'abstenir des termes impératifs « mandons, ordonnons, enjoignons » ou autres semblables (art. 97). — Mais la seule circonstance de l'emploi de termes impropres ne devrait pas empêcher la gendarmerie d'obtempérer à la réquisition, sauf à elle à réclamer ensuite auprès de qui de droit.

213. — Le modèle de réquisition que l'Administration a recommandé aux gardes-pêches, est ainsi libellé :

Nous, soussigné (*nom, prénoms, qualité*), requérons, en vertu des art. 25 du Code d'instruction criminelle et 43 de la loi du 15 avril 1829, M. le... (*grade*), commandant de la gendarmerie (ou de la

troupe de ligne) de... (lieu de résidence), de nous
prêter main-forte à l'effet de... (motif de l'emploi de
la force publique).

Fait à......, le (date). — Signature.

244. — « En cas d'urgence et s'il y avait péril en
la demeure, porte l'instruction adressée par l'administration aux gardes-pêche, le commandant ou
agent de la force publique ne pourrait refuser d'agir
sur une simple réquisition *verbale*, sauf à régulariser ultérieurement l'opération par une réquisition
écrite. »

Art. 44.

. (Identique à l'art. 165 du Code forestier.)

Ils écriront eux-mêmes leurs procès-verbaux ;
ils les signeront et les affirmeront, au plus tard,
le lendemain de la clôture desdits procès-verbaux, par-devant le juge de paix du canton ou
l'un de ses suppléants, ou par-devant le maire
ou l'adjoint, soit de la commune de leur résidence, soit de celle où le délit a été commis ou
constaté ; le tout sous peine de nullité.

Toutefois, si, par suite d'un empêchement
quelconque, le procès-verbal est seulement signé
par le garde-pêche, mais non écrit en entier de
sa main, l'officier public qui en recevra l'affirmation devra lui en donner préalablement lecture, et faire ensuite mention de cette formalité ;
le tout sous peine de nullité du procès-verbal.

---

245. — *Rédaction et affirmation des procès-verbaux.* — 1° *Gardes-pêche.* Le présent art. 44 ne per-

met aux gardes-pêche de faire écrire leurs procés-
verbaux qu'en cas d'empêchement; il leur laisse,
d'ailleurs, toute liberté quant au choix de la personne chargée d'écrire sous leur dictée. — S'il n'est
pas nécessaire de faire connaître cette personne dans
le procès-verbal, il faut du moins, ce semble, men-
tionner le fait de l'empêchement. Dans tous les cas,
le garde doit signer son procès-verbal et l'affirmer
devant l'un des magistrats désignés par notre article, et cela après que lecture lui a été donnée de
ce procés-verbal, s'il ne l'a pas écrit lui-même.

246. — Le procés-verbal, pour la rédaction duquel
il a été fait usage d'une formule imprimée, est réputé
écrit par le garde lorsque celui-ci a rempli de sa
main tous les blancs réservés pour les mentions
concernant le délinquant et la description du délit
(Cour de cassation, 3 novembre 1832). — Les renvois
en marge doivent être paraphés, et les ratures et
surcharges doivent être approuvées. Il n'y aurait pas
nullité, toutefois, pour défaut d'approbation, si les
ratures et surcharges ne portaient que sur des parties
non essentielles du procès-verbal.

247. — Le procés-verbal peut rester ouvert jusqu'à
ce que le garde se soit procuré tous les renseignements nécessaires; mais, une fois clos, il est nécessaire de l'affirmer le jour même ou au plus tard le
lendemain. — Il est utile, en pareil cas, d'énoncer
que la clôture du procès-verbal a été retardée pour
arriver à l'obtention de tel renseignement spécialement indiqué, et que le garde a été, pour telle ou
telle cause, dans l'impossibilité de se procurer plutôt
ce renseignement.

248. — **2° *Gardes champêtres.*** — Le garde champêtre qui ne sait pas écrire, ne peut pas faire rédiger
son procès-verbal par toute personne, mais seulement par le juge de paix, son suppléant et le
greffier. Ainsi est irrégulier le procès-verbal qu'il a
fait écrire par l'instituteur communal; toutefois,
l'irrégularité est couverte, si le procès-verbal n'a été
affirmé par le garde champêtre qu'après qu'il lui en

a été donné lecture par le magistrat chargé de recevoir l'affirmation (Cour de cassation, 9 mars 1866). — Le garde champêtre ne peut affirmer son procès-verbal que soit devant le juge de paix ou son suppléant, soit devant le maire ou son adjoint, et non devant le commissaire de police (Cour de cassation, 20 février 1862); mais il n'est plus nécessaire que le garde champêtre ne s'adresse au maire, pour l'affirmation de son procès-verbal, qu'en cas d'empêchement du juge de paix. — Cour de cassation, 9 mars 1866.

249. — 3° *Gendarmes.* — Un gendarme peut verbaliser seul; il a été jugé qu'un brigadier de gendarmerie, même dans le cas où il était accompagné d'un gendarme au moment où il a été témoin de la contravention, a pu valablement rédiger et signer seul le procès-verbal (Cour de cassation, 21 mai 1821; art. 480 du décret du 1er mars 1854). — Depuis la loi du 17 juillet 1856, les gendarmes ne sont plus tenus d'affirmer leurs procès-verbaux.

Art. 45.

(Semblable à l'art. 166 du Code forestier.)

Les procès-verbaux dressés par les agents forestiers, les gardes généraux et les gardes à cheval, soit isolément, soit avec le concours des gardes-pêche royaux et des gardes champêtres, ne seront point soumis à l'affirmation.

—

250. — *Procès-verbaux des agents forestiers.* — Le service de la surveillance de la pêche fluviale a été transféré de l'administration des forêts à celle des ponts et chaussées (Voir plus loin le décret du

29 avril 1862). Mais un décret est insuffisant pour retirer à des agents la capacité qui leur a été conférée par une loi. On peut donc soutenir que les agents forestiers ont toujours qualité pour constater, par des procès-verbaux, les délits de pêche dont il leur arrive d'être témoins, et que ces procès-verbaux sont dispensés de la formalité de l'affirmation. — Mais comme ils ne doivent verbaliser que dans l'étendue des circonscriptions forestières soumises à leur surveillance, l'occasion d'user de ce pouvoir se présentera rarement.

251. — *Procès-verbaux des agents des ponts et chaussées.* — La translation à l'administration des ponts et chaussées du service de la police et de la surveillance de la pêche, n'a pas eu pour conséquence de faire passer aux agents de cette administration les pouvoirs que le présent art. 45 a conférés aux agents forestiers pour la constatation des délits de pêche. C'est en ce sens, d'ailleurs, que le changement accompli a été interprété par l'administration centrale, car, dans ses instructions, c'est aux seuls agents commissionnés comme gardes-pêche et ayant prêté serment en cette qualité, qu'elle reconnaît qualité pour constater les délits de pêche. — Voir, sur ce sujet, nos observations sur le décret du 29 avril 1862.

Art. 46.

Dans le cas où le procès-verbal portera saisie, il en sera fait une expédition qui sera déposée dans les vingt-quatre heures au greffe de la justice de paix, pour qu'il puisse en être donné communication à ceux qui réclameraient les objets saisis.

Le délai ne courra que du moment de l'affir-

mation pour les procès-verbaux qui sont soumis
à cette formalité.

—

252. — *Dépôt d'une expédition du procès-verbal.*
— La même précaution est prescrite pour les saisies effectuées à l'occasion de la constatation des
délits forestiers. L'art. 183 du règlement du 1er août
1827, pris pour l'exécution du Code forestier, dispose à cet égard que « l'expédition sera signée et
remise par l'agent ou le garde qui aura dressé le
procès-verbal ».

253. — *Réclamations des propriétaires des objets
saisis.* — S'il s'agit du poisson, la loi admet que la
restitution du prix peut être réclamée par le propriétaire ou fermier au préjudice duquel le délit a été
commis (art. 5 et 73). — Mais s'il s'agit de l'instrument du délit, la circonstance que le délinquant n'en
serait pas propriétaire, ne paraît pas, si on consulte
les termes de l'art. 11 du Code pénal, être de nature
à en empêcher la confiscation, sauf au juge à tenir
compte de la réclamation dans les cas où la confiscation est facultative.

———

Art. 47.

Les procès-verbaux seront, sous peine de nullité, enregistrés dans les quatre jours qui suivront celui de l'affirmation, ou celui de la clôture du procès-verbal, s'il n'est pas sujet à
l'affirmation.

L'enregistrement s'en fera en débet.

—

254. — *Enregistrement des procès-verbaux.* —
L'individu dénoncé par le procès-verbal ne doit les

frais de timbre et d'enregistrement que s'il est condamné; cela explique pourquoi le procès-verbal est
simplement visé pour timbre et enregistré *en débet*.
Mais après le jugement « il y aura lieu de suivre la
rentrée des droits d'enregistrement du procès-verbal
contre la partie condamnée, d'après l'extrait du jugement qui sera fourni aux préposés de la régie »
(art. 70, § 1, de la loi du 22 frimaire an VII). L'autorisation de donner *en débet* la formalité de l'enregistrement ne concerne que les procès-verbaux devant servir de base à des poursuites à exercer dans
l'intérêt général. — V. l'art. 68.

255. — Les gardes-pêche peuvent, comme les gardes forestiers, faire enregistrer leurs procès-verbaux
au bureau le plus voisin, lors même que ce bureau
ne serait pas situé dans leur arrondissement. — Circulaire du ministre des travaux publics, du 19 janvier 1857.

256. — En général, les tribunaux ne peuvent re-
lever le défaut d'enregistrement *en débet* pour déclarer nul un procès-verbal. Mais ici la loi prononce
formellement la nullité; le juge doit donc refuser
toute force probante au procès-verbal non enregistré
ou tardivement enregistré. C'est ce qui a été décidé
dans un cas semblable (Cour de cassation, 15 octobre 1852). — Le garde qui a omis de faire enregistrer son procès-verbal dans le délai prescrit est passible d'une amende de 5 fr. (art. 20 de la loi du
22 frimaire an VII, et art. 10 de la loi du 16 juin
1824), et perd ses droits à une gratification.

257. — *Transmission des procès-verbaux.* —
« Dans chaque service, les procès-verbaux dressés
par les gardes-pêche sont transmis par eux à l'ingénieur ordinaire, puis par celui-ci à l'ingénieur en
chef, qui les adresse immédiatement avec ses observations au procureur de la République. Les procès-
verbaux des autres officiers de police judiciaire sont
adressés par eux directement au procureur de la
République, qui, avant de poursuivre, les communique au besoin, et s'il le juge convenable, à l'ingé-

nieur en chef, pour avoir ses observations et son avis ». — Circulaire du ministre de travaux publics, du 28 juillet 1863.

Art. 48.

Toutes les poursuites exercées en réparation de délit pour fait de pêche, seront portées devant les tribunaux correctionels.

—

258. — *Compétence du tribunal correctionnel.* — Les délits de pêche étaient autrefois déférés à une juridiction spéciale, les maîtrises des eaux et forêts (ordonnance de 1669, titre XXXI, art. 22).

Depuis la suppression des juridictions spéciales, il a été décidé que ces délits sont, conformément à la règle établie par l'art. 179 du Code d'instruction criminelle, de la compétence de la juridiction correctionnelle (Cour de cassation, 5 juillet 1828). Il était presque superflu d'affirmer à nouveau ce principe dans la loi de 1829, puisque toutes les amendes prononcées excédent le taux des amendes de simple police.

259. — La compétence attribuée aux tribunaux correctionnels comprend même les contraventions aux lois sur la pêche fluviale qui sont imputées à des militaires ou à des marins de l'État (art. 273 du Code de justice pour l'armée de terre, et art. 373 du Code de justice pour l'armée de mer).

Le Français qui s'est rendu coupable de délits de pêche sur le territoire de l'un des États limitrophes « peut être poursuivi et jugé en France, d'après la loi française, si cet État autorise la poursuite de ses regnicoles pour les mêmes faits commis en France » (art. 2 de la loi du 27 juin 1866).

260. — Il y a lieu de considérer comme délit de pêche, de la compétence du tribunal correctionnel, et non comme contravention de grande voirie, de la compétence du conseil de préfecture, la construction d'un barrage dans un bras secondaire d'une rivière, lorsqu'il n'en résulte pas d'obstacle à la navigation dans le lit principal, surtout si le fait a été dénoncé par un garde-pêche (Conseil d'Etat, 23 juillet 1841).

Avant la loi de 1829, il a été jugé, dans le même sens que, lorsqu'un barrage dans un cours d'eau navigable a été signalé comme barrage de pêche dans un procès-verbal rédigé par un garde-pêche, le tribunal correctionnel ne peut se déclarer incompétent, sous prétexte que le fait intéresserait la navigation et devrait, à ce titre, être déféré au conseil de préfecture. — Cour de cassation, 26 juin 1877,

261. — Relativement à la compétence pour le jugement des exceptions, V. les explications qui suivent l'art. 59.

Art. 49,

(Identique à l'art. 172 du Code forestier.)

L'acte de citation doit, à peine de nullité, contenir la copie du procès-verbal et de l'acte d'affirmation.

—

262. — *Notification du procès-verbal.* — On avait pensé que l'obligation d'insérer une copie du procès-verbal dans la citation donnée au prévenu, ne concerne que le cas où la poursuite est intentée par l'Administration et où le procès-verbal invoqué a force probante jusqu'à inscription de faux. Mais il a été décidé que cet article a une portée générale, et que la copie doit être donnée au prévenu, même lorsque la poursuite est intentée par le ministère public et lorsque le procès-verbal ne fait foi que jusqu'à preuve contraire (Cour de cassation, 24 avril 1850; Cour de Montpellier, 10 juillet 1867). — La déclaration du ministère public qu'il renonce à invoquer ce procès-verbal pour s'en tenir à d'autres preuves, ne devrait pas empêcher de prononcer la nullité de la citation (mêmes arrêts).

Art. 50.

(Semblable à l'art. 173 du Code forestier.)

Les gardes de l'Administration chargés de la surveillance de la pêche pourront, dans les actions et poursuites exercées en son nom, faire toutes citations et significations d'exploits, sans pouvoir procéder aux saisies-exécutions.

Leurs rétributions pour les actes de ce genre seront taxées comme pour les actes faits par les huissiers des juges de paix.

263. — *Citations.* — En disant que les gardes de l'Administration *pourront* faire les citations et significations d'exploit, le présent article indique suffisamment que ces citations et significations pourront aussi être faites par les huissiers.

Art. 51.

(Semblable à l'art. 174 du Code forestier.)

Les agents de cette administration ont le droit

d'exposer l'affaire devant le tribunal, et sont entendus à l'appui de leurs conclusions.

—

264. — *Droit d'exposer l'affaire.* — Il s'agit ici d'une simple faculté, qui s'explique pas la nécessité de soumettre au tribunal, dans certaines affaires, des détails tout à fait techniques, mais à l'usage de laquelle l'administration chargée en dernier lieu du service de la pêche fluviale, a jugé convenable de renoncer. — Toutefois, « les ingénieurs peuvent intervenir dans les poursuites pour donner aux tribunaux les explications qu'ils pourraient désirer, et rectifier au besoin les renseignements inexacts qui seraient donnés par les contrevenants. » — Circulaire du ministre des travaux publics, du 3 novembre 1865.

Art. 52.

(Conforme à l'art. 175 du Code forestier.)

Les délits en matière de pêche seront prouvés, soit par procès-verbaux, soit par témoins, à défaut de procès-verbaux ou en cas d'insuffisance de ces actes.

—

265. — Le présent article reproduit, à l'imitation de l'art. 175 du Code forestier, la disposition du premier alinéa de l'art. 154 du Code d'instruction criminelle.

266. — *Preuve par procès-verbaux.* — On ne considère comme procès-verbal que l'acte dans lequel un agent ayant reçu de la loi mission à cet effet, constate un fait dont il a été personnellement témoin, ou dont il a vérifié l'existence. Lorsque l'agent se borne à énoncer des renseignements recueillis sur l'existence d'un délit qu'il n'a pu constater personnellement, l'acte, dans le cas même où il a été qualifié inexactement *procès-verbal*, n'est qu'un simple rapport dépourvu d'autorité et servant seulement à faire connaître des éléments ou moyens d'information. Dans ce dernier cas, il n'est pas nécessaire qu'une preuve contraire ait été produite pour que le juge puisse prononcer le relaxe du prévenu. — Cour de cassation, 7 août 1852, 18 août 1854, 26 janvier 1855.

267. — *Preuve par l'aveu du prévenu.* — Le présent art. 52 ne dit rien de l'aveu du prévenu; il ne faudrait pas en conclure que le juge ne doive y avoir aucun égard. Cette preuve a toujours été considérée comme dispensant des autres, dans les matières où la constatation par procès-verbal n'a pas été déclarée par le législateur rigoureusement nécessaire (Cour de cassation, 4 septembre 1856, et 20 novembre 1863); c'est ce qui a été décidé, notamment, en matière de délits de chasse. — Cour de cassation, 18 décembre 1845, 4 septembre 1847, et 29 juin 1848.

268. — *Audition des témoins.* — Le droit de faire entendre des témoins n'appartient pas seulement au ministère public pour les cas prévus par le présent article; il appartient aussi au prévenu pour combattre le procès-verbal, dans tous les cas où cet acte ne fait foi que jusqu'à preuve contraire (art. 154 du Code d'instruction criminelle; et art. 55 de la présente loi). — Les procès-verbaux des gardes-pêche de l'État ont seuls autorité jusqu'à inscription de faux, à l'exception du cas où ces procès-verbaux, étant signés par un seul garde, concernent des délits susceptibles d'entraîner une condamnation à plus de 50 fr. d'amende ou de dommages intérêts (art. 53 et 54 ci-après); ceux des gardes particuliers ne font foi que jusqu'à preuve contraire (art. 66); il en est de même de ceux des gendarmes, gardes champêtres, éclusiers des canaux et autres officiers de police judiciaire.

269. — Les tribunaux correctionnels ne jouissent pas, comme les Cours d'assises, de la faculté d'entendre des témoins à titre de simples renseignements. Tous les témoins appelés à déposer, notamment les rédacteurs des rapports ou procès-verbaux reconnus insuffisants, doivent donc préalablement prêter, conformément aux prescriptions de l'art. 155 du Code d'instruction criminelle, le serment de dire « toute la vérité, rien que la vérité. » — A défaut d'accomplissement ou de constatation de l'accomplissement de cette formalité, la preuve déduite des déclarations des témoins entendus à l'audience serait nulle, et le jugement pourrait être cassé comme manquant de fondement légal. — Cour de cassation, 27 juillet 1855.

270. — *Taxe des témoins.* — Les gardes et agents, quand ils sont appelés en témoignage, reçoivent l'indemnité allouée aux témoins, ainsi que cela résulte de la disposition suivante :

Art. 3 du décret du 7 avril 1813 : « Il n'est dû aucun frais de voyage aux gardes champêtres ou forestiers, tant pour la remise qu'ils sont tenus de faire de leurs procès-verbaux, conformément aux art. 18 et 20 du Code d'instruction criminelle, que pour la conduite des personnes par eux arrêtées devant l'autorité compétente. — Mais lorsque ces gardes seront appelés en justice, soit pour être entendus comme témoins lorsqu'ils n'auront point dressé de procès-verbaux, soit pour donner des explications sur les faits contenus dans les procès-verbaux qu'ils auront dressés, ils auront droit aux mêmes taxes que les témoins ordinaires. — Il en sera de même des gendarmes. »

271. — On lit sur ce même sujet dans une instruction ministérielle :

« Les agents préposés à la surveillance de la pêche, toutes les fois qu'ils sont appelés en justice pour déposer ou donner des explications sur les faits constatés par leurs procès-verbaux, doivent recevoir les taxes attribuées aux gardes champêtres et forestiers

et aux gendarmes, par application de l'art. 3 du décret du 7 avril 1813. » — Circulaire du ministre des
travaux publics, du 3 novembre 1863.

271. — L'indemnité est due au témoin qui a com-
paru sur la citation, même dans le cas où le tribunal, se trouvant suffisamment éclairé, a jugé inutile
de l'entendre (Cour de cassation, 29 avril 1837). —
Elle ne lui est pas allouée d'office, mais seulement
s'il *requiert taxe* (art. 81 du Code d'instruction criminelle). La taxe est écrite par le greffier au bas de
la citation, et elle est signée par le président. Elle
n'est payée par le receveur de l'enregistrement que
sur l'acquit mis, en sa présence, au bas de la taxe,
par le témoin.

273. — L'indemnité allouée aux témoins est ainsi
fixée. Pour ceux qui résident dans la localité, ou qui
ne sont pas domiciliés à plus d'un myriamètre du
lieu où ils doivent être entendus : Paris, 2 fr.; ville
de quarante mille habitants et au-dessus, 1 fr. 50;
autres villes, 1 fr. Ces indemnités sont réduites à
1 fr. 25, 1 fr. et 75 c., lorsque les témoins sont des
femmes ou des mineurs au-dessous de quinze ans
(Décret du 18 juin 1811, art. 27 et 28; Décret du
4 avril 1813, art. 2). — Les témoins domiciliés à
plus d'un myriamètre reçoivent pour indemnité de
voyage, s'ils ne sortent pas de l'arrondissement,
1 fr. par myriamètre parcouru en allant, et autant
pour le retour, et 1 fr. 50 s'ils sont obligés de sortir
de l'arrondissement; cette indemnité ne se cumule
pas avec la taxe indiquée plus haut (Décret du
7 avril 1813, art. 2). — Les fractions de huit ou neuf
kilomètres sont comptées pour un myriamètre, et
celles de trois à sept kilomètres pour un demi-my-
riamètre. — Décret du 18 juin 1811, art. 92.

Art. 53.

(Semblable à l'art. 176 du Code forestier.)

Les procès-verbaux revêtus de toutes les formalités prescrites par les art. 43 et 47 ci-dessus, et qui sont dressés et signés par deux agents ou gardes-pêche, font preuve, jusqu'à inscription de faux, des faits matériels relatifs aux délits qu'ils constatent, quelles que soient les condamnations auxquelles ces délits peuvent donner lieu.

Il ne sera, en conséquence, admis aucune preuve outre ou contre le contenu de ces procès-verbaux, à moins qu'il n'existe une cause légale de récusation contre l'un des signataires

—

274. — *Force probante jusqu'à inscription de faux.* — Les raisons qui ont déterminé le législateur à accorder une autorité complète aux procès-verbaux des gardes-pêche, sont principalement que ces gardes sont agents du gouvernement, qu'ils n'entrent en fonctions qu'après avoir prêté serment, et qu'ils s'exposeraient, en se parjurant, à une répression excessivement sévère, ainsi que l'atteste la disposition qu'on va reproduire :

Art. 146 du Code pénal : « Seront aussi punis des travaux forcés à perpétuité, tout fonctionnaire ou officier public qui, en rédigeant des actes de son ministère, en aura frauduleusement dénaturé la substance ou les circonstances, soit... etc., soit en constatant comme vrais des faits faux, ou comme avoués des faits qui ne l'étaient pas. »

275. — Le présent article n'accorde foi aux procès-verbaux des gardes-pêche de l'État que relative-

ment aux dénonciations de *faits matériels*. — Il faut,
d'abord que ces faits matériels soient relatifs à des
délits prévus par les lois sur la pêche fluviale, et
non à des délits que ces agents n'ont pas mission de
constater, par exemple à des délits prévus par le
Code pénal, tels que des injures ou des voies de fait;
c'est le principe qui a été admis à l'égard des gardes forestiers, auxquels les gardes-pêche sont assimilés par l'art. 37. — Cour de cassation, 4 janvier
1855.

276. — Il faut, de plus, que les gardes-pêche aient
constaté ces faits matériels par eux-mêmes, et non
pas que les faits aient été constatés par des témoins
dont ils ont seulement recueilli les déclarations; car
ces renseignements, ainsi que les affirmations fondées sur une appréciation personnelle ou de simples
inductions, sont des éléments de preuve discutables,
et qui ne lient pas le juge. — Cour de cassation,
7 avril 1851, 21 novembre 1851, 13 avril 1861.

On doit en dire autant, à plus forte raison, de
l'opinion que le rédacteur du procès-verbal aurait
cru devoir exprimer sur le fait dénoncé.

277. — On s'est demandé si le procès-verbal peut
faire foi jusqu'à inscription de faux des *aveux* recueillis par les gardes de la bouche des prévenus. Il
résulte d'un arrêt que le procès-verbal fait bien foi
du fait matériel de la déclaration, mais non de la
sincérité de celle-ci; étant admis que le prévenu a
fait aux gardes telle ou telle déclaration, il appartient
au juge, non-seulement de rechercher si elle renferme
un aveu, mais encore de permettre au prévenu de
l'expliquer ou de démontrer qu'elle n'était pas libre
ou sincère. Il en est de même si l'aveu recueilli est
celui d'un témoin qui aurait déclaré, par exemple,
n'avoir pas donné de permission au prévenu. Les
déclarations faites aux gardes sont, en effet, aussi
discutables que celles faites au juge lui-même à l'audience. — Cour de cassation, 11 novembre 1861.

278. — *Prohibition de la preuve contraire.* —
Cette prohibition ne fait pas obstacle à ce que le

prévenu soit admis à prouver par témoins ou autrement, dans l'intérêt de sa défense, les faits ou circonstances sur lesquels le procès-verbal aurait omis de s'expliquer (Cour de cassation, 8 avril 1851). Et même, dans ce cas, les explications du prévenu pourraient être tenues pour suffisantes, si le ministère public, auquel incombe l'obligation d'établir l'existence du délit, n'avait rien à leur opposer. — Cour de cassation, 2 août 1855.

279. — *Récusation des gardes-pêche.* — Ce cas, lorsqu'il se réalise, enlève au procès-verbal du garde l'autorité jusqu'à inscription de faux. — Les causes légales de récusation à l'égard des juges sont définies dans les art. 378 et suivants du Code de procédure civile. Celles qui paraissent pouvoir être invoquées à l'encontre des gardes, sont principalement : dans les affaires où le garde a verbalisé dans l'intérêt d'un fermier de pêche ou d'un propriétaire, la parenté ou l'alliance avec celui-ci, jusqu'au degré de cousin germain inclusivement, ou l'existence d'une association secrète avec le fermier ; dans toutes en général, l'existence d'un procès civil entre le garde et le prévenu, ou la circonstance que dans les cinq années antérieures il y a eu procès criminel entre eux ou entre l'un d'eux et un parent ou allié l'un de l'autre en ligne directe ; enfin l'existence d'une inimitié capitale entre le garde et le prévenu contre lequel il a verbalisé.

Art. 54.

(Semblable à l'art. 177, § 1er, du Code forestier.)

Les procès-verbaux revêtus de toutes les formalités prescrites, mais qui ne seront dressés et signés que par un seul agent ou garde-pêche, feront de même preuve suffisante jusqu'à inscription de faux, mais seulement lorsque le délit n'entraînera pas une condamnation de plus de cinquante francs, tant pour amende que pour dommages-intérêts.

—

280. — *Délits passibles d'une condamnation n'excédant pas 50 fr.* — Le législateur a pensé que, pour ces délits, on pouvait s'en rapporter sans danger à la déclaration d'un seul garde, d'autant plus que rarement deux gardes-pêche marchent ensemble,

---

Art. 55.

(Semblable à l'art. 178 du Code forestier.)

Les procès-verbaux qui, d'après les dispositions qui précèdent, ne font point foi et preuve suffisante jusqu'à inscription de faux, peuvent être corroborés et combattus par toutes les preuves légales, conformément à l'art. 154 du Code d'instruction criminelle.

—

281. — *Procès-verbaux ne faisant foi que jusqu'à preuve contraire.* — Les procès-verbaux dont il s'agit ici sont ceux qui ont été revêtus de toutes les formalités prescrites, mais qui, soit à raison de ce qu'ils n'ont été dressés et signés que par un seul garde, soit à raison du peu d'importance du délit, soit encore à raison de ce qu'il existe à l'encontre du garde rédacteur une cause légale de récusation, ne font pas foi jusqu'à inscription de faux. — Il faut y ajouter les procès-verbaux des officiers de police judiciaire (art. 36), et ceux des gardes particuliers (art. 66)

282. — Tant que le prévenu ne leur oppose que ses propres dénégations, ces procès-verbaux conservent toute leur autorité ; mais si le prévenu produit une preuve contraire, le ministère public peut demander à corroborer, à l'aide de dépositions de témoins ou de toute autre preuve du droit commun, la preuve qui résulte du procès-verbal du garde ; et le tribunal ne peut refuser de laisser produire cette preuve, à moins qu'il ne tienne pour établis les faits dénoncés par le procès-verbal.

283. — Il a été décidé : 1° que le juge correctionnel ne peut mettre en demeure le ministère public ou la partie poursuivante de corroborer par d'autres preuves le procès-verbal faisant foi jusqu'à preuve contraire sur lequel la poursuite est fondée, tant qu'aucune preuve n'a été produite par le prévenu pour combattre ce procès-verbal (Cour de cassation, 22 décembre 1831) ; 2° que ce même juge ne peut, pour acquitter le prévenu, se fonder sur l'existence d'une preuve contraire au procès-verbal, qu'à la condition de spécifier la nature de cette preuve (Cour de cassation, 1er juin 1844) ; 3° qu'ainsi est nulle, dans une affaire où il n'a été produit ni preuve écrite ni preuve testimoniale contre le procès-verbal, la décision qui se borne à dire, pour justifier le renvoi du prévenu, qu'il est résulté *des débats* des faits contraires à ceux constatés par le procès-verbal (Cour de cassation, 14 janvier 1830) ; 4° qu'il en est de même du jugement d'acquittement qui induit cette preuve contraire de *documents* dont il ne fait pas connaître la nature. — Cour de cassation, 7 février 1863.

Art. 56.

(Identique à l'art. 179 du Code forestier.)

Le prévenu qui voudra s'inscrire en faux contre le procès-verbal sera tenu d'en faire, par écrit en personne, ou par un fondé de pouvoir spécial par acte notarié, la déclaration au greffe du tribunal, avant l'audience indiquée par la citation.

Cette déclaration sera reçue par le greffier du tribunal; elle sera signée par le prévenu ou son fondé de pouvoir; et, dans le cas où il ne saurait ou ne pourrait signer, il en sera fait mention expresse.

Au jour indiqué pour l'audience, le tribunal donnera acte de la déclaration, et fixera un délai de huit jours au moins, et de quinze jours au plus, pendant lequel le prévenu sera tenu de faire au greffe le dépôt des moyens de faux, et des noms, qualités et demeures des témoins qu'il voudra faire entendre.

A l'expiration de ce délai, et sans qu'il soit besoin d'une citation nouvelle, le tribunal admettra les moyens de faux, s'ils sont de nature à détruire l'effet du procès-verbal, et il sera procédé sur le faux, conformément aux lois.

Dans le cas contraire, et faute par le prévenu d'avoir rempli toutes les formalités ci-dessus prescrites, le tribunal déclarera qu'il n'y a lieu à admettre les moyens de faux, et ordonnera qu'il soit passé outre au jugement.

—

284. — *Inscription de faux.* — Cette voie extraordinaire n'est accordée au prévenu pour attaquer le procès-verbal, que lorsque cet acte fait foi jusqu'à inscription de faux (art. 53 et 54). Si le procès-verbal ne fait foi que jusqu'à preuve contraire (V. plus haut, n° 281 et suiv.), le prévenu n'est pas recevable, à défaut d'intérêt, à s'inscrire en faux; il a,

en effet, toute latitude, alors même qu'il soutiendrait
que le délit a été méchamment supposé, pour prouver que ce délit n'a pas existé. — Cour de cassation, 18 juillet 1861.

285. — L'inscription de faux n'est pas nécessaire,
non plus, lorsque le procès-verbal est entaché d'une
nullité ou irrégularité qui fait évanouir son autorité,
puisque, dans ce cas, à défaut de procès-verbal valable, le ministère public est obligé de citer des témoins pour prouver le délit (art. 52).

286. — *Poursuites criminelles pour faux dans le
procès-verbal.* — « S'il résulte de la procédure des
indices de faux ou de falsification, et que les auteurs
ou complices soient vivants, et la poursuite du crime
non éteinte par la prescription d'après les dispositions du Code pénal, le président délivre un mandat
d'amener contre les prévenus (du crime de faux), et
remplit à cet égard les fonctions d'officier de police
judiciaire. Dans ce cas, il est sursis à statuer sur le
civil (autrement dit, dans l'espéce, sur la poursuite
du délit de pèche) jusqu'après le jugement sur le
faux » Art. 239 et 240 du Code de procédure civile.

La même disposition est reproduite dans l'art. 460
du Code d'instruction criminelle, qui ajoute : « La
cour ou le tribunal saisi est tenu de décider préalablement (au jugement du fait poursuivi), et après
avoir entendu l'officier chargé du ministère public,
s'il y a lieu ou non de surseoir. »

Quant aux formes dans lesquelles doit être suivie
l'accusation criminelle pour faux, V. les art. 448 et
suiv. du Code d'instruction criminelle.

Art. 57.

(Identique à l'art. 180 du Code forestier.)

Le prévenu contre lequel aura été rendu un
jugement par défaut sera encore admissible à

faire sa déclaration d'inscription de faux, pendant le délai qui lui est accordé par la loi pour se présenter à l'audience sur l'opposition par lui formée.

—

287. — *Inscription de faux sur une opposition à jugement par défaut.* — Pour que le prévenu n'ait pas intérêt à faire défaut, à l'unique effet de se procurer plus de latitude pour la recherche de témoins et l'articulation de ses moyens de faux, le législateur, dans l'article précédent, a voulu qu'il lui fût accordé un délai de huit à quinze jours, au lieu du court délai de trois jours fixé par la loi dans d'autres matières spéciales.

288. — Le délai de l'opposition a été réglé ainsi qu'il suit :

Art. 187 du Code d'instruction criminelle : « La condamnation par défaut sera comme non avenue, si, dans les cinq jours de la signification qui en aura été faite au prévenu ou à son domicile, outre un jour par cinq myriamètres, celui-ci forme opposition à l'exécution du jugement, et notifie son opposition tant au ministère public qu'à la partie civile. — Les frais de l'expédition, de la signification du jugement par défaut, et de l'opposition, demeureront à la charge du prévenu... »

Art. 58.

(Identique à l'art. 181 du Code forestier.)

Lorsqu'un procès-verbal sera rédigé contre plusieurs prévenus, et qu'un ou quelques-uns d'entre eux seulement s'inscriront en faux, le procès-verbal continuera de faire foi à l'égard des autres, à moins que le fait sur lequel portera l'inscription de faux ne soit indivisible et commun aux autres prévenus.

—

289. — *Inscription de faux dans le cas où il y a plusieurs prévenus.* — Cette inscription de faux, bien que personnelle à l'un ou quelques-uns des prévenus, profite à tous, non-seulement lorsque le fait nié par l'inscription de faux est commun à tous, mais aussi, lorsque, le procès-verbal imputant des faits distincts aux divers coprévenus, le moyen invoqué, tel que l'*alibi* du garde, est de nature à faire tomber ce procès-verbal dans son entier.

Art. 59.

(Semblable à l'art. 182 du Code forestier.)

Si, dans une instance en réparation de délit, le prévenu excipe d'un droit de propriété ou tout autre droit réel, le tribunal saisi de la plainte statuera sur l'incident.

L'exception préjudicielle ne sera admise qu'autant qu'elle sera fondée, soit sur un titre apparent, soit sur des faits de possesion équivalents, articulés avec précision, et si le titre produit ou les faits articulés sont de nature, dans le cas où ils seraient reconnus par l'autorité compétente, à ôter au fait qui sert de bases aux poursuites tout caractère de délit.

Dans le cas de renvoi à fins civiles, le jugement fixera un bref délai dans lequel la partie qui aura élevé la question préjudicielle devra saisir les juges compétents de la connaissance du litige, et justifier de ses diligences; sinon il sera passé outre. Toutefois, en cas de condamnation, il sera sursis à l'exécution du jugement sous le rapport de l'emprisonnement, s'il était prononcé, et le montant des amendes, restitutions et dommages-intérêts, sera versé à la caisse des dépôts et consignations, pour être remis à qui il sera ordonné par le tribunal qui statuera sur le fond du droit.

—

290. — *Jugement des exceptions.* — En principe, le juge de l'action est juge de l'exception. On verra, par la suite, des applications diverses de cette règle. Mais, en cette matière, comme dans les autres, il y est dérogé pour ce qui concerne la constatation d'un droit de propriété ou autre droit réel. — Le présent art. 59 reproduit les termes de l'art. 182 du Code forestier, sauf dans une de ses indications, qui a paru surabondante.

291. — *Allégation d'un droit de propriété.* — Le tribunal ne doit surseoir, pour qu'il soit préjudiciellement statué sur le droit prétendu de propriété ou tout autre droit réel opposé par le prévenu, que dans le cas où la preuve de l'existence de ce droit est de nature à justifier le fait poursuivi.

292. — Mais, lorsque la disposition à laquelle le pêcheur est prévenu de n'avoir pas obéi, est une de celles qui obligent tout le monde, comme celles qui prohibent l'emploi de certains engins ou qui suspendent pendant un certain temps l'exercice du droit de pêche, l'allégation du droit de propriété ne peut fournir au prévenu aucune exception, et le tribunal décide avec raison qu'elle ne fait naître aucune question préjudicielle. — Cour de cassation, 14 août 1823, 14 décembre 1837, et 14 février 1846.

293. — *Exception de non propriété.* — Dans la

plupart des cas, cette exception ne peut faire disparaître le délit. Ainsi peu importe qu'un filet dont le
placement dans un cours d'eau fait l'objet de la poursuite, n'appartienne pas au prévenu, s'il a été constaté que c'est lui qui l'a placé (Cour de cassation,
30 juin 1827). — Dans d'autres cas, cette exception
est inutile. Par exemple, l'individu poursuivi à l'occasion d'un barrage établi dans un cours d'eau du
côté où il a droit de pêche, n'a pas besoin de demander à prouver qu'il n'est pas propriétaire de ce
barrage, parce que c'est au ministère public à prouver contre lui qu'il en est le constructeur, alors même
qu'un règlement disposerait que, dans le cas dont il
s'agit, le riverain serait présumé être l'auteur du délit.
— Cour de Limoges, 4 décembre 1838.

291. — *Exception tirée de l'existence d'un bail.* —
Le moyen tiré par celui qui est poursuivi pour délit
de pêche, de ce que le droit de pêche lui a été loué
par un individu s'en prétendant propriétaire, n'élève
pas une question préjudicielle; en effet, le prétendu
droit de propriété opposé n'est pas personnel au prévenu. Il est nécessaire, en pareil cas, que ce dernier
appelle son bailleur à l'instance, pour qu'il prenne
son fait et cause. A défaut de l'intervention du bailleur, il ne peut être prononcé aucun renvoi à fins
civiles, et le tribunal correctionnel reste compétent
pour apprécier le moyen de défense du prévenu. —
Cour de Lyon, 14 juillet 1862.

293. — A plus forte raison, en est-il ainsi, lorsque
le prévenu se borne à alléguer qu'on lui a loué, non
pas le droit de pêche lui-même, mais un pré bordant
le cours d'eau dans lequel il s'est livré à la pêche.
— Cour de Paris, 11 janvier 1862.

296. — *Exception de non-navigabilité.* — Lorsque
le propriétaire poursuivi pour avoir pêché, au préjudice de l'État ou de l'adjudicataire de la pêche, dans
le cours d'eau bordant sa propriété, soutient, pour
sa défense, que le cours d'eau n'est ni navigable, ni
flottable avec trains, une telle exception fait naître
une question préjudicielle, parce qu'elle renferme la

revendication implicite d'un droit personnel de pêche. — V. n° 6.

297. — *Exception tirée des limites du droit de pêche du poursuivant.* — Il arrive quelquefois que, sans contester le droit de pêche du poursuivant, le prévenu soutient que le fait poursuivi a été commis en dehors des eaux dans lesquelles son adversaire exerce le droit de pêche. Ce moyen fait naître une question préjudicielle de détermination de limites, qui n'est pas de la compétence du tribunal correctionnel (Cour de Paris, 30 septembre 1853). — D'après la jurisprudence, c'est au tribunal civil et non à l'autorité administrative que la solution de ce point doit être demandée.

298. — *Excuse tirée de la bonne foi.* — La bonne foi n'excuse pas plus les délits de pêche qu'elle n'excuse les délits de chasse (Cour de cassation, 11 juin 1825, 10 février 1819, 22 juillet 1865; et Cour de Paris, 10 juin 1852). — Des faits de jouissance, plus ou moins anciens, tolérés par le propriétaire du droit de pêche, ne peuvent pas davantage fournir un moyen de justification. — V. n° 313.

Il a été toutefois décidé que l'individu qui, ayant obtenu une permission de pêcher, n'a pas reçu avis d'une location postérieure du droit de pêche révoquant implicitement sa permission, n'est pas en délit pour avoir, de bonne foi, continué à en faire usage, alors surtout que le fait a eu lieu en présence du locataire et que celui-ci ne s'est abstenu de le tirer de son ignorance que pour se procurer déloyalement un motif de lui faire un procès. — Cour de Paris, 7 décembre 1869.

Art. 60.

(Semblable à l'art. 183 du Code forestier.)

Les agents de l'Administration chargés de la surveillance de la pêche peuvent, en son nom, interjeter appel des jugements, et se pourvoir contre les arrêts et jugements en dernier ressort; mais ils ne peuvent se désister de leurs appels sans son autorisation spéciale.

—

299. — *Droit de transaction.* — Le désistement des poursuites a dû, en ce qu'il constitue souvent une sorte de transaction, être interdit aux fonctionnaires appelés à intenter des actions au nom de l'administration chargée de la surveillance de la pêche fluviale. — A une époque où cette surveillance appartenait encore à l'administration forestière, on a élevé la question de savoir si le droit donné à cette administration, par la loi du 18 juin 1859, de transiger sur les délits forestiers, s'étend aux délits de toute nature que les gardes et agents forestiers sont aptes à constater, et notamment aux délits de pêche. Conformément à un avis du Conseil d'Etat du 26 novembre 1860, il a été décidé que le droit de transaction dont il s'agit est inapplicable aux infractions à la loi du 15 avril 1829 sur la pêche fluviale (Décision du ministre des finances, du 22 décembre 1860). Mais un décret du gouvernement de la défense nationale, du 7 septembre 1870, demeuré en vigueur sur ce point, accorde à l'administration des ponts et chaussées le droit de transiger avec les justiciables des tribunaux ordinaires ou des conseils de préfecture sur les délits de pêche fluviale « dans les conditions prévues pour les délits forestiers par la loi du 18 juin 1859 et par le règlement d'administration publique du 21 décembre 1859. » Ce règlement permet d'acquitter les amendes au moyen de prestations en nature.

Le même droit de transaction appartient à l'administration de la marine relativement aux délits de la pêche maritime.

Art. 61.

(Semblable à l'art. 184 du Code forestier.)

Le droit attribué à l'Administration et à ses agents de se pourvoir contre les jugements et arrêts par appel ou par recours en cassation, est indépendant de la même faculté qui est accordée par la loi au ministère public, lequel peut toujours en user, même lorsque l'administration ou ses agents auraient acquiescé aux jugements et arrêts.

—

300. — *Décision du juge d'appel.* — Lorsque le prévenu n'était poursuivi en première instance que pour une seule contravention, le ministère public ne peut, sur l'appel de celui-ci, conclure subsidiairement, pour la première fois, à ce que le prévenu soit, à raison du même fait, déclaré coupable d'une seconde infraction réprimée par une disposition différente. — Cour de Besançon, 27 juin 1863.

Art. 62.

Les actions en réparation de délits en matière de pêche se prescrivent par un mois à compter du jour où les délits ont été constatés, lorsque les prévenus sont désignés dans les procès-verbaux. Dans le cas contraire, le délai de prescription est de trois mois, à compter du même jour.

—

301. — *Prescription des délits de pêche.* — La courte prescription édictée par le présent art. 62,

s'applique à l'action en dommages-intérêts aussi bien qu'à l'action ayant pour objet l'application de la peine, conformément à la règle générale établie par les art. 637, 638 et 640 du Code d'instruction criminelle. — Cela résulte, au surplus, de la combinaison de l'art. 68 ci-après avec la présente disposition. — C'est en ce sens que se sont prononcés les auteurs qui ont examiné la question.

302. — La loi, en déclarant l'action en réparation des délits de pêche prescriptible par un mois ou par trois mois sans poursuite à partir du jour où le délit a été constaté, suppose que la partie poursuivante est armée d'un procès-verbal faisant foi en justice. Mais lorsque le délit n'a été dénoncé que par un simple rapport dépourvu d'autorité, comme il faut une information pour réunir les preuves à produire devant le tribunal, le droit commun reprend son empire, et le délinquant ne peut plus alors opposer que la prescription de trois ans. Et à cet égard, il y a lieu de considérer comme simple rapport, l'acte par lequel des agents, même ayant qualité, dénoncent, sur de simples renseignements ou d'après la rumeur publique, un délit de pêche qu'ils n'ont pas constaté par eux-mêmes. — Cour de Nancy, 8 novembre 1871.

303. — Pour que la prescription d'un mois soit applicable, il faut que le délinquant ait été, sinon nommé, au moins désigné assez clairement pour qu'il puisse être immédiatement poursuivi. C'est ce qui a été décidé en matière forestière. — Cour de cassation, 6 avril 1808 et 20 janvier 1816.

304. — Le délai d'un mois, en cette matière, se compte de quantième à quantième; on estimerait à tort que la loi a entendu parler d'un laps de trente jours. Il faut compter de même pour le délai de trois mois. — Cour de Colmar, 11 mai 1861.

305. — Le jour de la constatation du délit n'est pas compris dans le délai, en sorte que le délit constaté le 9 août est poursuivi utilement, s'il s'agit de la prescription d'un mois, par citation donnée au

prévenu le 9 septembre (Cour de Metz, 23 novembre 1865, Cour de Chambéry, 5 janvier 1871). — Par *jour de la constatation du délit,* il faut entendre, dans le cas où le procès verbal a été ouvert et clos à une date différente, le jour de la clôture de ce procès-verbal et non celui de l'ouverture. — Même arrêt.

306. — Lorsqu'il y a plusieurs codélinquants, si le rédacteur du procès-verbal n'a pu en désigner qu'un seul, le délai de la prescription n'est réduit à un mois qu'au profit de ce délinquant; quant aux autres, ils peuvent être poursuivis pendant trois mois à partir du jour de la constatation du délit. — Cour de Poitiers, 2 avril 1845; Cour de cassation, 18 avril 1846.

La prescription d'un mois ou de trois mois, à partir du jour de la constatation du délit, n'est pas applicable à l'infraction de pêche qui présente les caractères d'un délit continu, par exemple, à l'établissement d'un barrage prohibé dans un cours d'eau. La prescription, en pareil cas, ne peut courir qu'à partir de la suppression du barrage, car le maintien de ce barrage est, aussi bien que la construction, un fait défendu par la loi. — Cour de cassation, 14 décembre 1837.

307. — *Interruption de la prescription.* — Si, dans le mois ou dans les trois mois, suivant qu'il s'agit de l'un ou de l'autre des cas prévus par l'article 62, il est intervenu un acte d'instruction ou de poursuite, la prescription est interrompue, ainsi que le décident les art. 637 et 638 du Code d'instruction criminelle, applicables en ce point à la poursuite des délits de la pêche fluviale (art. 64). Et quand la prescription a été interrompue, ce n'est plus, d'après la jurisprudence de la Cour de cassation, que par trois ans, et non par un mois ou par trois mois, que l'action en réparation du délit peut être prescrite. — Cour de cassation, 17 mars 1866.

On ne devrait pas considérer comme acte de poursuite susceptible d'interrompre la prescription, l'envoi d'une simple cédule à prévenu, contenant mandement du ministère public à tous huissiers de citer à sa requête pour tel jour tel délinquant (Cour de Dijon, 13 décembre 1871); ou la réception par le ministère public d'un rapport complémentaire demandé à un agent autre que celui a dressé le procès-verbal. — Cour de Douai, 12 décembre 1869.

308. — Conformément à la règle énoncée dans le 2ᵉ paragraphe de l'art. 637 du Code d'instruction criminelle, l'acte de poursuite fait à l'encontre de l'auteur d'un délit de pêche, interrompt la prescription, même à l'égard des complices qui ne sont pas encore en cause. — Cour de cassation, 14 décembre 1837.

Art. 63.

(Semblable à l'art. 186 du Code forestier.)

Les dispositions de l'article précédent ne sont pas applicables aux délits et malversations commis par les agents, préposés ou gardes de l'Administration dans l'exercice de leurs fonctions : les délais de prescription à l'égard de ces préposés et de leurs complices seront les mêmes que ceux qui sont déterminés par le Code d'instruction criminelle.

—

309. — *Prescription des délits commis par les gardes-pêche.* — Le droit commun a été rétabli en ce qui concerne la prescription des délits commis par les gardes-pêche dans l'exercice de leurs fonctions, soit parce que ces délits ont une gravité exceptionnelle, soit parce que les gardes ont de trop grandes facilités pour les commettre et les soustraire à toute surveillance. Les délits commis par les gardes-pêche

sont rarement, d'ailleurs, constatés par des procès-verbaux. — La situation est la même pour les gardes champêtres qui commettent des délits de pêche, dans l'étendue de leur circonscription ; le présent art. 63 leur est applicable (Cour de Besançon, 24 décembre 1872).

On sait que l'action publique et l'action civile subsistent pendant dix ans à l'égard des crimes, et pendant trois ans à l'égard des délits (Art. 637 et 638 du Code d'instruction criminelle). — L'action publique contre les délinquants pour faits de tentative de corruption envers les gardes, est soumise également à la prescription du droit commun. C'est ce que décide l'art. 207 du Code forestier.

310. — Mais le délit *de pêche* qu'un garde ou préposé de l'administration aurait commis en dehors de l'arrondissement où il *exerce ses fonctions*, tomberait, en ce qui concerne la prescription, sous l'application de l'article précédent, s'il avait été constaté par procès-verbal. La raison en est que le garde-pêche, en dehors de la circonscription qu'il est chargé de surveiller n'est plus qu'un simple particulier. — V. n° 206.

Art. 64.

(Semblable à l'art. 187 du Code forestier.)

Les dispositions du Code d'instruction criminelle sur les poursuites des délits, sur défauts, oppositions, jugements, appels et recours en cassation, sont et demeurent applicables à la poursuite des délits spécifiés par la présente loi, sauf les modifications qui resultent du présent titre.

311. — *Arrestation et détention préventive.* — Les délits de pêche n'étant punis, en général, que d'une amende et, accessoirement, de la confiscation, il n'y a pas lieu d'arrêter les délinquants. Si cependant un délinquant n'était pas connu du garde-pêche, celui-ci pourrait le conduire devant le maire pour faire reconnaître son identité. Dans ce dernier cas, en effet, il y a lieu de procéder conformément à ce que dispose l'art. 25 de la loi du 3 mai 1844, sur la chasse, aux termes duquel « si les délinquants sont déguisés ou masqués, s'ils refusent de faire connaître leurs noms ou s'ils n'ont pas de domicile connu, ils seront conduits immédiatement devant le maire, ou le juge de paix, lequel s'assurera de leur individualité. » — Au surplus, les gardes-pêche sont assimilés aux gardes forestiers, que l'art. 163 du Code forestier autorise formellement à arrêter tout « inconnu surpris en flagrant délit. »

312. — L'arrestation peut être effectuée dans les cas où, par application, soit de l'art. 25 de la présente loi du 15 avril 1829, soit de l'art. 7 de la loi du 31 mai 1865, reproduite ci-après, le délinquant est passible de la peine de l'emprisonnement.

Mais, comme cet emprisonnement ne peut excéder trois mois, la mise en liberté du prévenu sous caution est de droit, s'il a un domicile connu, cinq jours après l'interrogatoire subi devant le juge d'instruction, à moins qu'il n'ait été déjà condamné à un emprisonnement de plus d'un an. C'est ce que décide l'art. 113 du Code d'instruction criminelle, dans le texte nouveau consacré par la loi du 14 juillet 1865, sur la mise en liberté provisoire.

313. — Pour les délits de rébellion ou d'outrage commis envers les gardes par les individus pris en flagrant délit de pêche, on rentre dans le droit commun. Le délinquant peut être conduit devant le juge de paix ou le maire, qui décide s'il y a lieu de le renvoyer devant le procureur de la République. — L'art. 301 du décret du 1er mars 1854 le décide formellement pour le cas d'outrage fait à la gendarmerie.

314. — *Citation et comparution.* — D'après les art. 184 et 185 du Code d'instruction criminelle, il faut un délai de trois jours, outre un jour par trois myriamètres, entre la remise de la citation au prévenu et le jugement. — Hors les cas où le délit peut être puni d'un emprisonnement, le prévenu a la faculté de se faire représenter par un avoué; le tribunal peut néanmoins ordonner sa comparution.

315. — *Défaut et opposition.* — Le Code d'instruction criminelle contient à cet égard les prescriptions suivantes : si le prévenu ne comparaît pas ou ne se fait pas représenter, il est jugé par défaut (art. 186); il lui est accordé, pour faire opposition au jugement, un délai de cinq jours à partir de la signification, outre un jour par cinq myriamètres (art. 187; V. n° 288). — L'opposition emporte de droit citation à la première audience; elle est non avenue si l'opposant ne comparaît pas; et le jugement qui intervient ne peut plus être attaqué que par la voie de l'appel (art. 188).

316. — *Jugement.* — Il est procédé, en audience publique, à l'instruction de l'affaire, c'est-à-dire à la lecture du procès-verbal, à l'interrogatoire du prévenu et à l'audition des témoins, s'il y a lieu d'en entendre, dans les formes tracées par les art. 189 et suiv. du Code d'instruction criminelle. — Le ministère public résume l'affaire et donne ses conclusions, auxquelles le prévenu et les personnes civilement responsables sont admis à répliquer. — Si le tribunal reconnaît que le délit poursuivi a été effectivement commis, il ajoute à la prononciation de la peine la condamnation du prévenu et des parties responsables aux frais envers la partie poursuivante. — Art. 162 et 191 du même Code.

317. — *Appel et recours en cassation.* — L'appel est interjeté dans les dix jours, à partir de la prononciation, s'il s'agit d'un jugement contradictoire, et à partir de la signification, s'il s'agit d'un jugement par défaut; la faculté d'appeler appartient au prévenu et au ministère public, la partie civile peut aussi appeler mais quant à ses intérêts civils seulement (articles 199 et suiv. du Code d'instruction criminelle). — La condamnation par défaut est signifiée seulement par extrait, comme le porte l'art. 75 ci-après.

Quant au délai du recours en cassation, il est de trois jours, non compris le jour de la prononciation ou de la signification; le recours en cassation est non recevable lorsqu'il est formé contre un jugement susceptible d'opposition ou d'appel (art. 216, 416 et suiv. du même Code).

SECTION II. — *Des poursuites exercées au nom et dans l'intérêt des fermiers de la pêche et des particuliers.*

Art. 65.

Les délits qui portent préjudice aux fermiers de la pêche, aux porteurs de licences et aux propriétaires riverains, seront constatés par leurs gardes, lesquels seront assimilés aux gardes-bois des particuliers.

318. — *Délits portant préjudice aux fermiers de la pêche et aux propriétaires.* — La loi, en disant dans le présent art. 65, que ces délits *seront constatés* par les gardes particuliers des intéressés, a voulu simplement affirmer le droit de ceux-ci de faire surveiller la pêche à leur profit, et non formuler une disposition restrictive.

319. — *Gardes-pêche particuliers.* — Les adjudica-

taires des cantonnements peuvent, de même que les propriétaires riverains des cours d'eau non navigables ni flottables, faire surveiller la pêche à leur profit par des gardes établis à leurs frais (art. 19 du cahier des charges de 1875).

320. — Un propriétaire peut commissionner le même individu pour faire sur ses propriétés les fonctions de garde champêtre, de garde-bois, de garde-chasse et de garde-pêche. — De même plusieurs propriétaires peuvent s'entendre pour confier au même garde la surveillance de la pêche dans leurs possessions.

321. — Enfin, le garde champêtre d'une commune peut être autorisé à surveiller les possessions d'un propriétaire comme garde particulier de celui-ci.

322. — Ces gardes doivent avoir vingt-cinq ans au moins, comme les gardes-pêche de l'Etat (V. l'art. 6). Cette règle, qui n'est pas formellement indiquée par la loi, est admise par tous les auteurs et est conforme à ce qui s'observe dans la pratique. — Elle est rappelée dans l'art. 19 du cahier des charges de 1875.

323. — De l'assimilation des gardes-pêche particuliers aux gardes-bois des particuliers, il résulte, ainsi que le rappelle sommairement le même cahier des charges, qu'il faut appliquer aux premiers comme aux seconds les dispositions suivantes :

Art. 117 du Code forestier : « Les propriétaires qui voudront avoir, pour la conservation de leurs bois, des gardes particuliers, devront les faire agréer par le sous-préfet de l'arrondissement, sauf le recours au préfet en cas de refus. — Ces gardes ne pourront exercer leurs fonctions qu'après avoir prêté serment devant le tribunal de première instance. »

Art. 150 de l'ordonnance réglementaire du 1er août 1827 : « Les gardes des bois des particuliers ne seront admis à prêter serment qu'après que leurs commissions auront été visées par le sous-préfet de l'arrondissement. — Si le sous-préfet croit devoir refuser son visa, il en rendra compte au préfet, en lui indiquant les motifs de son refus. — Ces commissions seront inscrites dans les sous-préfectures, sur un registre où seront relatés les noms et demeures des propriétaires et des gardes, ainsi que la désignation et la situation des bois. »

Il a été décidé que lorsqu'un garde particulier se présente, muni d'une commission régulière visée par le sous-préfet, le tribunal ne peut, sans excès de pouvoir, refuser de l'admettre au serment. — Cour de cassation, 27 novembre 1865.

324. — Les actes de nomination des gardes particuliers sont écrits sur papier timbré, et enregistrés, suivant les uns, au droit fixe de 1 fr., comme actes innommés, suivant les autres, au droit de 2 fr., comme actes contenant mandat ou pouvoir. — Le droit fixe est perçu autant de fois qu'il y a de propriétaires concourant à la nomination du garde dans un intérêt collectif (Décision du ministre des finances du 2 septembre 1830). — Le visa donné par le sous-préfet pour constater son agrément, n'est passible d'aucun droit particulier (Loi du 15 mai 1818).

325. — Les gardes particuliers sont placés sous la surveillance du ministère public. Ils sont, en effet, officiers de police judiciaire, quoique non auxiliaires du procureur de la République (art. 9, 16 et 20 du Code d'instruction criminelle); comme tels, ils sont justiciables, pour les délits commis dans l'exercice de leurs fonctions, de la première chambre de la Cour d'appel (art. 479 et 483 du même Code); Et, pour ce motif, ils ne peuvent être présentés au serment, dont la prestation les investit de la qualité d'agent de l'autorité publique, que par l'officier du ministère public, et non par leur maître représenté par un avoué. — Cour de cassation, 8 juillet 1836.

326. — Ils doivent être revêtus, dans l'exercice de leurs fonctions, d'une bandoulière avec plaque indiquant leur qualité (Arrêté ministériel du 2 mars 1866). — Art. 19 du cahier des charges de 1875.

327. — Ils sont, comme les gardes-pêche de l'État, autorisés à saisir le poisson pêché en délit et les

filets prohibés dont il est fait usage dans les eaux où la pêche est soumise à leur surveillance; ils peuvent, à cet effet, requérir directement la force publique. Cela résulte de ce que les art. 39 et 43, qui reconnaissent ces droits de saisie et de réquisition aux gardes-pêche de l'Etat, ont été déclarés, par l'art. 68 ci-après, applicables aux poursuites exercées au nom et dans l'intérêt des particuliers et des fermiers de la pêche. — La résistance avec voies de fait opposée à un garde particulier procédant régulièrement à un acte de ses fonctions, constitue le délit de rébellion. — Cour de Bourges, 11 avril 1833.

Art. 66.

(Semblable à l'art. 188, § 2, du Code forestier, modifié par la loi du 18 juin 1859.)

Les procès-verbaux dressés par ces gardes feront foi jusqu'à preuve contraire.

—

328. — *Procès-verbaux des gardes particuliers.* — Les gardes particuliers sont tenus, comme les gardes-pêche de l'Etat, d'écrire eux-mêmes leurs procès-verbaux et de les affirmer le lendemain de la clôture, conformément aux prescriptions de l'art. 41. — Ils doivent les faire enregistrer dans les quatre jours qui suivent celui de l'affirmation; mais l'enregistrement, dans ce cas, ne se fait pas *en débet*. En effet, les poursuites devant être exercées au nom des parties intéressées (V. l'art. 67), c'est à celles-ci, et non au Trésor public, à faire l'avance des frais, notamment du droit d'enregistrement du procès-verbal. C'est ce que l'art. 68 a exprimé clairement en déclarant l'art. 67 applicable aux poursuites exercées par les particuliers, seulement quant à la disposition du pa-

ragraphe 1er, et non quant à celle énoncée dans le second paragraphe, où il est parlé de l'enregistrement des procès-verbaux.

La remise des procès-verbaux dressés par les gardes des particuliers et des fermiers de la pêche est faite, sans délai, à l'agent local des ponts et chaussées (art. 19 du cahier des charges de 1875). — V. n° 257.

329. — *Force probante.* — Les procès-verbaux des gardes particuliers sont admis comme preuves à l'appui de la poursuite des délits de pêche, lorsqu'il s'agit des délits commis au préjudice des adjudicataires ou des propriétaires par qui ces gardes ont été établis. Mais ils ne font foi que jusqu'à preuve contraire; et, dès lors, il n'y a pas lieu, pour les combattre, de recourir à la procédure de l'inscription de faux. — V. n° 234.

Art. 67.

Les poursuites et actions seront exercées au nom et à la diligence des parties intéressées.

—

330. — *Parties intéressées.* — Lorsque le fait de pêche sans permission a été commis dans un cours d'eau navigable ou flottable avec trains, ce n'est pas seulement le fermier du cantonnement qui est intéressé à la répression du délit, c'est aussi l'administration par qui a été affermé le droit de pêche. Il importe beaucoup à celle-ci, en effet, de supprimer le braconnage des rivières, qui, venant s'ajouter à la pêche régulière, contribue au dépeuplement des cours d'eau, c'est-à-dire à l'extinction d'un produit dont l'État tire un revenu et dont il lui incombe d'assurer la conservation au profit de l'alimentation publique. — On a vu aussi, n° 189, que le ministère

public peut poursuivre, sans une plainte des propriétaires riverains, les délits de pêche commis dans les
cours d'eau non navigables ni flottables. Il peut, de
même, poursuivre, sans plainte préalable, le délit de
pêche commis dans des cours d'eau n'ayant pas le
caractère de réservoirs ou étangs particuliers, et, par
exemple, dans un amas d'eau formé dans l'ancien lit
d'une rivière qui, à certaines époques de l'année,
est mis en communication avec le lit nouveau de la
rivière, au moyen de vannes de décharge, pour écouler le trop plein provenant de ruisseaux qui vien-
nent s'y déverser. — Cour de Caen, 9 août 1871.

331. — Lorsque le fait de pêche sans permission a
été commis dans un cours d'eau non navigable ni
flottable, quelques difficultés s'élèvent sur la question
de savoir qui est véritablement intéressé à la répression, comme jouissant du droit de pêche sur le cours
d'eau. — V. n°s 12 et suiv.

332. — Le *propriétaire*, surtout s'il habite ou ex-
ploite lui-même l'héritage traversé ou bordé par le
cours d'eau, est incontestablement partie intéressée.

333. — Il en est de même de l'*usufruitier*, car la
pêche est comprise dans son droit de percevoir les
fruits du fonds soumis à sa jouissance. — Art. 582
du Code civil.

334. — Le *locataire du droit de pêche* a également-
ment, cela ne peut faire doute, qualité pour poursuivre le délit. Mais le simple permissionnaire ou
celui qui, qualifié de fermier de pêche, ne paye, en
réalité, aucun loyer et n'a qu'un bail apparent, n'a
pas qualité pour exercer des poursuites contre les
tiers. — Cour de Dijon, 12 février 1874.

335. — Il y a hésitation sur le point de savoir
si le *locataire ou fermier de la propriété* peut exercer des poursuites, comme jouissant personnellement
du droit de pêche, alors que le bail ne s'est pas expliqué à ce sujet.

336. — Le fermier, dans le cas même où le droit
de poursuivre les délits de pêche lui serait contesté,

n'en serait pas moins fondé à poursuivre le fait de
pêcheurs d'avoir endommagé ses récoltes, ou d'avoir
passé, sans sa permission, sur des terres préparées et
ensemencées dont l'exploitation lui a été affermée. —
Mais il agirait alors, non pas en vertu de la loi de
1829 sur la pêche, mais en vertu des dispositions du
droit commun qui protégent les cultures.

337. — L'administration chargée de la surveillance
et de la police de la pêche, est partie intéressée, quand
il s'agit de la poursuite de faits de pêche commis
dans des cours d'eau du domaine public par d'autres
que les fermiers de pêche et les porteurs de licence ;
et elle peut intenter son action dans le cas même
où ceux-ci ne se plaignent pas. — Mais elle n'a pas
qualité pour poursuivre les délits de pêche *sans permission* commis au préjudice des riverains de cours
d'eau non navigables, ni flottables. Cela a été jugé
ainsi dans une espèce où le propriétaire riverain
était une commune. — Cour de cass., 5 mars 1829.

Cette situation accuse une lacune importante dans
la législation de la pêche fluviale, car c'est surtout
dans les petits cours d'eau que le poisson a besoin
d'être protégé par une surveillance active. — V. n° 84.

338. — Quant au ministère public, il peut poursuivre d'office les faits de pêche commis sans permission, mais dans le seul intérêt de l'ordre public, et
sans pouvoir conclure à des réparations civiles au
profit du propriétaire ou fermier qui ne se plaint pas.

339. — *Poursuite des faits de pêche commis dans
les étangs particuliers.* — Ces faits de pêche ne peuvent donner lieu qu'à des poursuites pour vol de
poissons, s'ils ont été commis dans une intention frauduleuse et s'ils ont amené la capture de poissons
dans ces étangs (V. n°° 23 et 24), ou à des poursuites
en dommages-intérêts devant le tribunal civil, s'ils
ont été commis de bonne foi (art. 1382 du Code civil).

340. — La coutume d'Orléans formulait une règle
de bon voisinage, qui serait encore aujourd'hui utilement invoquée entre propriétaires d'étangs de pêche.

Elle disait, au titre VIII, dans son art. 177 : « Quand étangs sont assis en même ruisseau et cours d'eau, si l'un d'eux est prest à pescher, ne pourra celui de dessus lever la bonde du sien, pendant que celui de dessous est en pesche, laquelle il sera tenu de faire en toute diligence. » — Cette règle d'équité a été consacrée, sous l'empire du Code civil (art. 595), par un arrêt de la Cour de Paris, du 23 juillet 1814.

Art. 68.

Les dispositions contenues aux art. 38, 39, 40, 41, 42, 43, 44, 45, 46, 47, § 1ᵉʳ, 49, 52, 59, 62 et 64 de la présente loi, sont applicables aux poursuites exercées au nom et dans l'intérêt des particuliers et des fermiers de la pêche, pour les délits commis à leur préjudice.

---

311. — *Poursuite et jugement des délits de pêche dénoncés par les gardes particuliers.* — Les dispositions dont il s'agit ici ont été rappelées par le présent art. 68, savoir : les art. 38 à 43, pour la définition des droits et des devoirs des gardes en ce qui concerne la recherche des infractions, les saisies de filets prohibés et de poissons pêchés en délit (V. n° 327); les art. 44 à 47, pour l'indication des règles que les gardes doivent suivre dans la rédaction des procès-verbaux; enfin, les art. 49, 52, 59, 62 et 64, pour la détermination des formes des poursuites et du jugement.

312. — *Exceptions.* — Le prévenu pourra opposer à la poursuite non-seulement l'exception tirée d'un droit personnel de propriété (art. 59), mais aussi l'exception tirée du défaut de qualité de la partie civile. — V. l'article précédent.

313. — Quant à la circonstance que le poursuivant aurait, pendant plus ou moins longtemps, toléré les faits de pêche qui font l'objet des poursuites, elle ne peut fournir au prévenu, ni une exception, ni un moyen de justification. — Cour de cassation, 3 octobre 1828, 5 mars 1829; Cour de Rouen, 13 juin 1844. — V. n° 298.

314. — *Prescription*. — Le délai de la prescription est le même pour les délits constatés par les gardes des fermiers de la pêche et par ceux des propriétaires, que pour les délits constatés par les gardes-pêche de l'Etat. Cela résulte de ce que le présent art. 68 applique à la poursuite des premiers l'art. 62.

315. — Mais les délits de pêche commis par les gardes particuliers au préjudice de ceux qui les ont commissionnés, ne sont pas comme ceux commis par les gardes-pêche de l'Etat, exceptés de la courte prescription établie par le même art. 62. — L'art. 68, en effet, ne fait aucun renvoi à l'art. 63, relatif aux délits des gardes-pêche. En fait, les gardes particuliers sont ordinairement réputés autorisés à pêcher du poisson pour les besoins de leur famille, dans les eaux dont ils ont la surveillance.

TITRE SIXIÈME.

DES PEINES ET CONDAMNATIONS.

Art. 69.

(Semblable à l'art. 200 du Code forestier.)

Dans le cas de récidive, la peine sera toujours doublée.

Il y a récidive lorsque, dans les douze mois

précédents, il a été rendu contre le délinquant un premier jugement pour délit en matière de pêche.

—

316. — *Récidive.* — Pour la récidive comme pour le délit, les juges sont libres d'adopter soit le *minimum* ou le *maximum* de l'amende, soit un chiffre intermédiaire. C'est ce qui a été formellement déclaré lors de la discussion de l'article à la Chambre des députés.

317. — La peine de l'emprisonnement de dix jours à un mois peut être ajoutée par le juge au doublement de l'amende, lorsque l'infraction commise en état de récidive est l'une de celles que prévoient les art. 1 et 5, 1er alinéa, de la loi du 31 mai 1865, qu'on trouvera ci-après : c'est-à-dire lorsque cette infraction consiste, soit dans le fait d'avoir pêché dans une partie de fleuve, rivière, canal ou cours d'eau, réservée pour la reproduction du poisson, et dans laquelle la pêche a été absolument interdite pendant l'année entière, soit dans le fait d'avoir mis en vente, vendu, acheté, transporté, colporté, importé ou exporté des poissons de diverses espèces, pendant les époques où l'exercice du droit de pêche est suspendu (Loi précitée de 1865, art. 7). — Mais, pour toutes les infractions que prévoit la présente loi de 1829, la récidive n'entraîne que le doublement de l'amende prescrit par l'art. 69. — Cour de Paris, 5 juillet 1867.

318. — Il n'y a récidive, en cette matière, que si le jugement rendu contre le délinquant dans les douze mois précédents, concerne un délit de pêche (fluviale ou maritime).

319. — *Cumul des peines.* — La loi de 1829 ne s'est pas expliquée sur le point de savoir si, lorsque le prévenu est reconnu coupable de deux délits de pêche, le juge devra lui appliquer seulement la peine la plus forte, conformément au principe établi par l'art. 365 du Code d'instruction criminelle, ou s'il

devra prononcer deux peines distinctes. En général,
il est admis que cet art. 365 est inapplicable aux
infractions réprimées par les lois spéciales ; il a été
décidé qu'il est inapplicable, notamment, à celles
prévues par les lois sur la pêche, et qu'il y a lieu
d'appliquer une peine distincte à chaque délit de
pêche dont le prévenu est reconnu coupable. — Cour
de cassation, 20 juillet 1828 ; Cour de Nancy, 7 avril
1862.

Décidé même qu'il y a lieu, dans le cas de concours d'un délit de pêche avec un délit de droit commun, tel que celui d'outrage envers le garde rédacteur du procès-verbal, de prononcer deux peines
distinctes. — Cour de Chambéry, 5 janvier 1871.

330. — *Complicité.* — La jurisprudence a appliqué aux délits de chasse les dispositions qui répriment la complicité (Cour d'Amiens, 13 janvier
1853 ; et Cour de Lyon, 28 mars 1865), notamment
au fait d'avoir donné une aide pour le transport
d'une pièce de gibier en temps prohibé (Cour de cassation, 10 novembre 1864). — Il y a lieu, à notre
avis, de décider de même en matière de délits de
pêche (V. n° 113). La Cour de cassation a jugé, en
ce sens, dans une espèce où un fermier était poursuivi pour avoir conservé et exploité, depuis la mise
en vigueur de la loi du 15 avril 1829, un barrage
ayant un caractère prohibé, que le propriétaire avait
pu, sans violation des règles de la complicité, être
mis en cause et être atteint par la condamnation,
alors qu'en fait il tirait profit de l'établissement
du barrage, compris dans le bail comme élément de
location. — Cour de cassation, 11 décembre 1837.

331. — Mais, dans une autre espèce où un individu, en se baignant, prenait du poisson avec la
main, le juge a refusé de considérer comme complices d'autres individus placés dans le bateau où le
baigneur jetait le produit de sa pêche ; il n'y avait
pas là, en effet, un concours bien caractérisé au fait
poursuivi, car le stationnement du bateau à proxi-

mité du baigneur était nécessaire pour assurer des secours à celui-ci en cas de besoin. — Cour de Paris, 18 décembre 1857.

352. — Pêcher ensemble, mais chacun pour son compte, n'est pas, non plus que chasser ensemble, lorsqu'il s'agit d'une pêche ou d'une chasse interdite, commettre un délit de complicité avec d'autres. — Cour d'Orléans, 3 juin 1863.

Art. 70.

Les peines seront également doublées lorsque les délits auront été commis la nuit.

---

353. — *Délits de pêche commis la nuit.* — C'est surtout pour assurer la répression de ces délits que le concours de la gendarmerie a été réclamé par M. le ministre des travaux publics. Ainsi que M. le ministre de la guerre l'a fait observer, « les délits les plus nombreux et les plus dommageables se commettent la nuit dans les communes éloignées de la résidence des gardes-pêche. L'abstention de la gendarmerie aurait donc des conséquences très-regrettables ». (Circulaire du 21 mai 1863). — Lorsque la circonstance de nuit vient aggraver l'un des deux délits prévus par la loi du 31 mai 1865, dont il a été question dans les observations sur l'article précédent, le juge est autorisé, comme dans le cas de récidive, à ajouter à l'amende portée au double l'emprisonnement de dix jours à un mois.

354. — Et quand la circonstance de nuit se trouve en concours avec celle de la récidive, il faut tripler l'amende, conformément à la règle que le législateur lui-même a établie en matière de délits ruraux, et que l'art. 4 du titre II de la loi des 28 septembre-

6 octobre 1791, a formulée en ces termes : « Les amendes... seront doubles en cas de récidive dans l'espace d'une année, ou si le délit a été commis avant le lever ou après le coucher du soleil; elles seront triples quand les deux circonstances précédentes se trouveront réunies. » — Sur la pêche pendant la nuit, V. n°° 121 et suiv.

Art. 71.

(Identique à l'art. 202 du Code forestier.)

Dans tous les cas où il y aura lieu à adjuger des dommages-intérêts, ils ne pourront être inférieurs à l'amende simple prononcée par le jugement.

355. — *Dommages-intérêts.* — Pour qu'il y ait lieu d'accorder des dommages-intérêts au plaignant qui s'est porté partie civile, il faut qu'il soit justifié d'un préjudice. C'est là une règle générale (Cour de cassation, 10 avril 1866). — Si donc, celui qui a pêché sans permission dans des eaux où le droit de pêche appartient à un propriétaire riverain ou à un adjudicataire, n'a pris aucun poisson, il n'y a pas lieu, tout en lui appliquant la peine de l'amende, de le condamner à des dommages-intérêts. — Cour de Besançon, 27 mai 1841.

356. — Lorsque le juge n'alloue pas de dommages-intérêts à la partie plaignante, parce qu'il n'est pas justifié d'un préjudice, il doit nécessairement condamner le prévenu aux frais de l'instance envers cette partie. La poursuite est justifiée, en effet, dès qu'il y a délit, et que ce délit constitue une atteinte aux droits de celui qui a saisi la justice. — Cour de cassation, 15 novembre 1861.

Art. 72.

Dans tous les cas prévus par la présente loi, si le préjudice causé n'excède pas vingt-cinq francs, et si les circonstances paraissent atténuantes, les tribunaux sont autorisés à réduire l'emprisonnement même au-dessous de six jours et l'amende même au-dessous de seize francs : ils pourront aussi prononcer séparément l'une ou l'autre de ces peines, sans qu'en aucun cas elle puisse être au-dessous des peines de simple police.

—

357. — *Circonstances atténuantes.* — Bien que l'art. 72 ne mentionne que les cas prévus par la présente loi de 1829, nous croyons que le bénéfice des circonstances atténuantes peut être accordé même aux prévenus punis pour des délits prévus par la loi du 31 mai 1865. — V. cette loi, art. 11.

358. — *Minorité.* — L'art. 69 du Code pénal dispose que « dans tous les cas où le mineur de seize ans n'aura commis qu'un simple délit, la peine qui sera prononcée contre lui ne pourra s'élever au-dessus de la moitié de celle à laquelle il aurait pu être condamné s'il avait eu seize ans. » — Cette disposition a été appliquée à la répression des délits spéciaux, tels que les délits forestiers, comme à celle des délits de droit commun (Cour de cassation, 21 mars 1856). — Il y a donc lieu d'en tenir compte dans le cas de condamnation de mineurs de seize ans pour délits de pêche ; il va sans dire, qu'outre le bénéfice de cet art. 69 du Code pénal, le juge peut accorder au prévenu, mineur de seize ans, celui du présent art. 72, s'il existe d'autres circonstances atténuantes. Le mineur de seize ans n'est pas soumis à la contrainte par corps.

359. — *Défaut de discernement.* — L'art. 66 du Code pénal permet, dans ce cas, d'acquitter le prévenu, s'il a moins de seize ans; et la dernière jurisprudence admet que cette disposition s'applique même aux délits prévus par les lois spéciales, tels que les délits forestiers ou les délits de chasse. Cette décision doit être suivie en matière de pêche.

360. — Mais le coupable n'en doit pas moins être condamné aux restitutions, dommages-intérêts et frais; et la personne qui répond des actes du mineur doit être comprise dans la condamnation comme civilement responsable. — La circonstance qu'elle n'aurait pas participé au délit, ne saurait l'exonérer de cette responsabilité; cette règle a été appliquée en matière de délits de pêche. — Cour de cassation, 2 juillet 1813.

Art. 73.

(En partie semblable à l'art. 201 du Code forestier.)

Les restitutions et dommages-intérêts appartiennent aux fermiers, porteurs de licences et propriétaires riverains, si le délit est commis à leur préjudice; mais, lorsque le délit a été commis par eux-mêmes au détriment de l'intérêt général, ces dommages-intérêts appartiennent à l'Etat.

Appartiennent également à l'Etat toutes les amendes et confiscations.

---

361. — *Attribution des dommages-intérêts et restitutions.* — Pour que le juge puisse condamner le délinquant à des restitutions et à des dommages-intérêts envers le propriétaire ou le fermier de pêche auquel le délit a porté préjudice, il faut que celui-ci soit intervenu à l'instance comme partie civile. (Cour de Nancy, 29 janvier 1810). — Le garde particulier ne pourrait, au nom de son maître, à moins qu'il ne justifiât d'un mandat spécial, toucher les indemnités allouées par le Tribunal et en donner quittance aux délinquants. — Cour de cassation, 10 mai 1865,

≈ 362. — Les délits de pêche ne sont pas les seuls qui puissent motiver contre les adjudicataires des cantonnements de pêche, une condamnation à des dommages-intérêts au profit de l'Etat. L'art. 23 du cahier des charges de 1875 réserve le droit, pour l'administration des ponts et chaussées, de poursuivre la réparation avec dommages-intérêts « des dégradations faites par les adjudicataires.... aux terrassements et ouvrages d'art de toute nature ».

363. — *Amendes et confiscations.* — Il est presque superflu de faire remarquer que le prix du poisson saisi et vendu conformément aux prescriptions de l'art. 42, n'est pas compris dans les confiscations que la présente disposition déclare appartenir à l'Etat. La loi le range parmi les *restitutions.*

Art. 74.

(En partie semblable à l'art. 206 du Code forestier.)

Les maris, pères, mères, tuteurs, fermiers et porteurs de licences, ainsi que tous propriétaires, maîtres et commettants, seront civilement responsables des délits en matière de pêche commis par leurs femmes, enfants mineurs, pupilles, bateliers et compagnons, et tous autres subordonnés, sauf tout recours de droit.

Cette responsabilité sera réglée conformément à l'art. 1384 du Code civil.

—

364. — *De la responsabilité en général.* — En principe, la responsabilité à laquelle sont assujetties les personnes désignées dans le présent art. 74, est exclusivement *civile*. Cependant elle pourrait être pénale dans le cas du délit prévu par l'art. 25 de la loi de 1829; il pourrait y avoir lieu, en effet, de condamner à une peine le directeur d'une usine pour un fait de déversement de résidus industriels dans une rivière, qui aurait eu pour conséquence prévue la destruction du poisson, encore bien que ce fait serait imputable au contre-maître ou à tout autre préposé, si les règlements imposaient au directeur de l'usine l'obligation de prendre les précautions nécessaires (V. n° 109). — Mais cette responsabilité ne devrait pas dispenser les juges de condamner, s'il était poursuivi, l'auteur même du fait. — Cour de cassation, 27 janvier 1859.

Le présent art. 74 porte « la responsabilité sera réglée conformément à l'art. 1384 du Code civil ». — Le juge devra donc avoir égard au moyen tiré de la force majeure, c'est-à-dire à la preuve faite par les personnes que la loi déclare responsables, que « elles n'ont pu empêcher le fait qui donne lieu à cette responsabilité ». — Mais le moyen tiré du défaut de participation au fait poursuivi est sans valeur.

365. — *Responsabilité du mari.* — L'art. 1384 du Code civil, auquel renvoie l'art. 74, ne dispose pas que le mari est civilement responsable des délits de sa femme. Cette responsabilité n'a été établie par le législateur que dans quelques matières spéciales, par exemple en matière de délits ruraux (art. 7 du titre II du Code rural de 1791), et en matière de délits forestiers (art. 206 du Code forestier); la loi de 1829 s'est conformée à ces précédents.

Dans le cas de séparation de corps, le mari serait

fondé, croyons-nous, à décliner toute responsabilité à l'égard des délits de pêche commis par sa femme.

366. — *Responsabilité des père, mère, tuteur.* — L'art. 206 du Code forestier, qui édicte la même responsabilité pour les délits forestiers commis par les mineurs, y met deux conditions, qui semblent devoir être observées également en matière de pêche fluviale : celle de l'habitation du mineur chez ses parents, formellement exigée d'ailleurs par l'art. 1384 du Code civil, et celle que le mineur ne soit pas marié.

Les désignations du présent art. 74 sont limitatives comme celles de l'art. 1384 du Code civil. L'*oncle* et la *tante* ne devraient donc pas être déclarés responsables, sous prétexte d'assimilation avec les père, mère et tuteur, des délits commis, en matière de pêche fluviale, par des neveux ou nièces mineurs même habitant avec eux. C'est ce qui a été jugé, pour l'application de l'art. 1384 précité, relativement à la responsabilité des contraventions de simple police. — Cour de cassation, 21 mai 1855.

367. — *Responsabilité du maître ou commettant.* — L'art. 1384 du Code civil limite cette responsabilité au dommage que les domestiques ou préposés ont causé dans les fonctions auxquelles les maîtres et commettants les ont employés. — Il a été décidé que l'exploitant d'un moulin est civilement responsable du délit de pêche commis par son domestique dans le canal d'amener de ce moulin, encore bien que celui-ci aurait agi sans autorisation. — Cour de Nancy, 17 janvier 1844.

Bien qu'ils ne soient pas formellement désignés dans l'art. 74, nous pensons que les *instituteurs* et *artisans* répondent, en vertu de la disposition générale de l'art. 1384 du Code civil, des délits de pêche commis « par leurs élèves et apprentis, pendant le temps qu'ils sont sous leur surveillance ». — En se servant de l'expression « *tous* maîtres », l'art. 74 semble avoir voulu désigner toutes personnes exerçant une autorité à un autre titre que père, mère ou tuteur. Dans une espéce, un patron a été condamné à des dommages-intérêts comme responsable d'un délit de pêche commis par son apprenti en dehors de ses heures de travail (Tribunal de paix de Bayon, 19 juillet 1864).

368. — *Responsabilité des fermiers de cantonnements de pêche.* — Elle s'applique aux faits des bateliers, compagnons et autres subordonnés. Le cahier des charges de 1875 dispose, en outre, dans son art. 10, que l'adjudicataire « demeure solidairement responsable de toutes les infractions au cahier des charges ou à la police de la pêche qui pourraient être commises par ses agents et *cessionnaires*, à moins que le cessionnaire n'ait été agréé par le préfet ».

⁎

TITRE VII.

DE L'EXÉCUTION DES JUGEMENTS.

SECTION 1re. — *De l'exécution des jugements rendus à la requête de l'administration ou du ministère public.*

Art. 75.

(Semblable à l'art. 209 du Code forestier.)

Les jugements rendus à la requête de l'administration chargée de la police de la pêche ou sur la poursuite du ministère public, seront signifiés par simple extrait, qui contiendra le nom des parties et le dispositif du jugement.

Cette signification fera courir les délais de l'opposition et de l'appel des jugements par défaut.

—

369. — *Signification du jugement.* — La loi se borne à exiger la signification par extrait en vue de diminuer les frais mis à la charge du délinquant, qui souvent aura été poussé par son état de gêne à se procurer une ressource au moyen d'une pêche en délit. — « Dans le dispositif de tout jugement de condamnation, dit l'art. 195 du Code d'instruction criminelle, seront énoncés les faits dont les personnes citées seront jugées coupables ou responsables, la peine et les condamnations civiles ».

—

Art. 76.

(Semblable à l'art. 210, §§ 1er et 2, du Code forestier, modifié par la loi du 18 juin 1859).

Le recouvrement de toutes les amendes pour délits de pêche est confié aux receveurs de l'enregistrement et des domaines. Ces receveurs sont également chargés du recouvrement des restitutions, frais et dommages-intérêts résultant des jugements rendus en matière de pêche.

—

370. — *Recouvrement des amendes, restitutions, frais et dommages-intérêts.* — On a vu, dans les observations sur l'art. 39, comment les receveurs de l'enregistrement sont remboursés des frais de transport des engins saisis. Les taxes à témoins, en matière de délits de pêche, sont également payées à titre d'avance par les receveurs de l'administration de

l'enregistrement, et le remboursement s'en fait de la
même manière (Circulaire du ministre des travaux
publics, du 23 juillet 1863). — Pour la facilité des
opérations, le greffier inscrit au bas de la taxe de
chaque témoin le nom de l'ingénieur et l'indication
du service dans lequel le procès-verbal a été dressé.
— Circulaire du ministre de la justice du 16 janvier
1863.

371. — *Recours en grâce.* — Il suspend les poursuites et fait obstacle au recouvrement de l'amende,
jusqu'à la décision à intervenir (Instruction de l'administration de l'enregistrement, du 23 novembre
1866. Mais il ne peut être admis, si l'amende a été
payée (Circulaire du ministre des travaux publics,
du 15 avril 1861).

Le préfet, en transmettant le recours, doit l'accompagner d'une déclaration du receveur ou directeur
des domaines faisant connaître si le délinquant s'est
ou non libéré, et de l'indication séparée de l'amende
et du montant des frais. — Même circulaire de 1861.

372. — Les décrets de remise ou de modération
d'amendes sont préparés par les soins du ministre de
la justice et des grâces ; mais les dossiers sont com-
muniqués au ministre des travaux publics, pour que
l'administration chargée spécialement de la surveillance et de la police de la pêche soit consultée sur
l'opportunité des mesures gracieuses sollicitées. —
Circulaire du ministre des travaux publics, du 15 janvier 1867.

373. — Quand la demande de remise ou de modération d'amende est adressée au ministre des travaux
publics, ce ministre, avant de la transmettre à son
collègue du département de la justice, prend sur la
pétition l'avis du préfet et celui de l'ingénieur chargé
du service de la pêche fluviale. — Même circulaire.

Art. 77.

(Identique à l'art. 211 du Code forestier).

Les jugements portant condamnation à des amendes, restitutions, dommages-intérêts et frais, sont exécutoires par la voie de la contrainte par corps, et l'exécution pourra en être poursuivie cinq jours après un simple commandement fait aux condamnés.

En conséquence, et sur la demande du receveur de l'enregistrement et des domaines, le procureur du roi adressera les réquisitions nécessaires aux agents de la force publique chargés de l'exécution des mandements de justice.

—

371. — *Emploi de la contrainte par corps.* — On sait que, dans le dernier état de la législation, la contrainte par corps a été supprimée en matière commerciale, civile et contre les étrangers ; mais elle a été maintenue en matière criminelle, correctionnelle et de police.

375. — Au surplus, le législateur a jugé utile de s'exprimer sur le maintien de l'emploi de la contrainte par corps pour l'exécution des jugements rendus contre les auteurs de délits de pêche :

Art. 18 de la loi du 22 juillet 1867, sur la contrainte par corps : — «... Le titre XIII du Code forestier et le titre VII de la loi sur la pêche fluviale sont maintenus et continuent d'être exécutés *en ce qui n'est pas contraire à la présente loi...* »

La loi à laquelle appartient la disposition qu'on vient de lire, a été déclarée applicable à l'Algérie. — Décret du 27 juillet 1867.

376. — Les modifications que son application doit faire subir aux dispositions du titre VII de la pré-

sente loi de 1829, seront indiquées dans la suite de nos explications.

377. — *Condamné mineur.* — A son égard, le législateur a fait une distinction dans la disposition suivante :

Art. 13 de la loi du 22 juillet 1867 : — « Les tribunaux ne peuvent prononcer la contrainte par corps contre les individus âgés de moins de seize ans accomplis à l'époque des faits qui ont motivé la poursuite. »

378. — *Condamné père de famille.* — Une disposition exceptionnelle a été introduite en sa faveur dans la loi nouvelle :

Art. 17 de la loi du 22 juillet 1867 : — Les tribunaux peuvent, dans l'intérêt des enfants mineurs du débiteur et par le jugement de condamnation, surseoir, pendant une année au plus, à l'exécution de la contrainte par corps. »

Art. 78.

(Identique à l'art. 212 du Code forestier.)

Les individus contre lesquels la contrainte par corps aura été prononcée pour raison des amendes et autres condamnations et réparations pécuniaires, subiront l'effet de cette contrainte jusqu'à ce qu'ils aient payé le montant desdites condamnations, ou fourni une caution admise par le receveur des domaines, ou, en cas de contestation de sa part, déclarée bonne et valable par le tribunal de l'arrondissement.

----

379. — *Durée de la contrainte par corps.* — Le présent art. 78, dans la partie de son texte qui n'as-

signe d'autre terme à la durée de la contrainte par
corps que le payement du montant des condamnations, a été remplacé par la disposition que voici :

Art. 18 de la loi du 22 juillet 1867 : — «... En
matière forestière et de pêche fluviale, lorsque le débiteur ne fait pas les justifications de l'art. 420 du
Code d'instruction criminelle, la durée de la contrainte par corps est fixée par le jugement dans les
limites de huit jours à six mois ».

380. — **La détention** qui a été subie par le condamné, en exécution de la contrainte par corps, tient
lieu du paiement de l'amende qu'il n'a pu acquitter,
et il ne doit plus ultérieurement être poursuivi pour
cet objet, quand même son insolvabilité viendrait à
cesser. — Décision du ministre des finances, du 2 novembre 1829.

381. — *Condamné offrant une caution.* — Dans
la partie de son texte relative à la mise en liberté
sur la présentation d'une caution, l'art. 78 se trouve
maintenu, et est ainsi complété :

Art. 11 de la loi du 22 juillet 1867 : — «... La
caution doit s'exécuter dans le mois, à peine de poursuite. »

Des termes du présent art. 78 il résulte que l'admission, par le receveur des domaines, de la caution
offerte par le condamné, équivaut au paiement du
montant des condamnations pécuniaires. Les auteurs
admettent, en effet, en matière forestière (où la loi
s'explique en mêmes termes), que si la caution ne
paie pas à l'époque fixée, le receveur ne peut reprendre l'exercice de la contrainte par corps contre le
condamné.

Art. 79.

(Identique à l'art. 213 du Code forestier.)

**Néanmoins les condamnés qui justifieront de
leur insolvabilité suivant le mode prescrit par**

l'art. 420 du Code d'instruction criminelle, seront mis en liberté, après avoir subi quinze jours de détention, lorsque l'amende et les autres condamnations pécuniaires n'excéderont pas quinze francs.

La détention ne cessera qu'au bout d'un mois lorsque les condamnations s'élèveront ensemble de quinze à cinquante francs.

Elle ne durera que deux mois, quelle que soit la quotité desdites condamnations.

En cas de récidive, la durée de la détention sera double de ce qu'elle eût été sans cette circonstance.

—

382. — *Condamné insolvable.* — Les trois premiers alinéas du présent art. 79 doivent se combiner avec la disposition suivante :

Art. 10 de la loi du 22 juillet 1867 : — « Les condamnés qui justifient de leur insolvabilité, suivant l'art. 420 du Code d'instruction criminelle, sont mis en liberté après avoir subi la contrainte pendant la moitié de la durée fixée par le jugement. »

383. — L'art. 420 du Code d'instruction criminelle exige, pour la justification de l'état d'insolvabilité, que le condamné produise : « 1° un extrait du rôle des contributions constatant qu'il paie moins de six francs, ou un certificat du percepteur de sa commune portant qu'il n'est point imposé ; 2° un certificat d'indigence à lui délivré par le maire de la commune de son domicile ou par l'adjoint, visé par le sous-préfet et *approuvé* par le préfet de son département ».

— Dans la pratique, il est assez rare que le condamné arrive à justifier de son état d'indigence d'après le mode prescrit. Or, il importe de savoir que la jurisprudence de la Cour de cassation n'admet pas d'équivalents en cette matière.

384. — *Condamné sexagénaire.* — Une disposition toute d'humanité a été insérée à son égard dans la loi nouvelle sur la contrainte par corps :

Art. 14 de la loi du 22 juillet 1867 : — « Si le débiteur a commencé sa soixantième année, la contrainte par corps est réduite à la moitié de la durée fixée par le jugement sans préjudice des dispositions de l'art. 10 ».

L'article auquel il est renvoyé est celui transcrit n° 382, qui prévoit le cas d'insolvabilité.

385. — *Condamné récidiriste.* — Le dernier alinéa de l'art. 79, qui aggrave pour le cas de récidive la durée de la contrainte par corps, conformément à ce que l'art. 69 décide au sujet de la peine, n'a rien d'inconciliable avec les dispositions de la loi du 22 juillet 1867, et, par conséquent, est toujours en vigueur.

Art. 80.

(Identique à l'art. 214 du Code forestier.)

Dans tous les cas, la détention employée comme moyen de contrainte est indépendante de la peine d'emprisonnement prononcée contre les condamnés pour tous les cas où la loi l'inflige.

---

386. — *Détenu recommandé.* — Le condamné pour délit de pêche, qui, subissant la peine de l'emprisonnement, se trouve soumis à une détention pour dette, indépendante de cette peine, à raison du recouvrement des amendes, restitutions et dommages-intérêts prononcés contre lui au profit de l'État, peut, s'il n'a pas exécuté ces condamnations pécuniaires avant l'accomplissement du temps d'emprisonnement, être *recommandé* par le procureur de la République.

à la requête de l'administration des domaines, pour être retenu à l'expiration de sa peine pendant le temps de contrainte fixé par le jugement.

Sur ce sujet est intervenu la disposition qui suit:

Art. 3 de la loi du 22 juillet 1867 : — «.,. Si le débiteur est détenu, la recommandation peut être ordonnée immédiatement après la notification du commandement ».

SECTION 2. — *De l'exécution des jugements rendus dans l'intérêt des fermiers de la pêche et des particuliers.*

Art. 81.

(Semblable à l'art. 215, §§ 1 et 2, du Code forestier, modifié par la loi du 18 juin 1859.)

Les jugements contenant des condamnations en faveur des fermiers de la pêche, des porteurs de licences et des particuliers, pour réparation des délits commis à leur préjudice, seront, à leur diligence, signifiés et exécutés suivant les mêmes formes et voies de contrainte que les jugements rendus à la requête de l'administration chargée de la surveillance de la pêche.

Le recouvrement des amendes prononcées par les mêmes jugements sera opérée par les receveurs de l'enregistrement et des domaines.

---

387. — *Condamnations rendues au profit des particuliers.* — Elles sont exécutées *à la diligence* et aux frais de ceux-ci. Cette disposition est la suite rationnelle de celle de l'article 67, portant que « les poursuites et actions seront exercées au nom et à la diligence des parties intéressées ».

388. — *Contrainte par corps à la requête des particuliers.* — Sur ce sujet, les dispositions de l'art. 81 sont maintenues; elles sont complétées par les dispositions qu'on va lire :

Loi du 22 juillet 1867, art. 6 : « Lorsque la contrainte a lieu à la requête et dans l'intérêt des particuliers, ils sont obligés de pourvoir aux aliments des détenus; faute de provision, le condamné est mis en liberté. La consignation d'aliments doit être effectuée d'avance pour trente jours au moins; elle ne vaut que pour des périodes entières de trente jours. Elle est, pour chaque période, de 45 fr., à Paris, de 40 fr. dans les villes de cent mille âmes, et de 35 fr. dans les autres villes ».

Art. 7. « Lorsqu'il y a lieu à élargissement faute de consignation d'aliments, il suffit que la requête présentée au président du tribunal civil soit signée par le débiteur détenu et par le gardien de la maison d'arrêt pour dettes, ou même certifiée véritable par le gardien si le détenu ne sait pas signer. Cette requête est présentée en *duplicata :* l'ordonnance du président, aussi rendue par *duplicata,* est exécutée sur l'une des minutes, qui reste entre les mains du gardien; l'autre minute est déposée au greffe du tribunal et enregistrée *gratis* ».

Art. 8. « Le débiteur élargi faute de consignation d'aliments ne peut plus être incarcéré pour la même dette ».

389. — En disposant que « les jugements contenant des condamnations en faveur des particuliers.. seront exécutés suivant les *mêmes formes et voies de contrainte* que les jugements rendus à la requête de l'administration », le présent art. 81 a-t-il entendu décider, en ce qui touche l'exercice de la contrainte par corps, que l'arrestation du débiteur pourra être confiée à la gendarmerie, comme lorsqu'il s'agit du recouvrement des amendes et des dommages-intérêts dus à l'administration? — La Cour de cassation a résolu cette question affirmativement, à propos de l'interprétation de l'art. 38 de la loi du 17 avril 1823, sur la contrainte par corps, qui énonce le même principe que notre art. 81. Il lui a paru que la loi avait entendu donner mission aux mêmes agents de faire exécuter les jugements rendus par les tribunaux correctionnels au profit des particuliers ou au profit de l'Etat. — Cour de cassation, 5 août 1816.

390. — Ainsi, le propriétaire ou fermier de la pêche qui poursuit l'exécution d'un jugement rendu à son profit, peut adresser requête au procureur de la République pour en obtenir un ordre aux agents de la force publique de mettre le jugement à exécution en ce qui concerne l'exercice de la contrainte par corps (même arrêt). — A notre avis, le procureur de la République, après avoir constaté que les formes légales ont été observées, ne pourrait refuser de faire droit à la requête, et d'user, au profit du particulier lésé, de son droit de requérir la coopération de la force publique, car la loi s'exprime en termes impératifs.

391. — *Recouvrement des amendes.* — Aux termes des art. 73 et 76, *toutes* les amendes appartiennent à l'Etat et doivent, par suite, être recouvrées par les receveurs de l'enregistrement et des domaines. Le législateur a cru utile de le rappeler pour ce qui concerne les amendes prononcées par les jugements rendus sur la poursuite des particuliers.

Art. 82.

(Semblable à l'art. 217 du Code forestier.)

La mise en liberté des condamnés détenus par voie de contrainte par corps à la requête et dans l'intérêt des particuliers, ne pourra être accordée, en vertu des art. 78 et 79, qu'autant que la validité des cautions ou la solvabilité des condamnés aura été, en cas de contestation de la part desdits propriétaires, jugée contradictoirement entre eux.

—

392. — *Acceptation d'une caution.* — La règle qui fait l'objet du présent art. 82 est toujours en vigueur; elle se trouve reproduite dans l'art. 11 de la loi du 22 juillet 1867 sur la contrainte par corps, qui dit à cet égard : « La caution est admise pour l'État par le receveur des domaines; pour les particuliers, par la partie intéressée ». — Cette règle s'explique d'elle-même : la partie à laquelle appartient l'exercice du droit de contrainte, est le contradicteur naturel du condamné, lorsque celui-ci offre des sûretés pour la cessation de l'incarcération.

C'est au tribunal *civil* qu'il appartient, en cas de contestation, de vérifier si la caution offerte est bonne et valable. — Art. 11 de la loi du 22 juillet 1867.

TITRE HUITIÈME.

DISPOSITIONS GÉNÉRALES.

Art. 83.

Sont et demeurent abrogés toutes lois, ordonnances, édits et déclarations, arrêts du conseil, arrêtés et décrets, et tous règlements intervenus, à quelque époque que ce soit, sur les matières réglées par la présente loi, en tout ce qui concerne la pêche.

10.

Mais les droits acquis antérieurement à la présente loi seront jugés, en cas de contestation, d'après les lois existant avant sa promulgation.

—

393. — *Abrogation des lois antérieures.* — Cette disposition ne donne lieu à aucune difficulté. La déclaration qui termine le présent article avait son importance au moment de la discussion et de la promulgation de la loi. Le principe qu'elle rappelle, a été appliqué, notamment, aux droits de pêche reconnus par des décisions antérieures passées en force de chose jugée.

DISPOSITIONS TRANSITOIRES.

Art. 84.

Les prohibitions portées par les art. 6, 8 et 10, et la prohibition de pêcher à autres heures que depuis le lever du soleil jusqu'à son coucher, portée par l'art. 5 du titre xxxi de l'ordonnance de 1669, continueront à être exécutées jusqu'à la promulgation des ordonnances royales qui, aux termes de l'art. 26 de la présente loi, détermineront les temps où la pêche sera interdite dans les cours d'eau, ainsi que les filets et instruments de pêche dont l'usage sera prohibé.

Toutefois les contraventions aux articles ci-dessus énoncés de l'ordonnance de 1669 seront punies conformément aux dispositions de la présente loi, ainsi que tous les délits qui y sont prévus, à dater de sa publication.

—

395. — *Dispositions transitoires.* — Le présent art. 81 n'offre plus actuellement aucun intérêt. La pêche de nuit, en temps de frai et avec engins prohibés, qui fait l'objet des art. 5, 6, 8 et 10 du titre xxxi de l'ordonnance de 1669, est aujourd'hui réglementée complètement par le décret du 10 août 1875, qui a succédé à l'ordonnance royale du 15 novembre 1830 et au réglement général du 25 janvier 1868; les dispositions provisoirement exceptées de l'abrogation mentionnée dans l'art. 83, ont donc par suite cessé d'être en vigueur.

DÉCRET DU 29 AVRIL 1862

RELATIF A LA SURVEILLANCE DE LA PÊCHE.

Art. 1er.

La surveillance, la police et l'exploitation de la pêche dans les fleuves, rivières et canaux navigables et flottables, non compris dans les limites de la pêche maritime, ainsi que la surveillance et la police dans les canaux, rivières, ruisseaux et cours d'eau quelconques, non navigables ni flottables, sont placés dans les attributions de notre ministre secrétaire d'Etat de l'agriculture, du commerce et des travaux publics et confiés à l'administration des ponts et chaussées.

—

393. — *Surveillance de la pêche par l'administration des ponts et chaussées.* — En transférant le service de la surveillance de la pêche de l'administration des forêts (ministère des finances) à celle des ponts et chaussées (ministère des travaux publics), le décret du 29 avril 1862 a eu en vue d'établir, dans l'intérêt public, l'unité de direction dans les services qui se rattachent au régime des eaux. — L'administration des ponts et chaussées était déjà chargée de la surveillance et de la mise en ferme de la pêche dans les canaux (Décret du 23 décembre 1810, art. 1er); cette attribution comprenait la mise en ferme de la pêche dans les rivières canalisées et

dans toutes celles qui ont été rendues navigables au moyen d'ouvrages d'art (Circulaire du ministre des travaux publics, du 31 mars 1841). De plus, la police, le curage et l'amélioration des cours d'eau non navigables ni flottables, se trouvaient également placés dans le département de l'agriculture, du commerce et des travaux, comme le service de la conservation des voies navigables (Décret du 8 mai 1861). — Il était d'une sage administration de réunir dans les mêmes mains le service de la navigation et celui de la surveillance de la pêche.

396. — Les conséquences du changement créé par le présent décret du 29 avril 1862, sont celles-ci :

Les agents des ponts et chaussées ne se trouvent pas substitués aux agents forestiers pour les droits conférés et les incapacités établies par la loi du 15 avril 1829. — Ils n'ont donc pas, comme les agents forestiers, qualité pour constater les délits de pêche par des procès-verbaux affranchis de la formalité de l'affirmation (art. 45); et ils ne sont incapables de se rendre adjudicataires des cantonnements de pêche que lorsqu'ils concourent à des adjudications (art. 15). — Mais l'administration des ponts et chaussées, investie du droit de commissionner les gardes-pêche, peut habiliter à verbaliser, en manière de pêche, tous ceux des préposés inférieurs du service de la navigation, qu'elle juge utile de charger de la surveillance de la pêche ; et il lui appartient d'interdire, par mesure d'ordre, à ceux de ses agents que n'atteignent pas les incapacités édictées par la loi de 1829, de prendre part aux adjudications des cantonnements de pêche.

Quant aux agents forestiers, s'ils sont toujours aptes à verbaliser en matière de pêche, ils ne doivent user de ce pouvoir que dans les limites tracées par les instructions de l'administration dont ils dépendent.

397. — D'après une instruction, « la surveillance de la pêche dans les cours d'eau non navigables ni

flottables, traversant les forêts domaniales, est laissée aux soins de l'administration des forêts, et les
gardes préposés à cette surveillance sont considérés
comme gardes particuliers » (Circulaire du ministre
des travaux publics, du 5 mars 1866). Cette observation s'applique, à plus forte raison, à la dénonciation des faits de pêche commis au préjudice de l'Etat
dans les étangs dépendant du domaine forestier,
puisque ce sont des délits de droit commun. — V. n°s 6,
23 et 339.

DÉCRET DU 25 MARS 1863

RELATIF AU RECOUVREMENT DES FERMAGES DE LA PÊCHE.

Art. 1er.

A partir du 1er juillet 1863, les fermages de la pêche et de la chasse sur les cours d'eau, les produits de la récolte des francs-bords et les redevances pour prises d'eau et permissions d'usine, seront recouvrés par l'administration des contributions indirectes dans les fleuves et rivières navigables et flottables comme dans les canaux et rivières canalisées (a).

—

398. — *Recouvrement des fermages de la pêche.* — Le présent décret du 25 mars 1863 fait pour la perception des fermages de la pêche ce que le décret précédent a fait pour la police et la surveillance de la pêche. Il confie à la même administration des attributions qui étaient précédemment partagées.

(a) L'art. 2 de la loi est sans intérêt.

LOI DU 31 MAI 1865

RELATIVE A LA PÊCHE.

Art. 1ᵉʳ.

Des décrets rendus en conseil d'Etat, après avis des conseils généraux de département, détermineront :

1° Les parties des fleuves, rivières, canaux et cours d'eau réservées pour la reproduction, et dans lesquelles la pêche des diverses espèces de poissons sera absolument interdite pendant l'année entière ;

2° Les parties des fleuves, rivières, canaux et cours d'eau dans les barrages desquelles il pourra être établi, après enquête, un passage appelé *échelle*, destiné à assurer la libre circulation du poisson.

—

399. — *Réserves pour la reproduction du poisson.* — Les dispositions à prendre sur ce sujet ont en vue toutes les espèces de poissons. « Il était indispensable qu'une disposition législative donnât à l'administration les moyens de protéger les parties de rivières où le poisson pourra être attiré par l'amélioration des frayères naturelles, ou même par l'organisation de frayères artificielles ». — Circulaire du ministre des travaux publics, du 12 août 1865.

Un décret en date du 12 janvier 1875, qui remplace ceux rendus sur la matière, en 1868 et 1869, en vertu de la première disposition du présent article, a déterminé les parties des fleuves, rivières et canaux, seules réservées pour la reproduction du poisson. Toute réserve non comprise dans le tableau annexé à ce décret, se trouve supprimée, et l'exercice de la pêche peut y être mis en adjudication.

460. — L'interdiction absolue de la pêche *des diverses espèces de poissons*, que le présent article permet d'édicter, comprend même la pêche à la ligne flottante tenue à la main (V. plus bas, n° 418). — S'applique-t-elle à l'écrevisse? Oui, d'après le rapport de la commission du Corps législatif : « MM. les commissaires du gouvernement, y est-il dit, ont répondu sur cette question, que, bien que l'écrevisse soit un crustacé, ils pensent que l'esprit de la loi de 1829 a été de la comprendre au nombre des habitants des eaux dont la pêche peut être réglementée; et comme il a été bien entendu que la reproduction de cette espèce serait, à l'avenir, protégée comme celle du poisson, nous avons renoncé à insérer dans la loi un paragraphe spécial ». La même observation a été reproduite dans la discussion qui a précédé le vote de l'article (*Moniteur* du 16 mai 1865, p. 601). — V., plus loin, l'art. 1er, n° 2, du règlement général du 10 août 1875.

461. — Les réserves peuvent être établies même dans les cours d'eau non navigables ni flottables, dans lesquels la pêche appartient aux propriétaires riverains; seulement la loi a réservé à ceux-ci, dans son art. 3, le droit de réclamer une indemnité. — « Les propriétaires riverains conservent, d'ailleurs, une latitude entière pour l'établissement, soit à leurs frais, soit par l'intermédiaire des syndicats constitués par application de la loi du 21 juin 1865, de réserves intéressant la reproduction de toutes espèces de poissons. » — Circulaire du ministre des travaux publics, du 26 juillet 1866.

Mais le gouvernement ne peut établir des réserves pour la reproduction du poisson dans des amas d'eau ayant le caractère d'étangs ou réservoirs particuliers dans le sens de l'art. 30 de la loi du 15 avril

1820 (V. n°s 118 et suiv.). Comme il excéderait ses pouvoirs en interdisant au propriétaire d'y pêcher, celui-ci serait en droit, si l'interdiction était portée, de demander l'annulation du décret, et de réclamer une indemnité pour réparation du préjudice causé, non pas devant le Conseil de préfecture comme dans le cas prévu par l'art. 3 ci-après, mais devant les tribunaux ordinaires. — Conseil d'Etat, 29 novembre 1872.

402. — *Echelles à poissons.* — « En même temps que l'on protégeait les lits de fécondation, il était essentiel, a dit le ministre des travaux publics, de faciliter les migrations périodiques des poissons voyageurs. On sait, en effet, que plusieurs espèces prennent naissance dans les eaux douces, vont se développer et grandir dans les eaux salées, et remontent vers leur berceau pour accomplir les lois de la reproduction. Or, les barrages existants dans les rivières forment un obstacle souvent impraticable à la descente comme à la remonte de ces espèces. Les dispositions de la loi permettront à l'administration d'établir dans ces barrages un passage ou *échelle* que le poisson puisse facilement franchir. » — Circulaire du 12 août 1865.

403. — Le rapport de la commission du Corps législatif donne sur l'utilité de l'établissement des échelles le renseignement suivant : « Un savant que ses intéressants et utiles travaux ont fait connaître, M. Coste, a exposé, dans un rapport en date du 21 septembre 1859, comment on peut, sans diminuer la puissance des forces hydrauliques créées par les barrages, organiser ces derniers de manière à permettre aux poissons de les franchir. Ce moyen, bien simple, consiste à disposer à l'une des extrémités de chaque barrage un plan incliné uni, ou bien coupé par des degrés élevés de quelques centimètres les uns au-dessus des autres, sur lesquels s'écoule une quantité d'eau trop faible pour diminuer la puissance de la chute, et suffisante cependant pour permettre au poisson de franchir l'obstacle en s'élevant par sauts

répétés. Les premiers essais de ce système ont été faits, il y a dix ans, en Irlande. Ils ont donné des résultats concluants; dans certains endroits, on est parvenu, au moyen des échelles, à permettre au saumon de franchir des hauteurs de 8 à 10 mètres, et l'on a vu ce poisson reparaître dans des cours d'eau où jamais auparavant il n'avait pu pénétrer. »

Art. 2.

L'interdiction de la pêche pendant l'année entière ne pourra être prononcée pour une période de plus de cinq ans. Cette interdiction pourra être renouvelée.

—

401. — *Publication des décrets établissant des réserves à poissons.* — À raison de la longue durée qui peut être donnée à l'existence des réserves à poissons, il est fort utile que des précautions spéciales soient prises pour porter ces décrets à la connaissance de ceux qui sont exposés à enfreindre les prohibitions qu'ils contiennent. À cet effet, l'art. 4 du décret du 12 janvier 1875, mentionné plus haut n° 399, dispose : « Chaque année, au mois de janvier, des publications seront faites dans les communes pour rappeler les emplacements réservés pour la reproduction et où la pêche est absolument défendue. » — V. plus bas, l'art. 36 du cahier des charges.

Art. 3.

Les indemnités auxquelles auront droit les propriétaires riverains qui seraient privés du droit de pêche, par application de l'article précédent, seront réglées par le conseil de préfecture, après expertise, conformément à la loi du 16 septembre 1807.

Les indemnités auxquelles pourra donner lieu l'établissement d'échelles dans les barrages existants seront réglées dans les mêmes formes.

—

405. — *Indemnités.* — La question de savoir si une pêcherie se trouve ou non comprise dans l'établissement d'une réserve établie pour la reproduction du poisson, doit être soumise au tribunaux ordinaires, et, si elle est résolue affirmativement, c'est devant le conseil de préfecture que le propriétaire de la pêcherie doit former sa demande d'indemnité. — Conseil d'État, 13 juin 1873.

Les indemnités sont payées sur les fonds affectés au service de la navigation et de la surveillance de la pêche (Déclaration du commissaire du gouvernement: *Moniteur* du 16 mai 1865). — Pour éviter les dépenses d'établissement d'échelles à poissons, le gouvernement croit pouvoir compter sur l'introduction en France de l'usage, qui existe en Angleterre, de faire chômer les usines du samedi soir au lundi matin, ce qui paraît suffisant pour permettre au poisson de remonter et de descendre les cours d'eau sur lesquels ces usines sont en activité. C'est dans cet esprit qu'a été édictée la disposition de l'art. 12 du règlement général du 10 août 1875, reproduit ci-après.

—

Art. 4.

A partir du 1ᵉʳ janvier 1866, des décrets, rendus sur la proposition des ministres de la marine et de l'agriculture, du commerce et des travaux publics, régleront, d'une manière uniforme, pour la pêche fluviale et pour la pêche maritime dans les fleuves, rivières, canaux affluant à la mer :

1° Les époques pendant lesquelles la pêche des diverses espèces de poissons sera interdite;

2° Les dimensions au-dessous desquelles certaines espèces ne pourront être pêchées.

—

406. — *Fixation des époques d'interdiction de la pêche.* — La pêche des poissons d'eau douce dans la partie maritime des fleuves était déjà réglementée, en ce qui concerne la détermination du temps pendant lequel elle peut être pratiquée, par la disposition suivante :

Art. 49 *du décret du 4 juillet* 1853 : « La pêche des poissons d'eau douce qui peuvent se trouver momentanément en aval du point de cessation de la salure des eaux dans les fleuves, rivières et canaux affluant à la mer, ouvre et ferme aux époques prescrites par les règlements rendus en vertu de la loi du 15 avril 1829. » — V. n° 475.

407. — *Détermination des dimensions des poissons.* — Pour cet objet, la pêche des poissons d'eau douce dans la partie maritime des fleuves a été soumise à une disposition semblable à celle transcrite au numéro précédent, et qui est ainsi conçue :

Art. 128, § 2, *du décret du 4 juillet* 1853 : « ...La même défense (de pêcher) s'applique aux poissons d'eau douce qui n'atteignent pas les dimensions prescrites par les règlements rendus en vertu de la loi du 15 avril 1829 sur la pêche fluviale. » — V. n° 498.

Art. 5.

Dans chaque département, il est interdit de mettre en vente, de vendre, d'acheter, de transporter, de colporter, d'exporter et d'importer les diverses espèces de poissons, pendant le temps où la pêche en est interdite, en exécution de l'art. 26 de la loi du 15 avril 1829.

Cette disposition n'est pas applicable aux poissons provenant des étangs ou réservoirs définis en l'art. 30 de la loi précitée.

—

403. — *Colportage, transport, exportation et importation des poissons.* — La disposition du 1er paragraphe du présent art. 5, destinée à rendre plus efficace la prohibition de la pêche en temps de frai, a été empruntée à la loi du 3 mai 1844 sur la chasse, dont l'art. 4 porte que « dans chaque département il est interdit de mettre en vente, de vendre, d'acheter, de transporter et de colporter du gibier pendant le temps où la chasse n'est pas permise. » — C'est là, suivant une remarque fort juste, le principe le plus important de la loi nouvelle : « Il nous a paru, dit le rapporteur de la commission du Corps législatif, établir la plus grande et la meilleure garantie contre les fraudes qu'il s'agit de réprimer. Il protégera toutes les espèces de poissons et les préservera de la destruction. »

404. — Les prohibitions énoncées dans le présent art. 5 sont plus étendues que celles édictées par l'art. 30 de la loi du 15 avril 1829 relativement aux poissons n'ayant pas les dimensions exigées ; elles comprennent, en effet, outre l'importation et l'exportation, le simple *transport*, que l'art. 30 précité ne défend pas. (V. plus haut, n° 147.) Cette différence s'explique par celle des objets que les deux prohibi-

tions ont en vue. — Que pendant l'époque où la pêche est interdite, le législateur impose à tous l'obligation de s'abstenir de transporter et d'acheter du poisson, c'est là une conséquence de l'interdiction de pêcher et de vendre, non-seulement toute naturelle, mais aussi pratiquement réalisable. Au contraire, quand il s'agit de l'époque où la vente des poissons est permise, exiger des voituriers qui transportent et des gens qui achètent, qu'ils vérifient la longueur des poissons et qu'ils refusent de transporter ou d'acheter ceux qui n'auraient pas les dimensions réglementaires, cela n'était véritablement pas possible, et la loi a dû se borner forcément à adresser ses prescriptions sur ce sujet à ceux qui pêchent et à ceux qui font le commerce des poissons.

410. — L'art. 5 doit être complété à l'aide de l'art. 8 ci-après, relatif au frai de poisson et à l'alevin; il ne faut pas oublier non plus que, d'après la jurisprudence et le décret du 10 août 1875, les écrevisses sont considérées comme poissons.

411. — Pour faire observer la défense de l'importation des poissons d'eau douce durant le temps du frai, l'administration des douanes a prescrit à ses agents de refuser et de faire réexporter le poisson d'eau douce introduit sans fraude et avec déclaration, mais de saisir et de faire vendre comme marchandise prohibée, conformément aux lois de douane, celui dont l'introduction serait tentée en contrebande. — Circulaire du directeur général des douanes et des contributions indirectes, du 8 septembre 1860.

412. — *Poissons dont le transport et la vente sont permis.* — La présente disposition excepte des prohibitions qu'elle édicte « les poissons provenant des étangs ou réservoirs. » Elle est d'accord avec la disposition de l'art. 30 de la loi du 15 avril 1829, qui permet le colportage et la vente des poissons de cette provenance, même lorsqu'ils n'ont pas les dimensions réglementaires.

413. — D'après une circulaire du directeur général

des douanes et des contributions indirectes, du 8 juin 1868, l'exception relative aux poissons provenant des étangs, comprend les poissons d'étangs importés de l'étranger, « sous la condition qu'on justifiera de leur origine au moyen de certificats émanant des autorités du lieu de l'extraction ». — Cette solution a paru commandée par l'interprétation de traités qui placent sur la même ligne que les Français, pour les questions de commerce et de trafic, les nationaux des États avec lesquels ces traités ont été conclus.

Pour la définition des *étangs* ou réservoirs, le présent art. 5 renvoie au second alinéa de l'art. 30 précité de la loi du 15 avril 1829. — Sur l'obligation de prouver la provenance, V., ci-après, l'art. 4 du décret du 10 août 1875.

414. — Une seconde exception a été constatée en ces termes : « Il n'est pas besoin de dire que l'ensemble des dispositions de la loi de 1865 ne s'applique qu'au *poisson frais*, et que l'importation, l'exportation et la vente du *poisson fumé ou salé* reste libre en toute saison » (Circulaire du ministre des travaux publics, du 12 août 1865). — « Cette faculté ne saurait, en effet, dit le rapporteur de la commission du Corps législatif, porter atteinte aux garanties qu'il s'agit d'établir, car les conserves ne sont pas préparées dans notre pays. »

Une exception de même nature est admise, en matière de colportage de gibier pendant le temps où la chasse est fermée, pour les conserves de gibier. — Cour de cassation, 21 décembre 1844.

Art. 6.

L'Administration pourra donner l'autorisation de prendre et de transporter, pendant le temps de la prohibition, le poisson destiné à la reproduction.

415. — *Transport du poisson destiné à la reproduction.* — Pour saisir l'étendue de l'exception qui
est faite ici aux prohibitions de l'article précédent, il
faut tenir compte de ce que l'art. 8 ci-après énonce
que « les dispositions relatives au transport des poissons s'appliquent au frai du poisson et à l'alevin. »
— On a pensé que cette nouvelle exception « est nécessaire pour permettre l'ensemencement, soit des
cours d'eau, soit des nouveaux étangs. » — Rapport
de la commission du Corps législatif.

Au reste, l'exercice de la faculté que le présent
art. 6 laisse à l'administration, « devra, a-t-il été dit,
être entouré des précautions nécessaires pour empêcher toute fraude. » — Circulaire du ministre des travaux publics, du 12 août 1865.

416. — L'autorisation de l'Administration n'est nécessaire que lorsqu'il s'agit de prendre et de transporter, pendant le temps de la reproduction, le poisson et l'alevin de *rivière*, et non le poisson et l'alevin
provenant d'étangs ou de réservoirs. En effet, le texte
primitif de l'art. 30 de la loi du 15 avril 1829, ex-
ceptait de la défense de pêcher, de colporter et de
vendre les poissons n'ayant pas les dimensions réglementaires, « l'*alevin* provenant des étangs et réservoirs et destiné à l'empoissonnement ». La commission de la Chambre des députés a obtenu que
l'exception fût élargie et comprît le poisson comme
l'alevin, et que, de plus, elle ne fût pas limitée au
seul cas d'une destination à l'empoissonnement.

Art. 7.

L'infraction aux dispositions de l'art. 1er et du
premier paragraphe de l'art. 5 de la présente loi
sera punie des peines portées par l'art. 27 de la
loi du 15 avril 1829, et, en outre, le poisson

11.

sera saisi et vendu sans délai, dans les formes prescrites par l'art. 49 de ladite loi.

L'amende sera double et les délinquants pourront être condamnés à un emprisonnement de dix jours à un mois :

1° Dans les cas prévus par les art. 69 et 70 de la loi du 15 avril 1829;

2° Lorsqu'il sera constaté que le poisson a été enivré ou empoisonné ;

3° Lorsque le transport aura lieu par bateaux, voitures ou bêtes de somme.

La recherche du poisson pourra être faite, en temps prohibé, à domicile, chez les aubergistes, chez les marchands de denrées comestibles et dans les lieux ouverts au public.

—

417. — *Infractions auxquelles le présent art. 7 est applicable.* — En renvoyant aux art. 69 et 70 de la loi du 15 avril 1829, le 3° alinéa de la disposition ci-dessus a simplement voulu indiquer que les circonstances de récidive et de nuit seront pour les deux contraventions qu'il réprime, de même que pour les délits prévus par la loi de 1829, des circonstances aggravantes; il ne signifie pas que la peine prononcée a raison de ces circonstances aggravantes est élevée pour tous les délits de pêche.

418. — *Contravention à l'interdiction de pêcher dans les réserves.* — Cette contravention résulterait-elle du fait de pêcher à la ligne? Bien que, dans la discussion de la loi, le commissaire du gouvernement ait répondu négativement, nous croyons que les termes de l'art. 1er, portant que, dans les parties réservées « la pêche sera *absolument* interdite », ne permettent pas de mettre en doute la solution affirmative. — Cette solution, que nous avons exprimée dans notre première édition, contrairement à l'opinion d'autres interprètes, a été depuis consacrée par un arrêt de la Cour de Riom du 15 décembre 1869, et par un arrêt de la Cour de cassation du 5 mars 1870.

419. — La peine prononcée par l'art. 27 de la loi de 1829 pour la répression du délit de pêche en temps prohibé, est une amende de 30 à 200 fr., à laquelle il faut ajouter la saisie et la vente du poisson pêché par le délinquant. — L'amende, aux termes du 2e alinéa du présent article, est portée au double, et le délinquant *peut*, de plus, être condamné à un emprisonnement de dix jours à un mois, dans le cas où le délit est compliqué par l'adjonction de l'une des trois circonstances aggravantes que voici : pêche pendant la nuit (art. 69 de la loi du 15 avril 1829) ; perpétration du délit, moins de douze mois après une condamnation précédente pour délit de pêche (art. 70 de la même loi) ; enivrement ou empoisonnement du poisson pour en faciliter la capture (n° 2 du présent art. 7 de la loi de 1805).

420. — *Contravention à la défense de transporter du poisson.* — La peine est la même que pour l'infraction précédente ; elle excède, par conséquent, celle prononcée pour la répression du colportage de poissons n'ayant pas les dimensions voulues, laquelle consiste seulement en une amende de 20 à 50 fr.

421. — La peine est augmentée de la même manière dans le cas où se rencontre la circonstance de nuit ou celle de la récidive. Il faut ajouter, en place de la troisième des circonstances aggravantes indiquées *s..prà*, n° 419, celle d'un transport « par bateaux, voitures ou bêtes de somme » Une disposition semblable existait déjà dans l'art. 7 du décret du 9 janvier 1852 sur la pêche côtière, qui, après avoir puni le délit de transport du frai du poisson ou de poissons n'ayant pas les dimensions réglementaires, ajoute : « la peine sera double lorsque le transport aura lieu par bateaux, voitures ou bêtes de somme. »

422. — Le transport par *brouette* devrait, à notre

avis, être considéré comme un transport par voiture. L'usage d'une brouette, en effet, suppose un délit d'une certaine importance. — Mais il serait difficile d'appliquer l'aggravation de peine encourue à raison d'un transport par voiture, à celui qui aurait dissimulé du poisson, dans un colis confié à une entreprise de transports; dans le cas dont il s'agit, le moyen de transport n'est pas à la disposition du délinquant, ni affecté spécialement au fait que la loi réprime.

423. — Les entrepreneurs de transports et les chefs de gare de chemins de fer sont tenus de vérifier si les colis qui leur sont présentés ne renferment pas des objets dont le transport est défendu, tels que des lettres ou papiers ne pouvant être confiés qu'à la poste, des marchandises prohibées par les règlements de douane, des journaux et livres venant de l'étranger et non autorisés en France, des poudres ou substances explosibles, ou encore du gibier expédié après la fermeture de la chasse, ou du poisson envoyé en temps de pêche prohibé sans justification d'une provenance d'étangs particuliers. — Dans le cas où ils ont négligé cette vérification, ils sont, d'après la jurisprudence, pénalement responsables de tout transport en contravention aux lois et règlements, que leur défaut de surveillance a permis d'effectuer. Cela a été décidé, notamment, en matière de transport de gibier après la fermeture de la chasse et en matière de transport de lettres et papiers. (Cour de cassation, 5 mai 1855, 28 février 1856, 10 novembre 1861, et 4 janvier 1866.)

Cette jurisprudence doit évidemment être appliquée aux transports de poissons par chemin de fer ou par messageries, l'excuse tirée de la bonne foi n'étant pas admise en matière de délits de pêche; et il en sera ainsi tant que la législation n'aura pas reçu, en ce qui concerne les transports par chemins de fer, les adoucissements que réclame l'équité.

424. — Les chefs de gare ont, d'ailleurs, tous pouvoirs pour exiger la vérification du contenu des

caisses clouées ainsi que des malles et coffres fermés à clef dont l'expédition leur est demandée (Cour de Paris, 18 août 1853) ; et s'ils ont de tels pouvoirs, ils doivent en user. Il n'y a donc pas lieu de distinguer le cas où les objets, tels que des poissons, transportés en contravention, ont été dissimulés dans des colis fermés, et le cas où ils ont été mis dans des paniers ou bourriches dont le contenu est d'une vérification facile. Dans l'un comme dans l'autre, si le chef de gare ou l'entrepreneur de messageries a, par sa négligence ou sa confiance dans la déclaration de l'expéditeur, laissé effectuer le transport, il doit être déclaré en délit.

425. — Le chef de gare ou l'entrepreneur de messageries n'obtiendrait pas son renvoi de la poursuite en faisant connaître au ministère public l'expéditeur qui a remis les objets transportés en contravention. Ce moyen, ainsi que cela a été jugé, en matière de transport de gibier, par un arrêt de la Cour de Paris, ne procure à l'entreprise de transport l'exonération de toute responsabilité pénale qu'en matière de transports faits en fraude des lois de douane.

426. — Mais le camionneur ou facteur qui a été chargé du transport d'un colis fermé, n'est pas en contravention, lorsque ce colis se trouve contenir du gibier (ou poisson) en temps prohibé, parce qu'il n'a pas le pouvoir de vérifier le contenu des colis : c'est son chef qui est responsable, dans ce cas, du fait de transport. — Cour de cassation, 9 décembre 1859.

427. — *Recherche du poisson à domicile.* — Sur ce point, la loi de 1865 a fait un nouvel emprunt à la loi du 3 mai 1844 sur la chasse, qui dispose, dans son art. 4, que «... la recherche du gibier ne pourra être faite à domicile que chez les marchands de comestibles et dans les lieux ouverts au public. » — En transportant cette disposition dans la réglementation de la pêche, la commission du Corps législatif en a légèrement modifié les termes « dans un but de

clarté » ; c'est l'explication donnée par le rapport. La nouvelle rédaction, comme l'ancienne, ne laisse aucun doute sur ce point, que le droit de recherche du poisson ne peut être exercé au domicile des particuliers.

428. — Les agents aptes à verbaliser en matière de délits de pêche sont implicitement dispensés, par la disposition dont nous nous occupons, de se faire assister par le maire ou le juge de paix pour la recherche du poisson « chez les aubergistes et les marchands de denrées comestibles, ainsi que dans les lieux ouverts au public ». En effet, pourquoi l'assistance d'un magistrat serait-elle imposée aux agents pour pénétrer dans des établissements et des lieux où le public est admis ?

429. — Il faut remarquer, toutefois, que la recherche du poisson chez les aubergistes et les marchands de comestibles peut être pratiquée même dans les parties de l'établissement non ouvertes au public. La loi parle, en effet, de recherches *au domicile*, ce qui comprend évidemment les pièces affectées au logement personnel des individus soumis aux visites qu'elle autorise, aussi bien que les locaux industriels, tels que boutiques, magasins, salles de consommation, caves, cuisines, etc.

430. — La recherche du poisson dans les auberges et les établissements ouverts au public nous paraît rentrer incontestablement dans les attributions des gardes-pêche, parce qu'ils ont, en matière de pêche fluviale, une compétence générale, et aussi dans les attributions des commissaires de police, des gendarmes et des officiers de police judiciaire, qui, en même temps qu'ils sont aptes à verbaliser en cette matière, sont chargés de surveiller les établissements dont il s'agit pour l'exécution des lois générales et des règlements de police. — Mais, pour plusieurs des agents que l'art. 10 de la présente loi charge de constater les infractions aux prescriptions qu'elle édicte, le droit de recherche n'est pas aussi étendu et ne paraît pouvoir être exercé qu'accessoirement à l'accomplissement d'actes de leurs fonctions spéciales.

431. — La loi ne prohibant, à l'égard des particuliers, que la recherche à domicile, autorise implicitement par là même, la visite des bateaux, et celle des voitures, des paniers et autres objets pouvant servir au transport du poisson, soit dans les marchés, soit dans les rues et autres voies publiques.

432. — Les gendarmes de service dans les gares de chemin de fer ont donc le droit de visiter les paniers et bourriches portés par les voyageurs, et de saisir le poisson qui s'y trouve en contravention aux prohibitions de la loi.

433. — La recherche sur la personne ne nous paraît pas permise, parce qu'elle constitue une atteinte à la liberté individuelle. — En matière d'octroi, lorsqu'un individu, voyageant à pied ou à cheval, est soupçonné de faire la fraude, les employés ont seulement le droit de le conduire « devant un officier de police ou devant le maire, pour y être interrogé, et la visite de ses effets autorisée, s'il y a lieu ». — Ordonnance du 9 décembre 1814, art. 30 et 31.

434. — Lorsqu'au lieu d'une recherche, qui peut être effectuée même sans un soupçon précis, il s'agit d'une opération se rattachant à une information judiciaire sur un *délit dénoncé*, l'inviolabilité du domicile des particuliers doit disparaître devant l'application des règles du droit commun. Le juge d'instruction peut donc, à notre avis, sur la connaissance qui lui est donnée qu'un particulier prête son concours à la perpétration d'un délit de vente ou de transport de poissons d'eau douce pendant le temps de pêche prohibé, ordonner une visite au domicile de ce particulier en présence d'un magistrat délégué, et la saisie du poisson dont il serait trouvé détenteur en vue d'une vente ou d'une expédition en fraude.

Art. 8.

Les dispositions relatives à la pêche et au transport des poissons s'appliquent au frai de poisson et à l'alevin.

—

435. — *Pêche et transport du frai et de l'alevin.* — Le décret du 9 janvier 1852, sur la pêche côtière, contenait déjà, dans son art. 7, une disposition réprimant le fait « de pêcher, transporter, mettre en vente ou employer à un usage quelconque le frai et le poisson assimilé au frai ». Mais ce décret ne régit que la pêche qui se fait « tant à la mer, le long des côtes, que dans la partie des fleuves, rivières, étangs et canaux où les eaux sont salées ». Partout où la pêche est *maritime*, la pêche et le transport du frai, même du poisson qui vit alternativement dans les eaux douces et dans les eaux salées, sont exclusivement régis par le décret précité du 9 janvier 1852, et par ceux du 4 juillet 1853 et du 10 novembre 1859, pris en exécution du précédent. En effet, la loi de 1865 n'a exigé une réglementation commune de la pêche fluviale et de la pêche maritime, en ce qui concerne le poisson d'eau douce, que sur les deux objets indiqués dans l'art. 4 : 1° indication des époques d'interdiction de la pêche du poisson d'eau douce; 2° détermination des dimensions au-dessous desquelles certaines espèces ne pourront être pêchées.

436. — Pour l'application du présent art. 8, il n'y a pas lieu de rechercher si la pêche ou le transport effectué contrairement à ses dispositions, a eu pour objet un emploi alimentaire. — C'est ainsi que l'article a été entendu par la commission chargée de l'examen du projet de loi : « La disposition, a-t-il été dit, aura un grand effet pour le repeuplement des cours d'eau, en empêchant de détruire, dans leur germe, des quantités considérables de sujets, que, dans beaucoup de

contrées, on donne en pâture aux animaux domestiques ou dont on se sert comme engrais ». (Extrait du Rapport).

437. — Une exception a été faite dans l'intérêt de la pisciculture (V. plus haut l'art. 6).

Art. 9.

L'art. 32 de la loi du 15 avril 1829 est abrogé en ce qui concerne la marque ou le plombage des filets.

Des décrets détermineront le mode de vérification de la dimension des mailles des filets autorisés pour la pêche de chaque espèce de poisson, en exécution de l'art. 26 de la loi du 15 avril 1829.

—

438. — *Vérification des filets.* — La précaution du plombage et de la marque des filets, empruntée par l'art. 32 de la loi du 15 avril 1829 à l'art. 13 du titre xxxi de l'ordonnance de 1669, a été abandonnée parce qu'elle ne procurait que des garanties insuffisantes : « Il arrive souvent, en effet, que les marques s'effacent et que les plombs tombent d'eux-mêmes; d'un autre côté, il est toujours facile de les détacher pour les placer sur les engins prohibés » (Extrait du Rapport). — Il a été donné satisfaction aux prescriptions du présent article par le décret du 26 août 1865, rapporté ci-après, p. 201.

Art. 10.

Les infractions concernant la pêche, la vente, l'achat, le transport, le colportage, l'exportation et l'importation du poisson, seront recherchées et constatées par les agents des douanes, les employés des contributions indirectes et des octrois, ainsi que par les autres agents autorisés par la loi du 15 avril 1829 et par le décret du 9 janvier 1852.

Des décrets détermineront la gratification qui sera accordée aux rédacteurs des procès-verbaux ayant pour objet de constater les délits. Cette gratification sera prélevée sur le produit des amendes.

139. — *Agents appelés à constater les infractions.* — Les agents aptes à constater les délits nouveaux prévus par la présente loi du 31 mai 1865, sont principalement les gardes-pêche et les autres agents ou fonctionnaires autorisés par la loi du 15 avril 1829. On proposait de nommer ici spécialement les gendarmes; mais la commission du Corps législatif a reconnu que la jurisprudence établie rendait cette mention inutile. — L'art. 10 de la loi y ajoute les agents des douanes, les employés des contributions directes et des octrois, et les autres agents autorisés par le décret du 9 janvier 1852.

140. — Ces derniers agents sont nommés dans la disposition suivante :

Art. 16 du décret du 9 janvier 1852 : « Les infractions sont recherchées et constatées par les commissaires de l'inscription maritime, les officiers et officiers maritimes commandant les bâtiments et embarcations, gardes-pêche, les inspecteurs des pêches maritimes, les syndics des gens de mer, les prud'hommes pêcheurs, les gardes jurés de la marine, les gardes mariniers et les gendarmes de la marine. »

141. — Il convient de faire observer que, d'après les termes mêmes du décret de 1852, qui classe les individus désignés dans la disposition ci-dessus trans-

erite en *officiers* et en *agents* (art. 11, § 3), il n'y a
lieu de considérer comme *agents* que « les syndics
des gens de mer, les gardes jurés de la marine, les
gardes maritimes, les gendarmes de la marine », et
peut-être aussi les prud'hommes pêcheurs. Ces syndics,
gardes et gendarmes, en effet, sont seuls soumis à
l'obligation d'affirmer leurs procès-verbaux (art. 17
du décret), ont seuls droit à une part du produit des
amendes et des confiscations (art. 15), et peuvent être
chargés des citations et signification (art. 21). — C'est
eux seuls, à notre avis, que l'art. 10 de la présente
loi a entendu autoriser à constater les infractions.
Cette interprétation trouve sa confirmation, soit dans
le second alinéa du même article, qui fait allusion à
des rédacteurs de procès-verbaux pouvant être rémunérés par des gratifications prélevées sur le produit
des amendes, soit dans les termes de l'art. 1er du décret du 27 novembre 1859 (transcrit *suprà* n° 192),
qui se borne à les nommer sans faire mention des
officiers. — V. n° 431.

112. — Une première question se présente. Les
agents des douanes et les employés des contributions
indirectes et des octrois n'ont-ils qualité pour constater
des délits en matière de pêche fluviale, qu'autant
qu'il s'agit de ceux prévus par la présente loi du
31 mai 1865. L'affirmative résulte d'une énonciation
du rapport de la commission du Corps législatif, dans
lequel on lit : « L'art. 10 indique les agents qui seront
chargés de constater les infractions *aux articles précédents.* » Cette indication a été reproduite par le ministre des travaux publics dans sa circulaire du
12 août 1865.

113. — Une seconde difficulté doit être résolue,
c'est celle de savoir si ceux des agents désignés dans
le présent art. 10, qui appartiennent à des services
étrangers à la surveillance de la pêche, ont mission
de constater toutes les infractions à la loi de 1865, ou
seulement celles de ces infractions qui, par leur
nature, rentrent dans la classe des délits pour la constatation et la poursuite desquels ils ont été institués.

C'est en ce dernier sens que la question a été décidée, en ce qui concerne les agents des douanes, les employés des contributions indirectes et les préposés de l'octroi.

414. — La même attribution a été confiée, en matière de pêche maritime, aux agents ci-dessus désignés. Mais le législateur n'a pas jugé utile de rappeler cette condition, que comporte la nature même des choses, que les agents dont il s'agit se renfermeront « dans la limite de leurs attributions respectives. »

Voici la disposition à laquelle il est fait allusion :

Art. 16, § 2, du décret législatif du 9 janvier 1852: — «... Lorsque l'infraction portera sur le fait de vente, transport ou colportage du frai (recueilli dans les eaux maritimes), du poisson assimilé au frai, du poisson ou coquillage n'atteignant pas les dimensions prescrites, elle pourra être également constatée par les officiers de police judiciaire, les agents municipaux assermentés, les employés des contributions indirectes et des octrois. »

415. — Il est évident que le concours des agents des douanes, des employés des contributions indirectes et des octrois, a été réclamé par le présent art. 10 dans le même esprit restrictif. C'est ainsi que l'article a été interprété par l'administration. — « Aux agents autorisés par la loi du 15 avril 1829 et le décret du 9 janvier 1852, relatif à la pêche côtière, a dit le ministre des travaux publics, l'art. 10 ajoute les agents des douanes et les employés des contributions indirectes et des octrois. Cette attribution était nécessaire à raison de l'interdiction du *colportage*, de l'*importation* et de l'*exportation*. » — Circulaire du 12 août 1865.

L'administration des douanes et des contributions indirectes est plus précise encore : « Ces dispositions étant empruntées à loi du 3 mai 1844, sur la police de la chasse, écrit-elle aux directeurs des contributions indirectes, les instructions données pour l'exécution de cette dernière loi par la circulaire n° 300, du 25 juin suivant, sont tout à fait applicables à l'espèce. Elles tracent bien la marche à suivre et indiquent clairement les limites dans lesquelles l'action des employés des contributions indirectes et des octrois doit se renfermer. » — Circulaire du directeur général des douanes et des contributions indirectes, du 13 février 1866.

Les instructions adressées aux agents des douanes à l'occasion de l'application de la présente loi du 31 mai 1865, ne leur parlent également que de l'importation des poissons d'eau douce durant le temps du frai, ce qui indique assez que c'est le seul objet dont ils doivent s'occuper. — Circulaires du même directeur, du 8 septembre 1866 et du 8 juin 1868.

446. — *Gratifications.* — Le principe de l'allocation d'une gratification aux rédacteurs des procès-verbaux, déjà admis dans certaines matières spéciales, telles que la police de la chasse et celle du roulage, a été introduit, en matière de pêche maritime, par l'art. 15 du décret du 9 janvier 1852 sur la pêche côtière, reproduit ci-après, n° 703.

La commission du Corps législatif, en faisant la proposition d'étendre ce principe à la matière de la pêche fluviale, a dit à l'appui : « Elle renferme la garantie la plus certaine de l'exécution de la loi, car c'est en intéressant les gardes-pêche et autres agents à la constatation des contraventions ou des délits que l'on peut être assuré de leur vigilance. » — Pour la détermination de la gratification, V. plus loin le décret du 2 décembre 1865.

Le droit à une gratification n'est reconnu à l'agent qui a fait connaître le délit que pour le cas où il y a eu dénonciation par *procès-verbal.* Si le procès-verbal n'est pas valable, le droit à gratification n'existe pas. — Sur les autres conditions, v° n° 457.

Art. 11.

La poursuite des délits et contraventions et l'exécution des jugements pour infractions à la présente loi auront lieu conformément à la loi du 15 avril 1829 et au décret du 9 janvier 1852.

—

417. — *Poursuite des délits.* — Il y a lieu d'appliquer ici les dispositions du titre V de la loi du 15 avril 1829, sur les poursuites en réparation de délits et, par voie de conséquence, celles du titre VI sur les peines et condamnations, et du titre VII sur l'exécution des jugements.

418. — Les procès-verbaux des agents des douanes, des employés des contributions indirectes et des octrois doivent être adressés au procureur de la République, par l'entremise de leurs supérieurs hiérarchiques. La transmission doit se faire sans retard, à cause de la courte durée du temps accordé pour la poursuite.

Art. 12.

Les dispositions législatives antérieures sont abrogées en ce qu'elles peuvent avoir de contraire à la présente loi.

—

419. — *Abrogation des lois contraires.* — Cette disposition ne porte aucune atteinte à la loi du 15 avril 1829, sauf ce qui est dit à l'art. 9.

DÉCRET DU 26 AOUT 1865

RELATIF A LA VÉRIFICATION DES FILETS.

Art. 1ᵉʳ.

La vérification de la dimension des mailles des filets et de l'espacement des verges des nasses autorisés pour la pêche de chaque espèce de poisson, s'effectuera au moyen d'un instrument quadrangulaire portant à sa surface des traits accompagnés de chiffres indiquant les longueurs des côtés des mailles correspondantes à chaque espèce.

Cet instrument sera fourni par l'administration et poinçonné par elle. Un exemplaire en sera déposé au greffe de chaque tribunal civil.

—

450. — Instrument pour vérifier les mailles des filets. — Cet instrument, dont tout garde-pêche doit être muni, avait été indiqué par la commission du Corps législatif elle-même dans le rapport sur le projet qui est devenu la loi du 31 mai 1865.

———

Art. 2.

Pour opérer la vérification, l'instrument sera introduit successivement dans plusieurs mailles prises au hasard.

—

451 — Vérification des mailles des filets. — Le

mode de vérification qui est ici prescrit, remplace celui qu'avait établi l'art. 32 de la loi du 15 avril 1829. — La vérification peut être effectuée ou renouvelée à toute époque; mais est-il toujours nécessaire que tout filet soit, avant d'être employé, soumis à cette vérification? — Sur ce point, les termes de l'abrogation de l'art. 32 précité par l'art. 9 de la loi du 31 mai 1865 font naître quelque hésitation; mais la question nous a paru devoir être résolue négativement.

452. — Deux règles ont été encore indiquées pour la vérification dont il s'agit. Les mailles des filets devront être mesurées de chaque côté après leur séjour dans l'eau; et la mesure des mailles sera prise avec une tolérance d'un dixième. — V. l'art. 9 du décret, ci-après transcrit, du 10 août 1875.

DÉCRET DU 2 DÉCEMBRE 1865

RELATIF AUX GRATIFICATIONS.

Art. 1er.

La gratification accordée aux agents qui auront constaté les délits en matière de pêche est fixée au tiers de l'amende prononcée contre les délinquants, et recouvrée, sans pouvoir toutefois excéder pour chaque condamnation la somme de cinquante francs.

—

453. — *Agents ayant droit à la gratification.* — En matière de gratifications, on distingue ordinairement entre les fonctionnaires dispensés d'affirmer leurs procès-verbaux, et les simples agents soumis, au contraire, à cette obligation. La loi du 31 mai 1865 a paru au ministre des travaux publics n'avoir eu en vue, comme la loi du 30 mai 1851 sur la police du roulage, que les *agents*.

Ces agents sont, d'après une instruction : « 1° les brigadiers et gardes-pêche spéciaux ; 2° les agents de tout ordre des ponts et chaussées, spécialement commissionnés pour la surveillance de la pêche, c'est-à-dire les conducteurs et agents secondaires, les cantonniers de routes et de navigation, les éclusiers, gardes-rivières et de canaux et autres agents inférieurs de la navigation ; 3° les gardes champêtres et les gendarmes ; 4° les agents des douanes et employés des contributions indirectes et des octrois ». — Circulaire du ministre des travaux publics, du 5 février 1866.

Dans la désignation de *gendarmes*, il faut comprendre ici les sous-officiers comme les simples soldats, mais non les officiers. Les maréchaux des logis et les brigadiers de gendarmerie ont donc droit à une gratification, quand une condamnation pour délit de pêche est prononcée sur un procès-verbal par eux rédigé. — Circulaire du ministre des travaux publics, du 6 février 1863.

451. — L'énumération reproduite au numéro qui précède, ne comprend pas les gardes forestiers. Cependant ces gardes, de l'aveu même de l'administration nouvellement chargée du service de la pêche, ont le droit de constater les délits de pêche au moins comme officiers de police judiciaire, c'est-à-dire au même titre que les gardes champêtres (art. 30 de la loi du 15 avril 1829, et art. 9 du Code d'instruction criminelle). Dans cette situation, ils ont droit évidemment à la gratification allouée aux *rédacteurs des procès-verbaux* par l'art. 10 de la loi du 31 mai 1865. — Comme le ministre des travaux publics n'a été chargé par aucune disposition de loi de désigner les agents auxquels la gratification doit être accordée, l'omission relative aux gardes forestiers n'est qu'une simple opinion, qui n'a rien d'obligatoire pour l'administration chargée de la délivrance des gratifications, c'est-à-dire pour l'administration des finances appelée en cette qualité à pourvoir, concurremment avec l'administration des travaux publics, en ce qui la concerne, à l'exécution des présentes dispositions (art. 3 du décret).

452. — La même énumération ne dit rien, non plus, des agents chargés par le décret du 9 janvier 1852 (V. n° 410), et par celui du 27 novembre 1859 (V. n° 193), de constater les délits de pêche, soit dans les limites de l'inscription maritime, soit dans la partie des fleuves, rivières et canaux comprise entre ces limites et le point où cesse la salure des eaux, agents dont la désignation a été donnée *suprà* n° 410. Le ministre des travaux publics a sans doute pensé, qu'il n'avait pas à s'en occuper, parce que la pêche maritime appartient au département de la marine,

et que d'ailleurs le droit à la gratification reste réglé pour ces agents par la disposition suivante :

Art. 15 du décret du 9 janvier 1852, sur l'exercice de la pêche côtière : « Le produit des amendes et confiscations sera attribué à la caisse des invalides de la marine, sous la déduction du cinquième de ces amendes et confiscations, lequel sera attribué à l'agent qui aura constaté la contravention, sans que cette allocation puisse excéder 25 fr. par chaque infraction. »

456. — A la différence de ce qui a été établi en matière de chasse, la gratification consiste, non en une somme fixe, mais en une part de l'amende prononcée. C'est le système qui était déjà admis en matière de roulage et en matière de pêche maritime. La part attribuée au rédacteur du procès-verbal est du tiers, comme pour la constatation des contraventions à la police du roulage; mais l'allocation ne peut excéder 50 francs.

457. — « Elle doit porter sur les amendes non-seulement *prononcées*, mais encore *recouvrées*; elle ne sera donc acquise, dans aucun cas, qu'après que le recouvrement intégral aura été opéré ». (Circulaire du ministre des travaux publics, du 5 février 1866). C'est ce qui résulte tout à la fois des termes de l'art. 10, § 2, de la loi du 31 mai 1865, et de ceux du présent article. — On comprend que le législateur ait subordonné le paiement de la gratification à la prononciation d'une condamnation constatant que le procès-verbal a été dressé à bon droit, qu'il contient la preuve régulière de l'existence du délit, et que la gratification est véritablement acquise. Mais faire dépendre le paiement de la gratification du recouvrement effectif et intégral de l'amende, cela semble manquer de justice; une simple raison de comptabilité financière n'est pas suffisante pour exposer le rédacteur du procès-verbal à se voir priver d'une rémunération qui lui est légitimement due.

458. — Malgré l'intérêt qu'il peut avoir, soit au ju-

gement du délit qu'il a dénoncé, soit à l'exécution de la condamnation prononcée en conséquence de cette dénonciation, le rédacteur du procès-verbal n'est recevable à intervenir, ni dans l'exercice des poursuites, ni dans l'exécution du jugement. Ce principe a été rappelé par un arrêt décidant que la Caisse des invalides de la marine ne puise pas, dans l'attribution qui lui est faite des amendes encourues pour contravention aux lois sur la police de la navigation, le droit de poursuivre ces contraventions, en vue du bénéfice que les condamnations à intervenir peuvent lui procurer. — Cour de cassation, 13 février 1852.

459. — Dans cette situation, les officiers du ministère public et les receveurs de l'enregistrement ne doivent pas oublier que la répression des délits de pêche et le recouvrement des amendes prononcées sont exigées, non-seulement dans un intérêt d'ordre public, mais aussi dans l'intérêt des rédacteurs des procès-verbaux, et que c'est méconnaître les engagements pris par la loi que de laisser périr, par la prescription ou autrement, le droit des agents aux gratifications qui leur ont été promises.

460. — A notre avis, le gouvernement, s'il use de son droit de grâce au profit d'un condamné et lui fait remise de l'amende, ne peut comprendre dans cette remise la part d'amende attribuée au rédacteur du procès-verbal, car ce serait disposer de ce qui ne lui appartient pas, et méconnaître la règle que la grâce n'est accordée que sous la réserve des droits acquis à des tiers.

En ce sens: Circulaire du directeur général des forêts du 11 janvier 1862, sur les transactions en matière de délits de chasse; M. Dalloz, *Recueil périodique*, 1868, 3ᵉ partie, p. 19, note 2. — V. aussi M. Legoux, *Du droit de grâce*, p. 73.

461. — *Transactions illicites avec les délinquants.* — L'allocation d'une gratification a pour objet, non-seulement de stimuler le zèle des agents, mais aussi d'affaiblir l'empire des séductions tentées à leur

égard pour les détourner de leur devoir. — Les gardes qui composent avec les délinquants qu'ils ont surpris en flagrant délit, et consentent, moyennant argent ou promesses, à ne pas dresser procès-verbal, commettent un crime, et se rendent, d'après la jurisprudence de la Cour de cassation, passibles des peines édictées par l'art. 177 du Code pénal, c'est-à-dire de la dégradation civique et d'une amende qui ne peut être moindre de 200 fr. La peine de la dégradation civique, aux termes de l'art. 34 du Code pénal, entraîne, entre autres incapacités et privations de droits, la destitution et « l'exclusion du condamné de toutes fonctions, emplois et offices publics ».

Il n'y a pas à distinguer, sur ce sujet, entre les gardes de l'État et ceux des particuliers. — Cour de cassation, 10 août 1828.

462. — « Les gardes-pêche ne peuvent, sous aucun prétexte, rien exiger ni recevoir des communes, des établissements publics et des particuliers, pour les opérations qu'ils auront à faire à raison de leurs fonctions » (Circulaire du ministre des travaux publics, du 20 juin 1853). — Cet abus est assez fréquent, notamment de la part des gardes champêtres, pour qu'un préfet ait cru devoir adresser aux sous-préfets et aux maires de son département les observations suivantes : « Messieurs, des faits récents m'ont démontré que, dans un certain nombre de communes du département, les gardes champêtres exigent directement, à leur profit, certaines sommes des personnes saisies par eux en délit ou en contravention. Cet acte constitue le crime de *concussion* et rend ces agents passibles des peines édictées par l'art. 174 du Code pénal. Il paraît, en outre, constant que des conseils municipaux ou des maires ont autorisé cette perception et même déterminé le tarif des primes à exiger. Je crois devoir vous faire observer que les délibérations ou autorisations de cette nature, constituant elles-mêmes une illégalité, sont nulles de plein droit et que, dans tous les cas, elles ne sauraient mettre les gardes champêtres à l'abri des poursuites judi-

ciaires. » — Circulaire du préfet de la Mayenne, reproduite par le *Journal des Communes*, 1863, page 403.

Art. 2.

La gratification sera directement acquittée entre les mains de l'ayant-droit par le receveur de l'enregistrement, suivant le mode actuel et les règles de la comptabilité publique.

---

463. — *Payement des gratifications.* — Il est fait aujourd'hui, non plus par le receveur de l'enregistrement, mais par *le percepteur des contributions directes* (art. 25 de la loi de finances du 29 décembre 1873); et il ne peut avoir lieu qu'après le recouvrement des amendes auxquelles les délinquants ont été condamnés. Pour ce motif, il n'y pas lieu de fournir au préfet des états trimestriels. On procède, pour avoir payement des gratifications, comme en matière de police du roulage.

464. — On a vu que les amendes encourues par un prévenu reconnu coupable de plusieurs délits, doivent être prononcées contre lui cumulativement. — Si ces délits ont été constatés par le même agent, il lui est dû autant de gratifications : c'est le principe reconnu en matière de chasse où une gratification est allouée par *chaque* amende prononcée (ordonnance du 5 mai 1815, art. 2) — De plus, le maximun de 50 fr. n'est applicable qu'à chaque gratification et non à l'ensemble des gratifications allouées à un agent par suite de la condamnation d'un même prévenu; c'est la règle qu'énonce, en matière de pêche maritime, l'art. 13 du décret du 9 janvier 1852, dans cette mention finale : « Sans que cette allocation puisse excéder 25 fr. par *chaque infraction.* » — V. le texte de cet

art. 15 dans les observations sur l'article précédent,
n° 455.

L'art. 1er du présent décret a, il est vrai, changé
légèrement cette formule, en disant : « Sans pouvoir
excéder, pour *chaque condamnation*, la somme de
50 fr. ». Mais, au fond, il a voulu exprimer la même
pensée; et, d'après la règle « *tot capita, tot senten-
tiæ* », chaque chef de condamnation constitue, en réalité, une condamnation qui peut *séparément* être
l'objet d'un recours et être frappée d'annulation par le
juge supérieur. — Au point de vue du paiement des
gratifications, il importe donc peu que des délits,
successivement constatés, aient été réunis dans la
même poursuite pour la simplification des procédures
et réprimés par un même jugement, ou qu'ils aient
été condamnés par des jugements séparés.

465. — Il est dû, de même, autant de gratifications qu'il y a de prévenus condamnés séparément.
Cela résulte implicitement de ce que l'art. 1er fixe la
gratification « au tiers de l'amende prononcée contre
les délinquants », ce qui ne permet pas, lorsqu'il y
a plusieurs délinquants, de réduire le droit du rédacteur du procès-verbal à l'amende prononcée contre un
seul d'entre eux. C'est aussi ce qui est admis en matière de chasse. (Circulaire du ministre des finances,
du 20 septembre 1863).

466. — Mais il y a lieu d'appliquer à la pêche fluviale ce principe, rappelé en matière de chasse : « Il
ne pourra être alloué qu'une seule gratification, lors
même que plusieurs agents auraient concouru à la rédaction du procès-verbal constatant le délit. » — Ordonnance royale du 5 mai 1845, art. 4.

467. — La gratification est partagée, dans ce cas,
entre les agents qui ont concouru à la rédaction du
procès-verbal. — De plus, lorsqu'un gendarme a
constaté un délit sur une réquisition ou une dénonciation, la gratification, d'après l'art. 270 du règlement du 18 février 1863, doit être partagée entre tous
les membres de la brigade. Elle n'est acquise inté-

gralemen au gendarme rédacteur du procès-verbal, que lorsqu'il a agi de son propre mouvement.

468. — Le présent article, en disant que la gratification est acquittée par le receveur de l'enregistrement (aujourd'hui par le percepteur des contributions directes), ajoute qu'elle est payée *directement* à l'ayant-droit.

469. — L'administration de l'enregistrement et des domaines avait adressé, sur le mode de payement des gratifications, les instructions suivantes à ses agents : « Le payement de la gratification s'effectue, sous la retenue de cinq pour cent pour frais de régie (loi du 5 mai 1855, art. 10; instr. n° 2045, et circ. compt. n° 91). — « Les mandats de payement sont délivrés, pour les gendarmes, au nom des conseils d'administration, et mention des sommes payées est faite sur le livret de solde. » Instruction du 13 octobre 1866.

470. — Pour la justification du droit à une part des amendes, l'agent qui a verbalisé se fait délivrer par le greffier un extrait du jugement attestant que c'est sur son procès-verbal que la condamnation a été prononcée; cet extrait est rédigé sur papier libre comme pièce de comptabilité. — Il donne lieu à la perception par le greffier d'un émolument de 25 cent.

Le greffier n'étant pas juge des prétentions de l'agent à une gratification, ne peut pas refuser la délivrance de l'extrait à celui-ci, sauf à n'énoncer que ce qui résulte formellement du jugement (*Journal de la Gendarmerie*, 1868, p. 166). L'agent qui essuierait un refus du greffier, pourrait réclamer auprès du procureur de la République. — Sur le vu de ce certificat, le préfet délivre un mandat qui est acquitté par le percepteur des contributions directes du bureau le plus voisin du domicile de l'agent qui a verbalisé. — Instruction du 15 novembre 1820.

471. — Le préfet n'a pas à rechercher si le procès-verbal qui a amené la condamnation, a été rédigé *de visu* ou sur la déclaration de tierces personnes, car la loi ne distingue pas. — Opinion conforme : MM. Giraudeau et Lelièvre; *la Chasse*, n° 392.

472. — Le présent décret ne fixe pas le délai pendant lequel le paiement de la gratification peut être réclamé. En matière de chasse, l'opinion qui a prévalu est que la réclamation des gratifications doit être faite dans le délai de cinq ans à partir du jour de la condamnation; et c'est ce que dispose, du reste, l'art. 293 du décret du 18 février 1803, sur l'administration et la comptabilité de la gendarmerie.

DÉCRET DU 10 AOUT 1875

PORTANT RÈGLEMENT GÉNÉRAL SUR LA PÊCHE FLUVIALE.

Art. 1er.

Les époques pendant lesquelles la pêche est interdite, en vue de protéger la reproduction du poisson, sont fixées comme il suit : — 1° Du 20 octobre au 31 janvier, est interdite la pêche du saumon, de la truite, de l'ombre-chevalier et du lavaret ; — 2° Du 15 avril au 15 juin, est interdite la pêche de tous les autres poissons et de l'écrevisse.

Les interdictions prononcées dans les paragraphes précédents s'appliquent à tous les procédés de pêche, même à la pêche à la ligne flottante tenue à la main.

—

473. — Le présent décret est le seul règlement général sur la matière de la pêche fluviale. Il remplace le règlement du 25 janvier 1868.

474. — *Temps du frai.* — Il est fixé d'une manière uniforme pour tous les départements ; toutefois, le nouveau règlement restitue aux préfets le droit d'introduire, quant à la durée de ces périodes et aux espèces de poissons qu'il convient d'y comprendre, les modifications qui seraient commandées par des nécessités locales. — V. l'art. 2 ci-après.

Le temps du frai comprend deux périodes concernant des espèces de poissons différentes.

475. — Du 20 octobre au 31 janvier inclusivement, il est interdit de pêcher le *saumon*, la *truite*, l'*ombre-*

chevalier et le *lavaret*, non-seulement dans les eaux douces, mais aussi, aux termes d'un décret du 20 novembre 1875, « tant à la mer, le long des côtes, que dans la partie des fleuves, rivières, étangs et canaux où les eaux sont salées ». Sur ce point, du reste, le décret du 20 novembre 1875 ne fait que rappeler la législation relative à la pêche des poissons d'eau douce dans les eaux salées. — V. nᵒˢ 406 et 407.

Quant aux autres poissons, la pêche en est permise pendant cette même période, à moins de prohibitions spéciales dans les règlements préfectoraux. C'est ce qui ressort de l'art. 2 ci-après.

476. — Du 15 avril au 15 juin, la pêche est interdite pour tous les autres poissons d'*eau douce* et pour l'écrevisse. Cette seconde interdiction s'applique aux poissons vivant alternativement dans les eaux douces et dans les eaux salées, notamment à l'alose, à l'anguille et à la lamproie, et non, par conséquent, au saumon, à la truite, à l'ombre-chevalier et au lavaret, qui ont une période distincte de ponte, et pour lesquels le temps du frai a été fixé du 20 octobre au 31 janvier. Les préfets peuvent, par exception, lever la prohibition de pêcher dans cette seconde période les poissons des espèces désignées plus haut (V. l'article 2 ci-après). — « La plupart des règlements locaux, a dit le ministre des travaux publics, faisaient remonter la seconde période jusqu'en mars pour quelques poissons; cette mesure pouvait présenter des inconvénients sérieux pour l'alimentation publique à une époque où une partie de la population fait plus spécialement usage des aliments maigres. Cette période de deux mois a paru suffisante, d'ailleurs, pour la protection du plus grand nombre d'espèces. » — Circulaire du 1ᵉʳ février 1863.

D'après les règles généralement admises par les tribunaux, il ne faut pas compter dans le délai le jour indiqué comme point de départ, mais il faut y comprendre le jour de l'échéance; en sorte que le temps de la suspension de l'exercice du droit de pêche devrait être considéré comme durant, pour la seconde

période du frai, depuis et non compris le 15 avril
jusques et y compris le 15 juin. Mais, dans la pratique, la disposition est autrement interprétée.

477. — La sanction des interdictions prononcées
par le présent art. 1er se trouve dans les art. 27 et
28 de la loi du 15 avril 1829. La peine du délit est
doublée lorsqu'il a été commis en état de récidive ou
pendant la nuit. — V. les art. 69 et 70 de la même
loi.

478. — L'interdiction de la pêche à la ligne en
temps de frai est rappelée ici, conformément à la disposition finale de l'art. 5 de la loi de 1829.

479. — Il existe des parties de rivières, cours d'eau
et canaux, navigables ou non, flottables ou non, qui
ont été constituées, pour un temps déterminé, en
réserves pour la reproduction du poisson. La pêche
y est interdite pendant l'année entière. — Loi du
31 mai 1865, art. 1er.

480. — Le gouvernement a jugé utile d'ajouter à
l'interdiction de pêcher la mesure suivante :

Art. 5 du décret du 12 janvier 1875 : « Pendant les périodes d'interdiction de la pêche, fixées
conformément à l'art. 26 de la loi du 15 avril 1829 et
à l'art. 4 de la loi du 31 mai 1865, il est interdit de
laisser vaguer les oies, les canards, les cygnes et
autres animaux aquatiques susceptibles de détruire
le frai du poisson, sur les cours d'eau et canaux dans
l'étendue des réserves affectées à la reproduction. »

481. — Quant à la divagation de ces animaux sur
un canal traversant une propriété privée, fait de nature
à nuire au poisson qui y est contenu, il est prévu
par le Code rural de 1791, qui autorise le propriétaire
lésé à faire feu sur ces volailles, mais seulement sur
le lieu et au moment même du dégât (Cour de cass.,
26 décembre 1868). — Le propriétaire d'un étang
peut de même faire feu sur des oiseaux sauvages qui
se sont abattus sur son étang, et qui causent du dommage au poisson ou au frai qui s'y trouve; ce n'est

pas là un fait de chasse, mais un acte de légitime défense de sa propriété.

Art. 2.

Les préfets peuvent, par des arrêtés rendus après avoir pris l'avis des conseils généraux, soit pour tout le département, soit pour certaines parties du département, soit pour certains cours d'eau déterminés : — 1° Interdire exceptionnellement la pêche de toutes les espèces de poissons pendant l'une ou l'autre période, lorsque cette interdiction est nécessaire pour protéger les espèces prédominantes ; — 2° Augmenter, pour certains poissons désignés, la durée desdites périodes, sous la condition que les périodes ainsi modifiées comprennent la totalité de l'intervalle de temps fixé par l'art. 1er; — 3° Excepter de la seconde période la pêche de l'alose, de l'anguille, de la lamproie, ainsi que des autres poissons vivant alternativement dans les eaux douces et les eaux salées; — 4° Fixer une période d'interdiction pour la pêche de la grenouille.

482. — *Extension de l'interdiction de pêcher pendant le temps du frai.* — Comme il existe deux temps de frai distincts, s'appliquant à des espèces de poissons spécialement indiquées, il en résulte que, pendant chacun de ces deux temps de frai, la pêche est, non pas interdite, mais restreinte aux poissons autres que ceux que ce temps de frai concerne. Il est de jurisprudence, en effet, qu'on ne peut considérer comme péchant en temps prohibé l'individu qui cap-

ture des poissons appartenant à des espèces qu'il est permis de pêcher pendant le temps du frai. — Cour de cassation, 13 mars 1851.

483. — C'est aux inconvénients qui peuvent naître de cette situation que le présent article s'est proposé de remédier. Le nouveau décret étend à cet égard les pouvoirs que le règlement du 25 janvier 1868, en remplacement duquel il a été édicté, donnait déjà aux préfets.

Art. 3.

Des publications sont faites dans les communes, dix jours au moins avant le début de chaque période d'interdiction de la pêche, pour rappeler les dates du commencement et de la fin de ces périodes.

484. — *Publications pour rappeler les interdictions de pêcher.* — Cette prescription de l'art. 3, qui figurait déjà dans le décret du 25 janvier 1868, « a paru utile pour prévenir, autant que possible, les contraventions. » — Circulaire précitée, du 1ᵉʳ février 1868.

485. — Mais l'omission des publications ordonnées ne pourrait, à notre avis, être invoquée comme excuse par les contrevenants. — Cette opinion, que nous exprimions dans la première édition du *Code nouveau de la pêche fluviale*, a été formellement consacrée depuis par la Cour de cassation : arrêt du 9 février 1871. — Arrêt conforme de la Cour de Bordeaux du 22 mars 1871.

486. — Une publicité du même genre est également prescrite pour faire connaître l'établissement des réserves affectées à la reproduction du poisson, dans

lesquelles l'interdiction de la pêche est édictée pour l'année entière. — V. n° 404.

Art. 4.

Quiconque, pendant la période d'interdiction de la pêche, transporte ou débite des poissons dont la pêche est prohibée, mais qui proviennent des étangs et réservoirs, est tenu de justifier de l'origine de ces poissons.

487. — *Provenance des poissons.* — Le présent article a transformé en disposition de règlement une règle déjà consacrée par la jurisprudence. « C'est, a-t-il été dit, un simple avertissement donné à ceux qui voudront jouir du bénéfice de cette faculté exceptionnelle, afin qu'ils prennent telles dispositions nécessaires pour ne pas être inquiétés. » — Circulaire du ministre des travaux publics, du 1er février 1868.

Le rapporteur de la loi du 31 mai 1865 le rappelait déjà en ces termes : « L'exception que notre respect pour la propriété nous a amenés à admettre, si elle laisse une porte ouverte à la fraude, ne la rendra cependant pas facile. Ce sera toujours au pêcheur ou au marchand qui mettra en vente du poisson d'étang, pendant les époques de prohibition, à faire la preuve de son origine, et les tribunaux auront à apprécier si cette preuve est satisfaisante. L'administration, elle aussi, contrôlera, par ses agents, la sincérité des certificats d'origine. La proximité des étangs et des réservoirs des lieux de mise en vente, les époques, la nature et la qualité du poisson deviendront autant de circonstances qui serviront à établir le degré de confiance qu'il faudra leur accorder. »

488. — Quant au mode de preuve, il devait, d'a-

près le passage qu'on vient de transcrire et d'après
le projet de réglement soumis aux conseils généraux,
consister surtout dans la production d'un certificat
d'origine délivré par l'autorité locale. Mais le présent
décret ne dit rien sur ce sujet. — Ce silence a été
expliqué de la manière suivante : « On avait d'abord
songé à préciser le mode de justification de la provenance des poissons. Mais l'on a dû y renoncer pour
donner une plus grande latitude aux intéressés, en
laissant aux tribunaux compétents le soin d'apprécier
la validité des preuves fournies. » (Même circulaire
de 1868). — Il faut appliquer ici ce qui a été dit dans
les observations sur l'art. 30 de la loi de 1829, relativement aux poissons péchés dans les étangs et réservoirs particuliers. — V. nᵒˢ 152 et suiv.

Art. 5.

Les poissons saisis et vendus aux enchères,
conformément à l'art. 42 de la loi du 15 avril
1829, ne peuvent pas être exposés de nouveau
en vente.

—

489. — *Revente des poissons saisis.* — Quelques
doutes peuvent s'élever sur la portée de la présente
disposition, si on se reporte aux explications données
par le ministre des travaux publics : « L'art. 5,
disait-il, en interprétant une disposition identique du
précédent décret, a pour objet d'éviter les difficultés
qui se sont élevées au sujet de l'application de
l'art. 42 de la loi de 1829, aux termes duquel le poisson saisi pour cause de délit doit être vendu aux enchères publiques. La loi, en ordonnant la vente aux
enchères de ce poisson, a certainement entendu qu'il
fût livré à la consommation et non point qu'il pût
être réexposé en vente ; autrement la répression de la

fraude serait impossible, car on ne pourrait distinguer, sur le marché, le poisson provenant de la vente effectuée, de celui qui serait exposé en contravention. » — Circulaire précitée du 1er février 1868.

490. — Nous pensons qu'il ne peut être question ici que du poisson dont la vente est défendue, c'est-à-dire du poisson pêché pendant les périodes d'interdiction de la pêche, ou de celui qui n'a pas les dimensions réglementaires. Mais quant au poisson saisi pour avoir été pêché sans permission, ou bien avec des engins prohibés ou bien encore pendant la nuit, il n'y a pas d'inconvénient à en permettre la revente dans un temps où la vente des poissons des mêmes espèces est autorisée par la loi. Le ministre paraît l'entendre ainsi, puisqu'il ne s'est préoccupé que du cas où le poisson est exposé en vente *en contravention.*

491. — Ce que le présent article défend, ce n'est pas la revente elle-même, mais seulement la réexposition en vente. — L'acquéreur de poissons saisis peut donc, sans contravention, céder à des tiers tout ou partie de son lot, pourvu qu'il s'abstienne d'opérations faites en public.

Art. 6.

La pêche n'est permise que depuis le lever jusqu'au coucher du soleil. — Toutefois, la pêche de l'anguille, de la lamproie et de l'écrevisse pourra être autorisée après le coucher et avant le lever du soleil, dans des cours d'eau désignés et aux heures fixées par des arrêtés préfectoraux rendus après avis des conseils généraux. Ces arrêtés détermineront, pour l'anguille, la lamproie et l'écrevisse, la nature et les dimensions des engins dont l'emploi est autorisé.

492. — *Pêche de nuit.* — Elle est ici prohibée par le gouvernement, en vertu de la mission que l'art. 26 de la loi du 15 avril 1829 lui a donnée « de déterminer les *heures* pendant lesquelles la pêche sera interdite. » — Cette défense avait été déjà faite, à titre provisoire, par l'art. 84 de la même loi ; le présent décret ne fait que la maintenir, en réservant la possibilité d'établir des exceptions. La pêche de nuit, ainsi que le fait remarquer le ministre des travaux publics, « est inconciliable avec une surveillance efficace. » (Circulaire du 1er février 1868). Un intérêt de bonne police, ajoute la Cour de cassation, exige qu'elle soit défendue pour la sûreté des personnes et des propriétés. — Arrêt du 8 août 1867.

493. — Le décret se sert, dans la formule de la prohibition, d'une indication moins vague que le mot *nuit*, qui figure dans l'énoncé d'interdictions semblables prononcées par d'autres lois spéciales. Pour l'application de l'art. 70 de la loi de 1829, qui fait de la circonstance de nuit une circonstance aggravante des délits de pêche, il faut, croyons-nous, s'en tenir à la définition du présent art. 6.

494. — Dans le cas où un individu a été surpris pêchant la nuit avec un filet non prohibé, y a-t-il lieu de prononcer la confiscation du filet ? — La négative paraît avoir été admise par la Chambre des députés, lors de la discussion de l'art. 41 de la loi du 15 avril 1829, relatif à la confiscation et à la vente des filets saisis. La rédaction première de cet article mentionnait les filets non prohibés, *ayant été employés la nuit* ; cette dernière mention a été effacée sur l'observation que la loi, dans les art. 27 et 70, sur la pêche de nuit, n'a pas prescrit de saisir les filets non prohibés.

495. — *Pêche de l'anguille, de la lamproie et de l'écrevisse.* — L'explication de l'exception autorisée pour cette pêche a été donnée dans les observations sur l'art. 27 de la loi du 15 avril 1829. Le conseil d'État a reconnu que l'exception ne pouvait être

étendue ni au saumon ni à l'alose. — Circulaire du ministre des travaux publics, du 25 octobre 1875.

Art. 7.

Le séjour dans l'eau des filets et engins ayant les dimensions réglementaires et destinés à la pêche de tous les poissons non désignés à l'article précédent, est permis à toute heure, sous la condition qu'ils ne peuvent être placés et relevés que depuis le lever jusqu'au coucher du soleil.

496. — *Pêche avec filets ou nasses séjournant dans l'eau.* — Il résultait déjà d'un arrêt de la Cour de cassation, du 8 août 1867, que le fait dont il s'agit dans la présente disposition, ne peut être assimilé au fait de pêcher pendant la nuit. Les raisons qui ont fait interdire la pêche de nuit, ne peuvent, en effet, trouver ici leur application; du moment où il s'agit d'engins destinés par leur nature à séjourner dans l'eau, il importe peu, alors qu'ils ont les dimensions réglementaires, qu'ils séjournent dans l'eau la nuit plutôt que le jour.

497. — Si les filets ou engins placés dans l'eau pour y séjourner, n'avaient pas les dimensions réglementaires, le délit de pêche avec filets prohibés, commis dans ce cas, devrait-il être considéré comme aggravé par la circonstance de nuit? — Nous ne le pensons pas, parce que, d'après l'arrêt précité de la Cour de cassation, et même d'après le présent art. 7, c'est l'action de placer et de retirer les filets qui constitue le fait de pêche; l'aggravation de peine ne serait donc encourue que si le délinquant avait profité de la nuit pour venir poser ou lever les filets employés en contravention.

Art. 8.

Les dimensions au-dessous desquelles les poissons et écrevisses ne peuvent être pêchés même à la ligne flottante et doivent être immédiatement rejetés à l'eau, sont déterminées comme il suit, pour les diverses espèces : — 1° Les saumons et anguilles, vingt-cinq centimètres de longueur ; — 2° les truites, ombres-chevaliers, ombres communs, carpes, brochets, barbeaux, brêmes, meuniers, muges, aloses, perches, gardons, tanches, lottes, lamproies et lavarets, quatorze centimètres de longueur ; — 3° les soles, plies et flets, dix centimètres de longueur ; — 4° les écrevisses à pattes rouges, huit centimètres de longueur ; celles à pattes blanches, six centimètres de longueur.

La longueur des poissons ci-dessus mentionnés est mesurée de l'œil à la naissance de la queue ; celle de l'écrevisse de l'œil à l'extrémité de la queue déployée.

—

498. — *Dimensions au-dessous desquelles les poissons ne peuvent être pêchés.* — « Ces dimensions sont en harmonie avec celles que fixent les règlements de la marine. » (Circulaire du ministre des travaux publics, du 1er février 1868 ; V. l'art. 127 du décret du 4 juillet 1853.) Elles ont été, au surplus, rappelées dans un décret sur la pêche maritime, du 20 novembre 1875, pris en exécution de l'art. 4 de la loi du 31 mai 1865.

Pour ne pas être déclaré en délit, le pêcheur qui a pris du poisson n'ayant pas encore la longueur exigée, doit le rejeter *immédiatement* en rivière, ainsi que le prescrit le présent réglement et que le prescrivait antérieurement l'ordonnance des eaux et forêts du mois d'août 1669. Le pêcheur en la possession duquel serait trouvé, même pendant qu'il est en action de pêche, du poisson n'ayant pas les dimensions réglementaires, ne pourrait valablement alléguer pour excuse qu'il se proposait d'opérer ultérieurement le triage du produit de sa pêche, et de rejeter en rivière le poisson reconnu trop petit

499. — Pour faciliter la constatation des contraventions, l'art. 34 de la loi du 25 avril 1829 donne aux gardes-pêche le droit de faire amener par les pêcheurs les bateaux dans lesquels ils se livrent à la pêche, sous peine d'une amende de 50 francs en cas de refus. — Le poisson n'ayant pas les dimensions réglementaires doit être saisi par le garde-pêche. S'il est vivant, il est rejeté par le garde dans la rivière; c'est, du moins, l'opinion que nous avons cru devoir exprimer.

500. — Le fait de pêcher, colporter ou débiter des poissons n'ayant pas les dimensions fixées par la présente disposition, est réprimé par l'art. 30 de la loi de 1829.

501. — Le règlement nouveau a supprimé l'exception précédemment admise pour le poisson pris à la ligne flottante, exception qui donnait aux délinquants un moyen trop facile d'éluder la loi.

Il subsiste cependant une exception; mais elle est spéciale à la pêche maritime, et résulte de la disposition suivante :

Art. 129 du décret du 4 juillet 1853. — « Il est néanmoins permis de pêcher, quelles que soient leurs dimensions, mais avec les filets et engins déterminés par le présent décret, les poissons qui s'ensablent, tels que les anguilles, lançons, et autres de mêmes espèces. »

Art. 9,

Les mailles des filets, mesurées de chaque côté après leur séjour dans l'eau, et l'espacement des verges des bires, nasses et autres engins employés à la pêche des poissons, doivent avoir les dimensions suivantes : — 1° Pour les saumons, quarante millimètres au moins ; — 2° Pour les grandes espèces, autre que le saumon et pour l'écrevisse, vingt-sept millimètres au moins ; — 3° Pour les petites espèces, telles que gougons, loches, vérons, ablettes et autres, dix millimètres.

La mesure des mailles et de l'espacement des verges est prise par une tolérance d'un dixième.

Il est interdit d'employer simultanément, à la pêche, des filets ou engins de catégories différentes.

—

502. — *Dimensions des mailles des filets.* — Le présent règlement reconnaît trois pêches différentes : celle des saumons, celle des poissons des grandes espèces, et celle des poissons des petites espèces. Pour les deux premières, il indique un minimum de dimension des mailles des filets et d'espacement des verges des bires, nasses et autres engins employés à ces pêches ; mais il n'exige pas que la dimension des mailles et l'espacement des verges soient ramenés à ces chiffres, une largeur plus grande étant tolérée. Il n'en est pas de même pour la pêche des poissons appartenant aux petites espèces. Le gouvernement fixe, pour cette pêche, la dimension des mailles à dix millimètres, sans ajouter « *au moins* » comme dans les dispositions précédentes du même article. — Il résulte de cette manière de s'exprimer, d'après la jurisprudence, que la largeur indiquée est, pour ce cas,

fixe et invariable, et, par suite, qu'il y a lieu de considérer comme ne satisfaisant pas aux prescriptions du règlement, non-seulement les filets dont les mailles ont moins de dix millimètres, mais aussi ceux dont les mailles auraient plus de dix millimètres et moins de vingt-sept millimètres, minimum de dimension des filets permis pour la pêche des poissons des grosses espèces. — Cour de cassation, 14 mars 1862; Cour de Nancy, 22 mars 1859; Cour de Lyon, 21 mai 1861; Cour de Besançon, 21 décembre 1872; Cour de Chambéry, 30 janvier 1875.

Et, en effet, quand un filet a des mailles d'une dimension intermédiaire, la présomption est que le pêcheur a voulu éluder la fixation relative à la pêche des poissons des grandes espèces, car pour la pêche des poissons des petites espèces, il a tout intérêt à mettre entièrement à profit la tolérance que le règlement accorde. La surveillance des gardes serait véritablement inefficace, si, en dehors des filets permis pour la pêche des poissons des grandes espèces, il pouvait exister régulièrement d'autres filets que celui dont les mailles ont une dimension de dix millimètres.

Pour faciliter cette surveillance, le nouveau décret défend d'employer simultanément à la pêche des filets ou engins de catégorie différente. — Contrevenir à cette défense, c'est commettre le délit de pêche avec filets prohibés. — V. n° 136.

503. — *Pêche à l'aide de bires et nasses.* — Les bires et nasses doivent être établies de telle sorte que l'espacement des verges, ménagé conformément aux prescriptions du présent article 9, laisse passer les poissons qui n'ont pas encore atteint une croissance suffisante. L'emploi, au lieu de bires ou nasses, de *bouteilles de verre* ouvertes au fond et fermées au goulot (pour la pêche du goujon, notamment), constitue donc, en ce que tout espacement y est supprimé, un procédé de pêche prohibé. — Cour de Lyon, 8 novembre 1869; Cour de Dijon, 12 janvier 1870.

504. — *Pêche du saumon.* — Pour cette pêche, les filets doivent avoir des mailles d'une dimension de

quarante millimètres *au moins ;* l'espacement des verges des bires, nasses et autres engins employés à prendre le saumon, ne peut également être moindre de quarante millimètres. « Cette dimension est un peu plus faible, dit le ministre des travaux publics, que celle admise dans la législation anglaise. » — Circulaire du 1ᵉʳ février 1868.

505. — Lorsqu'un pêcheur se livrant à la pêche des poissons des grandes espèces, prend accidentellement des saumons durant le temps où la pêche en est permise, il doit, à notre avis, les rejeter immédiatement en rivière, sans qu'il y ait à rechercher si ces poissons auraient pu ou non s'échapper à travers les mailles d'un filet autorisé pour la pêche du saumon. En effet, pour ce qui concerne la pêche du poisson de cette espèce, tous autres filets que ceux dont les mailles ont une dimension moindre de quarante millimètres, sont des filets prohibés. — Le pêcheur qui garderait des saumons dans le cas indiqué, s'exposerait donc à une amende de 30 à 100 fr. — V. les art. 28 et 29 de la loi du 15 avril 1829.

506. — Mais l'individu qui, péchant au saumon avec un filet dont les mailles ont quarante millimètres, prend accidentellement des poissons des grandes espèces, peut les joindre à sa pêche sans commettre une contravention, si la pêche est à ce moment ouverte pour ces espèces de poissons ; car le règlement permettant de prendre des poissons des grandes espèces avec tout filet dont les mailles ont une dimension non inférieure à vingt-sept millimètres, ne s'oppose pas, par suite, à ce que la pêche de ces poissons soit effectuée avec des filets dont les mailles ont une dimension de quarante millimètres.

507. — *Pêche des poissons des grandes espèces et de l'écrevisse.* — Le chiffre de vingt-sept millimètres *au moins,* indiqué pour la dimension des mailles des filets et pour l'espacement des verges des bires, nasses et autres engins employés à cette pêche, est inférieur de trois millimètres à celui que déterminait l'ordonnance du 15 novembre 1830, abrogée et remplacée

par le présent règlement : « Cette réduction, a dit le ministre des travaux publics, fait droit à de nombreuses réclamations qui s'étaient élevées au sujet de la dimension de trente millimètres. » — Circulaire du 1er février 1868.

Sont classés parmi les grandes espèces tous les poissons pour lesquels une dimension est exigée par l'art. 8. Ainsi l'anguille appartient à la catégorie des poissons de grande espèce qu'on ne peut pêcher qu'avec des filets ayant des mailles d'une dimension de 27 millimètres au moins. — Cour de Paris, 13 juillet 1871.

508. — On a vu, plus haut, que les saumons pris accidentellement par celui qui se livre à la pêche des poissons des grandes espèces, doivent être rejetés en rivière. Faut-il décider de même à l'égard des poissons des petites espèces, qui se trouveraient pris dans des filets employés à la pêche des poissons des grandes espèces? Nous ne le pensons pas; car le filet dont les mailles ont vingt-sept millimètres de dimension est celui dont l'emploi est permis comme règle générale. C'est seulement pour donner une facilité de plus que le règlement a établi une troisième classe de filets ayant des mailles de dix millimètres.

509. — *Pêche des poissons des petites espèces.* — « Pour les petites espèces, telles que *goujons, vérons, ablettes* et autres, le gouvernement a adopté les mailles de dix millimètres, en vue principalement de donner satisfaction à l'industrie assez considérable de la fabrication des perles artificielles, qui emploie l'écaille des ablettes, » (Circulaire du ministre des travaux publics, du 1er février 1868.) Le nouveau règlement autorise les préfets à ne permettre la pêche des poissons des petites espèces que dans certains emplacements déterminés (V. l'article suivant). — Les filets ayant une dimension intermédiaire entre dix millimètres et vingt-sept millimètres sont prohibés, même pour la pêche des poissons des petites espèces.

Le pêcheur qui prend accidentellement, avec un filet servant à la pêche des petites espèces, des poissons appartenant aux grandes espèces, doit immédiatement les rejeter en rivière, à peine d'être déclaré coupable de délit de pêche avec des filets prohibés. — Cour de Paris, 13 juillet 1871. — V. n° 137.

510. — *Sanction pénale.* — L'emploi d'un filet dont les mailles n'ont pas les dimensions réglementaires, est puni, par l'art. 28 de la loi du 15 avril 1829, d'une amende de 30 fr. à 100 fr. — Cette amende est portée au double quand le délit a été commis soit dans le temps du frai, soit en état de récidive (art. 69 de la même loi), soit pendant la nuit (art. 70 de la même loi). — Il y a lieu à la saisie du filet et du poisson péché en délit (art. 39 et suiv. de la même loi). — On sait aussi que le simple transport des filets non réglementaires est un délit puni par l'art. 29 de la loi précitée.

Le délit résultant de ce qu'il a été abusivement fait usage d'un filet à petites mailles pour une pêche de poissons appartenant aux grandes espèces, est assimilé, par l'art. 29 de la loi du 15 avril 1829, au délit d'emploi d'un filet prohibé. — Mais il y a cette différence que, dans ce cas, le filet n'est pas susceptible de confiscation. — V, n° 136.

511. — *Poissons de petites dimensions.* — La circonstance que les poissons ont été pris avec des filets permis pour la pêche des espèces auxquelles ils appartiennent, ne dispense pas le pêcheur, cela va sans dire, de l'obligation de rejeter en rivière ceux qui n'ont pas les dimensions réglementaires. — Sur ce point, les prescriptions de l'art. 30 de la loi du 15 avril 1829 sont générales et absolues.

Art. 10.

Les préfets peuvent, sur l'avis des conseils généraux, prendre des arrêtés pour réduire les dimensions des mailles des filets et l'espacement des verges des engins employés uniquement à la pêche de l'anguille, de la lamproie et de l'écrevisse. Les filets et engins à mailles ainsi réduits ne peuvent être employés que dans les emplacements déterminés par ces arrêtés. — Les préfets peuvent aussi, sur l'avis des conseils généraux, déterminer les emplacements limités, en dehors desquels l'usage des filets à mailles de dix millimètres n'est pas permis.

—

611 bis. — *Pêche avec filets ayant des mailles de dimension réduite.* — En dehors des emplacements déterminés par les règlements locaux, l'emploi de ces filets constitue le délit de pêche avec filets prohibés ; mais il n'y a pas lieu de prononcer contre le délinquant la confiscation du filet en sus de l'amende. — V. n° 136.

Art. 11.

Les filets fixes ou mobiles et les engins de toute nature ne peuvent excéder, en longueur ni en largeur, les deux tiers de la largeur mouillée des cours d'eau dans les emplacements où on les emploie. — Plusieurs filets ou engins ne peuvent être employés simultanément sur la même rive ou sur deux rives opposées qu'à une distance au moins triple de leur développement. — Lorsqu'un ou plusieurs des engins employés sont en partie fixes et en partie mobiles, les distances entre les parties fixées à demeure sur la même rive ou sur les rives opposées doivent être au moins

triples du développement total des parties fixes
et mobiles mesurées bout à bout.

—

512. — *Manœuvres et dimensions des filets fixes
ou flottants.* — Les prescriptions qui se rapportent à
cet objet ont été empruntées en partie à la législation
anglaise, et ont pour but de « prévenir les abus qui
résulteraient de la faculté de barrer complétement
les cours d'eau par l'emploi de filets d'un trop grand
développement relativement à la largeur mouillée de
ces cours d'eau. » — Circulaire du ministre des travaux publics du 1er février 1868.

513. — Ainsi se trouve de nouveau prohibé l'ancien procédé de pêche connu sous le nom de *baran-
dage.* « C'est, dit M. Baudrillart, *Pêche fluviale,* t. 2,
p. 141, une manœuvre qui se fait au moyen d'un
grand filet qui barre tout le lit d'une rivière. A une
grande distance de ce filet, les pêcheurs, partis dans
des bateaux, remontent la rivière en y jetant des
pierres et en faisant beaucoup de bruit. Lorsque les
poissons se trouvent assez rapprochés du filet, on le
replie en demi-cercle vers le rivage, et on pêche avec
des éperviers le poisson ainsi rassemblé. Autrefois les
pêcheurs et même les officiers des maîtrises se don-
naient ainsi le plaisir de la pêche. Cela arrivait ordinairement au mois de mai, et cette partie de plaisir,
très-nuisible à la population des rivières, se nommait
aussi *la fare.* Cette façon de pêcher fut défendue par
l'ordonnance de 1669, titre xxx, art. 10. » — La disposition de l'ordonnance de 1669, rappelée dans cette
citation, a été temporairement maintenue par l'art. 84
de la loi du 15 avril 1829.

La contravention aux défenses qui sont ici établies,
tombe sous l'application de l'art. 28 de la loi de
1829. — Lorsque le pêcheur a été jusqu'à tendre ses
filets dans toute la largeur du cours d'eau, il est passible de l'application de l'art. 24 de la même loi, qui
édicte des peines plus sévères.

514. — *Pêcheries et filets fixes : gords, dideaux, etc.* — Les engins et filets fixes sont implicitement permis, sous la condition que les longueurs et distances, indiquées dans le présent article, ne seront pas excédées. Toutefois, dans les cours d'eau navigables et flottables, la pêche au moyen d'engins fixes n'est permise aux fermiers des cantonnements de pêche, qu'autant qu'elle a été spécialement autorisée par des clauses particulières insérées au cahier des charges ou par décisions ministérielles pendant la durée des baux. — Cahier des charges de 1875, art. 2.

515. — Parmi les pêcheries et filets fixes figurent, au premier rang, les *gords*, dont la jurisprudence a eu à s'occuper à diverses reprises : « Ce sont, dit M. Baudrillart, de grands entonnoirs qu'on forme avec des filets ou des pieux qui se touchent les uns les autres, et dont la pointe aboutit à l'entrée d'un verveux ou d'un guideau pour y conduire le poisson. » — Depuis la loi du 15 avril 1829, le fait d'établir un gord sans autorisation dans une rivière navigable ou flottable, n'est considéré comme délit de pêche que dans les cas où le passage du poisson se trouve *complétement* empêché par l'établissement du gord, suivant les prévisions de l'art. 24 de la loi du 15 avril 1829. — Cour de Pau, 24 décembre 1829.

516. — Aujourd'hui la construction des gords peut être poursuivie en vertu des lois et règlements sur la pêche, non-seulement quand ils forment un barrage complet d'un cours d'eau, mais aussi dans le cas où, pour l'établissement d'un gord ne formant qu'un barrage partiel, les distances prescrites par le présent article n'ont pas été observées.

517. — Les *dideaux* ou *guideaux* sont des filets ayant la forme d'un sac ou d'une chausse dont l'embouchure est large, et qui va toujours en diminuant jusqu'à son extrémité, laquelle est fermée, le plus souvent, à l'aide d'une nasse. On tend les dideaux dans les eaux courantes, notamment aux arches des ponts et aux angles des gares, en opposant la bouche

du filet au mouvement du flot, de manière que le poisson, qui suit le courant, puisse s'y engager. — L'ordonnance de 1669 défendait « de mettre des bires ou nasses d'osier à bout des dideaux, pendant le temps du frai. » — Aujourd'hui, toute pêche est dé+ fendue pendant cette période, sans en excepter celle à l'aide de dideaux; mais, en principe, l'emploi des dideaux reste permis. Une délibération du conseil de l'amirauté, du 18 février 1832, a déclaré que le dideau était susceptible d'être toléré. — V. l'art. 15.

518. — Le *tramail* est un filet formé de trois nappes posées immédiatement les unes sur les autres, et montées sur une ralingue qui est commune à toutes et qui borde le filet en haut et en bas. La nappe du milieu, à la différence des deux autres dont les mailles sont larges, est formée de mailles serrées et est flottante. Le poisson qui a traversé l'une des deux nappes de face, poussé la nappe intermédiaire contre l'autre nappe de face et l'engage à travers l'une des larges mailles de celles-ci de manière à former une poche dont il ne peut sortir. — Le tramail était autrefois défendu par l'ordonnance de 1669 ; il est permis pour la pêche maritime sous le nom de *tramail sédentaire*, et il peut, à notre avis, être également employé pour la pêche fluviale, sous la condition que celui qui s'en sert se conforme aux prescriptions relatives à la largeur des mailles et à la dimension des filets formant barrages partiels, ainsi qu'au soulèvement de ces filets pendant trente-six heures chaque semaine. — V. l'article suivant.

Art. 12.

Les filets fixes employés à la pêche seront soulevés par le milieu pendant trente-six heures de chaque semaine, du samedi à six heures du soir au lundi à six heures du matin, sur une longueur équivalente au dixième de leur développement, et de manière à laisser entre le fond et la ralingue inférieure un espace libre de cinquante centimètre au moins de hauteur.

—

519. — *Interruption, pendant les dimanches, de la pêche à l'aide de filets fixes.* — Cette disposition, empruntée à la législation anglaise, n'a aucun rapport avec l'ancienne interdiction de pêcher le dimanche, qu'avaient édictée les art. 4 et 5 du titre XXXI de l'ordonnance de 1669, et qui n'a pas été reproduite dans la loi de 1829; autrement elle eût compris dans ses prohibitions la pêche à l'épervier ou au carré et les autres modes de pêche. — Son objet est seulement de favoriser, à des intervalles rapprochés, la libre circulation du poisson. En Angleterre, on a pu utiliser, à cet effet, les chômages prescrits pour l'observation du repos dominical, chômages imposés aux usines comme aux pêcheurs. Notre législation tend à maintenir ou à rétablir l'observation du repos dominical comme moyen d'assurer à chacun le libre exercice de son culte. Mais la présente disposition, ne se rattachant pas directement à cet ordre d'idées, ne devait pas être étendue aux jours fériés autres que le dimanche.

Le présent art. 11 renferme une sorte d'interdiction de la pêche, interdiction qui, pour n'être que partielle, n'en rentre pas moins dans les prévisions de l'art. 20 1° de la loi du 15 avril 1829. La contravention à cette défense nous paraît donc tomber sous l'application de l'art. 27 de la même loi.

———

Art. 12.

Sont prohibés tous les filets traînants, à l'exception du petit épervier jeté à la main et ma-

nœuvré pár un seul hómme. — Sont réputés traînants, tous filets coulés à fond au moyen de
poids et promenés sous l'action d'une force quelconque. — Est pareillement prohibé l'emploi de
lacets ou collets.

---

520. — *Filets prohibés.* — L'art. 26 de la loi du
15 avril 1829 a chargé le gouvernement de déterminer, par des réglements, les filets, engins et instruments de pêche qui doivent être défendus comme
étant de nature à nuire au repeuplement des rivières.
C'est en vertu de cette mission qu'est édictée la présente disposition. Précédemment, le gouvernement
avait jugé convenable de déléguer aux préfets le soin
de désigner dans chaque département les filets prohibés. Mais il a paru qu'il y avait avantage à adopter
sur ce sujet une réglementation uniforme.

L'art. 12, en ce qui concérne les filets, ne prohibe
que les filets traînants. — Les filets traînants étaient
également prohibés par l'ordonnance du 13 novembre
1830, que le présent décret a abrogée et remplacée.
— D'aprés une Cour d'appel, dont le présent article a
consagré l'interprétation, « on doit entendre par *filets
traînants* tous ceux dont l'extrémité inférieure, lors
de leur emploi comme engins de pêche, est ordinairement maintenu dans l'eau en contact avec le sol,
de manière à empêcher le passage du poisson. » —
Cour de Nancy, 29 avril 1868. — V., plus bas, le
3e alinéa du n° 522.

Comme les prohibitions sont de droit étroit en matière de pêche fluviale, tout filet qui n'appartient pas
à la classe des filets traînants, est, par cela même,
permis, sauf au pêcheur à se conformer à ce qui est
prescrit par l'art 9 du présent réglement général,
quant aux dimensions des mailles. Les tribunaux ne
pourraient pas élargir le cercle des prohibitions que le
gouvernement a jugé être suffisantes; ce serait s'im-
miscer dans l'exercice du pouvoir réglementaire (Bor-

deaux, 13 août 1841). — Il convient donc d'examiner, à l'égard de quelques-uns des filets de pêche les plus habituellement employés, s'ils sont ou non des filets traînants.

521. — *Épervier.* — Il y a deux façons de pêcher à l'épervier : l'une en le traînant, l'autre en le jetant. Le règlement général défend absolument la première manière : il permet la seconde, a la condition toutefois qu'il s'agisse du petit épervier qui se jette à la main et qui est manœuvré par un seul homme. — Outre les prescriptions relatives aux dimensions des mailles des filets, il y a lieu de rappeler ici l'obligation imposée au pêcheur, par l'art. 35 de la loi du 15 avril 1829, relativement au passage sur les chemins de halage.

522. — *Senne, Saine* ou *Escave.* — C'est un filet en forme de nappe, disposé de manière à se tenir verticalement dans l'eau ; la ralingue qui en borde la tête est garnie de flottes de liége ou de bois, tandis que celle du pied est chargée de lest. Les extrémités du filet sont pourvues de cordes ou *bras* qui servent à le tendre et à le traîner. — Sous l'empire de l'ordonnance du 15 novembre 1830, qui prohibait également les filets traînants, on a élevé la question de savoir si l'emploi de la *senne* ou *escave* est un délit. La question a été résolue négativement dans une espèce où le règlement pris par le préfet du département n'avait pas compris ce filet parmi les filets défendus. — Cour de Bordeaux, 13 août 1841.

Mais aujourd'hui la question ne se présente plus dans les mêmes termes. Le préfet n'est pas chargé de dire, dans un arrêté pris à cet effet, quels filets sont prohibés comme filets traînants ; c'est au tribunal correctionnel à examiner, pour le jugement des contraventions dont il est saisi, si tel filet considéré par le procès-verbal comme *filet traînant* a véritablement ce caractère. Or, aucun doute n'est possible à l'égard de la *senne* ou *escave.* — Il suffit, pour se convaincre que c'est bien un filet traînant, de se reporter aux explications que donne M. Baudrillart, t. 2, p. 413 :

« Toutes les pêches à la *senne* se faisant en traîne, on ne peut, dit cet auteur, les pratiquer que sur des fonds unis ; et elles détruisent beaucoup de frai et de menuise, parce que la ralingue du bas, qui est lestée, bouleverse les fonds. Elle fait surtout une grande destruction de petits poissons lorsque la chaleur de l'eau les attire dans les endroits où il n'y a qu'une épaisseur d'eau peu considérable. Il est certain que cette pêche est d'autant plus nuisible que les mailles des filets sont plus serrées ; et quand même on obligerait les pêcheurs à donner aux mailles une certaine grandeur, on ne diminuerait pas beaucoup la destruction du poisson, parce qu'en traînant le filet les mailles se rétrécissent, et encore parce qu'il s'amasse dans la senne des immondices qui empêchent que le frai et la menuise ne traversent les mailles. »

La jurisprudence s'est montrée un peu indécise. Il résulte, en effet, d'arrêts rendus sur la question par la cour de Bordeaux, le 29 juin 1871, et par celle de Dijon, le 17 novembre 1869, que le pêcheur à la senne n'est passible d'un procès-verbal que s'il se sert de ce filet en le faisant traîner sur le fond de la rivière, ce qui doit être formellement constaté, parce que la rivière pourrait avoir assez de profondeur pour permettre au filet de flotter. — Ces arrêts, rendus sous l'empire du règlement général du 25 janvier 1868, imposaient aux agents une vérification parfois difficile. D'après le nouveau règlement général de 1875, le filet sera réputé traînant s'il est coulé à fond au moyen de poids et promené sous l'action d'une force quelconque : c'est à cette double circonstance aussi que l'arrêt précité de la Cour de Dijon attache à la senne le caractère de filet traînant, et il est toujours possible de faire cette constatation.

823. — *Trouble, treuble* ou *truble*. — C'est un filet en forme de poche monté, au bout d'un manche, sur un cercle ou un ovale en fer, dont les pêcheurs se servent, quand les eaux sont troubles, pour écumer les petits poissons qui se réfugient vers le bord du cours d'eau. La pêche à la trouble se fait à deux

l'un conduit le bateau près du bord, et l'autre plongeant la trouble dans l'eau la pousse en avant. Comme la trouble peut s'appliquer au fond de l'eau, d'anciens règlements locaux la prohibaient comme filet traînant. Le même caractère lui a été reconnu, sous l'empire du règlement de 1868, par l'arrêt de la cour de Nancy cité plus haut, n° 520. — Toutefois, il ne paraît possible de déclarer un procès-verbal à celui qui pratique la pêche à la trouble, que dans le cas où il manœuvre ce filet de manière à le faire traîner, ce qui doit être constaté formellement. — Cour de Besançon, 21 décembre 1872.

Citons encore le filet connu sous le nom de *harnais* ou *arroy*, qui a toujours été autorisé pour la pêche dans les eaux de la Semoy. L'emploi de ce filet, qui n'a aucune analogie avec ceux qu'interdisait l'ordonnance de 1669, ne devrait pas, suivant un jugement, être considéré comme un délit. — Tribunal de Neufchâteau, 13 décembre 1872.

524. — *Engins de pêche prohibés.* — Le règlement général n'y comprend que les *lacets* et *collets*, espèces de nœuds coulant dont on se sert pour la pêche du brochet et de la carpe. Il permet formellement les *paniers*, bires ou nasses, puisqu'il se borne dans l'art. 9, à fixer les dimensions des espacements des verges.

525. — La ligne dormante ou de fond a été interdite au pêcheur à la ligne, auquel l'art. 5 de la loi du 15 avril 1829 réserve la faculté de pêcher, en dehors du temps du frai, dans les fleuves, rivières et canaux navigables ou flottables avec trains; mais ce n'est pas pour cela un engin prohibé. Le fermier de pêche et ceux auxquels il accorde des permissions peuvent donc en faire usage.

526. — *Sanction pénale.* — La pêche avec des filets ou engins prohibés est punie par l'art. 28 de la loi de 1829. — Le transport de ces filets et engins est également un délit; mais il en est autrement de la simple détention, les filets prohibés ne pouvant pas être recherchés à domicile.

Art. 14.

Il est interdit d'établir dans les cours d'eau des appareils ayant pour objet de rassembler le poisson dans des noues, boires, fossés ou mares dont il ne pourrait plus sortir, ou de le contraindre à passer par une issue garnie de piéges.

—

527. — *Procédés de pêche prohibés.* — Le procédé de pêche interdit par le présent article, peut quelquefois constituer, en réalité, un barrage prohibé, et est considéré déjà, à ce point de vue, comme tombant sous l'application de l'art. 24 de la loi du 15 avril 1829. Mais dans le cas où le placement des appareils dont parle l'article atteint le but indiqué, sans qu'il y ait barrage total du cours d'eau avec lequel communiquent les noues ou boires, il y a lieu d'appliquer au délinquant, non pas l'amende de 50 à 500 fr., prononcée par l'art. 24 précité, mais celle de 30 à 100 de l'art. 28 de la même loi.

Art. 15.

Il est également interdit : — 1° D'accoler aux écluses, barrages, chutes naturelles, pertuis, vannages, coursiers d'usines et échelles à poissons, des nasses, paniers et filets à demeure, — 2° de pêcher avec tout autre engin que la ligne flottante tenue à la main, dans l'intérieur des

écluses, barrages, pertuis, vannages, coursiers
d'usines et passages ou échelles à poissons ainsi
qu'à une distance moindre de trente mètres en
amont et en aval de ces ouvrages; — 3° de pêcher
à la main, de troubler l'eau et de fouiller au
moyen de perches sous les racines ou autres retraites fréquentées par le poisson; — 4° de se
servir d'armes à feu, de poudre de mine, de dy-
namite ou de toute autre substance explosive.

—

528. — *Procédés de pêche prohibés (suite).* — Le
procédé de pêche décrit dans le premier alinéa était
également réputé interdit, mais seulement dans le
cas où il opposait un complet obstacle à la remonte
du poisson. Toute distinction est supprimée.

529. — En édictant la seconde disposition, le gouvernement a considéré que les divers procédés de
pêche qu'il tolère, si on en fait usage dans l'intérieur
des écluses, barrages, pertuis, vannages, etc., sont à
ces endroits de nature à nuire au repeuplement des
rivières; et il les a interdits, à l'exception de la pêche
à la ligne tenue à la main, en se fondant sur
l'art. 26-2°, de la loi du 15 avril 1829.

Cette seconde interdiction s'applique à tout cours
d'eau *quelconque* et ne comporte pas d'exception au
profit du propriétaire d'une pêcherie établie antérieurement au règlement général de 1868, qui déjà
l'avait édictée. — Cour de cassation, 4 août 1871.

530. — Le nouveau règlement général prohibe la
pêche à la main, sur laquelle ne s'expliquait pas le
règlement de 1868. Cette pêche est, en effet, un procédé très-destructeur. M. Flandin en donne la description suivante: « Le pêcheur n'emporte rien qui le
trahisse, ni filets, ni engins, ni appâts. Il descend à
l'eau ordinairement tout vêtu; il avance avec précaution, fouillant avec la main les herbes, les racines;
il plonge dans les trous et va jusque dans les cre-

vasses chercher les poissons. Il arrive parfois qu'il en trouve plusieurs rangés côte à côte, immobiles, la tête cachée sous une roche, alors surtout que l'eau a été battue à l'avance et que le poisson affolé a cherché à se mettre en sûreté. Un homme habile les saisit, l'un après l'autre, par les ouies, et les lance sur la berge à un compagnon qui tient le sac. » — La défense de la pêche à la main est réputée s'appliquer aussi bien aux écrevisses qu'aux poissons proprement dits. C'est ce qui était déjà décidé sous l'empire d'une législation qui autorisait le préfet à prohiber ce procédé de pêche (Cour de cassation, 13 juillet 1865). — La violation de cette défense rend le délinquant passible de l'amende prononcée par l'art. 28 de la loi de 1829. — Cour de Paris, 18 décembre 1857.

La pêche à la main avait fait l'objet d'une disposition prohibitive dans le projet qui a servi à l'élaboration de la loi du 15 avril 1829. Mais cette disposition, inscrite dans l'art. 27 du projet dont il s'agit, a été supprimée, sur la remarque qui a été faite qu'il valait mieux laisser au pouvoir réglementaire le soin de s'en expliquer. Le règlement de 1875, en l'interdisant, ne fait donc que réparer une omission que nous avons dû signaler en commentant le décret du 25 janvier 1868.

531. — Après la pêche à la main, le projet de la loi sur la pêche, présentée aux Chambres en 1828, défendait, par son art. 28, « de *bouiller* ou battre l'eau avec des bouilles ou longues perches en forme de rabot, tant sous les chevrins, racines, saules et osiers, qu'en tous autres lieux. » Cette disposition, empruntée à l'art. 11 du titre xxxi de l'ordonnance de 1669, a été écartée par la Chambre des pairs comme étant plus propre à figurer dans un règlement, les procédés employés pour *bouiller* l'eau n'étant pas les mêmes dans tous les départements. — L'art. 11 précité n'ayant pas été compris par l'art. 83 de la loi du 15 avril 1829 parmi les dispositions maintenues au moins à titre provisoire, on a dû décider que le pêcheur convaincu d'avoir employé, pour rendre sa

pêche plus fructueuse, le procédé du bouillage, ne pouvait, depuis la promulgation de cette loi, être déclaré en délit. — Cour de Pau, 21 août 1879.

Mais le nouveau règlement général reprend la prohibition et répare ainsi une autre des omissions du règlement général de 1868. Déjà, d'ailleurs, le ministre des travaux publics, dans le cahier des charges de 1868, défendait aux adjudicataires, par l'art. 19, de « faire usage, pour déloger le poisson, de rames, perches et autres instruments qui pourraient dégrader les rives, risbermes, radiers, maçonneries, tunages, enrochements, etc. ». — Cette défense est textuellement reproduite dans l'art. 23 du nouveau cahier des charges de 1875.

532. — Sous l'empire du nouveau règlement, il n'est plus permis de *tuer le poisson au fusil*. Cette disposition facilite beaucoup la police de la chasse le long des rivières. On ne peut plus tuer au fusil que le poisson des étangs particuliers, tous les procédés étant permis au propriétaire pour la capture du poisson retenu dans les étangs dont il s'agit. — V. n° 22.

533. — Pour compléter l'énumération des procédés de pêche prohibés, il faut rappeler ici l'interdiction des barrages et appareils de pêcherie ayant pour objet d'empêcher entièrement le passage du poisson (art. 24 de la loi du 15 avril 1829), et l'emploi de drogues et appâts pour enivrer ou empoisonner le poisson (art. 25 de la même loi). — V. aussi l'art. 11 et l'art. 16 du présent règlement.

534. — *Procédés de pêche non prohibés.* — Ne sont prohibés que les procédés et modes de pêche indiqués dans le présent règlement et dans la loi du 15 avril 1829. Les autres sont implicitement autorisés. « En effet, dit un arrêt, les actes législatifs ou réglementaires sur la pêche fluviale procèdent, non par la forme de dispositions déterminant les instruments et modes de pêche qu'ils entendent autoriser, mais par voie d'exclusion, en précisant ceux qu'ils veulent prohiber, de telle sorte qu'en cette matière ce qui

n'est pas défendu se trouve par cela même permis ».
— Cour de cassation, 8 août 1867.

« Le présent décret, a dit dans le même sens le
ministre des travaux publics en adressant aux préfets
le règlement du 25 janvier 1868, s'est borné à dé-
fendre les pratiques les plus nuisibles, en laissant une
latitude entière au sujet de celles qui, tout en facili-
tant la capture du poisson, ne sauraient porter un
sérieux préjudice au repeuplement ». (Circulaire du
1er février 1868).— Il résulte de la solution qui précède
que plusieurs procédés de pêche, autrefois prohibés
comme étant de nature à amener trop rapidement le
dépeuplement des rivières, peuvent aujourd'hui être
pratiqués sans délit, mais seulement par ceux auxquels appartient le droit de pêche. Le nombre en a
été considérablement réduit, ainsi qu'on vient de le
voir, par le nouveau règlement général de 1875.

535. — Nous devrons signaler, toutefois, une ancienne prohibition, qui figurait dans le projet de loi
présenté aux Chambres en 1828, celle « de *rompre la
glace* sur les fleuves, rivières et canaux, et d'y
porter des flambeaux, brandons et autres feux, pour
y prendre le poisson. » — Cette disposition était
également empruntée à l'ordonnance de 1669 (art. 18
du titre XXXI); seulement comme l'ordonnance ne
parlait que de la rupture de la glace des mares, étangs
et fossés, les tribunaux n'avaient pas pu l'appliquer
au même fait sur les fleuves et les rivières, bien
qu'il eût été interdit par l'administration aux adjudicataires des cantonnements de pêche, dans l'une
des clauses du cahier des charges (arrêt précité du
7 avril 1827). — Lors de la discussion, la disposition
prérappelée a été écartée comme se rapportant à un
procédé qu'il appartenait au gouvernement de prohiber ou tolérer, en vertu de la mission qui lui était
confiée de donner la nomenclature des procédés de
pêche prohibés et de déterminer les périodes d'interdiction de la pêche — Le présent règlement tolère la
pêche dans les cours d'eau glacés, et laisse aux pré-

fets, par l'article suivant, le soin de décider s'il y a utilité à l'interdire dans tel ou tel département.

Art. 16.

Les préfets peuvent, après avoir pris l'avis des conseils généraux, interdire en outre, par des arrêtés spéciaux, d'autres engins, procédés ou modes de pêche de nature à nuire au repeuplement des cours d'eau. — Ils déterminent, conformément au paragraphe 6 de l'art. 26 de la loi du 15 avril 1829, les espèces de poissons avec lesquelles il est interdit d'appâter les hameçons, nasses, filets ou autres engins.

—

536. — *Prohibitions édictées par les règlements locaux.* — Le présent règlement général restitue aux préfets quelques-uns des pouvoirs que l'ordonnance royale du 15 novembre 1830 leur avait délégués, et qui leur avaient été retirés par le règlement général du 25 janvier 1868, aujourd'hui abrogé. — V. n° 117.

537. — *Emploi des amorces vives.* — Sur cette matière, il n'existait plus aucune disposition en vigueur; et les préfets, sous l'empire du règlement général de 1868, n'avaient pas le pouvoir d'en édicter. C'est ce que nous faisions remarquer dans nos observations sur l'art. 31 de la loi du 15 avril 1829. « De là était résulté, surtout pour la pêche à la ligne, une trop grande liberté qui avait suscité, principalement de la part des fermiers de la pêche, des réclamations appuyées par un certain nombre de conseils généraux. » (Circulaire du ministre des travaux publics, du 25 octobre 1875). — L'omission signalée se trouve réparée par le présent art. 16 du règlement général de 1875.

Art. 17.

Il est interdit de pêcher dans les parties des rivières, canaux ou cours d'eau dont le niveau serait accidentellement abaissé, soit pour y opérer des curages ou travaux quelconques, soit par suite du chômage des usines ou de la navigation.

—

538. — *Pêche en cas d'abaissement des eaux.* — Il n'est question et il ne pouvait être question ici que du cas d'abaissement *accidentel* et non du cas d'abaissement *naturel*. — En cas de contravention, la peine est une amende de 30 à 200 fr. — V. l'art. 27 de la loi du 15 avril 1829.

Art. 18.

Sur la demande des adjudicataires de la pêche des cours d'eau et canaux navigables et flottables, et sur la demande des propriétaires de la pêche des cours d'eau et canaux, les préfets peuvent autoriser, dans des emplacements déterminés et à des époques qui ne coïncideront pas avec les périodes d'interdiction, des manœuvres d'eau et des pêches extraordinaires pour détruire certaines espèces, dans le but d'en propager d'autres plus précieuses.

—

539. — *Pêches extraordinaires.* — Le droit que le présent art. 18 confère aux préfets d'autoriser ces sortes de pêche, comporte, dans notre appréciation,

celui de régler les conditions dans lesquelles elles devront être effectuées. — L'art. 40 du cahier des charges de 1875 indique quelques-unes de ces conditions, pour ce qui concerne les autorisations à accorder aux adjudicataires des cantonnements de pêche.

Les pêches extraordinaires ne peuvent être autorisées que durant le temps où la pêche est permise, et non pendant les époques d'interdiction. Cette restriction, qui nous paraissait résulter de la nature des choses sous l'empire du reglement général de 1868, est formellement indiquée dans le présent article. Il ne saurait, non plus, être question, ce semble, de permettre pour ces pêches les barrages et les établissements de pêcherie interdits par l'art. 24 de la loi du 15 avril 1829, car un décret ne peut restreindre par des exceptions la portée d'une loi.

810. — *Propagation des espèces précieuses.* — En dehors de la destruction des espèces considérées comme nuisibles, divers moyens ont été pris par l'administration chargée de la surveillance de la pêche pour favoriser la reproduction des poissons appartenant aux espèces recherchées pour l'alimentation, — Dans ce but, elle a prescrit aux adjudicataires des cantonnements de pêche de donner à ses agents un concours déterminé, pour l'établissement de frayères artificielles. « Ils se conformeront d'ailleurs aux ordres de service qui leur seront donnés par les ingénieurs à l'égard des lieux où les opérations devront s'effectuer, ainsi que des mesures à prendre pour régulariser les opérations faites en temps de pêche prohibée.» — Cahier des charges de 1875, art. 39.

Art. 19.

Des arrêtés préfectoraux, rendus sur les avis des conseils de salubrité et des ingénieurs déterminent : — 1° la durée du rouissage du lin et du chanvre dans les cours d'eau, et les emplacements où cette opération peut être pratiquée avec le moins d'inconvénient pour le poisson ; — 8° les mesures à observer pour l'évacuation dans les cours d'eau des matières et résidus susceptibles de nuire au poisson et provenant des fabriques et établissements industriels quelconques.

—

541. — *Rouissage et écoulement des résidus industriels.* — Nous renvoyons à ce qui a été dit sur ces deux points, n° 111 et suivants, dans les observations sur l'art. 25 de la loi du 15 avril 1829

Art. 20.

Les arrêtés pris par les préfets en vertu des art. 2, 6, 10, 16 et 19 du présent décret ne seront exécutoires qu'après l'approbation du ministre des travaux publics. A la fin de chaque année, les préfets adressent au même ministre un relevé des autorisations accordées en vertu de l'art. 18.

—

542. — *Approbation des règlements préfectoraux par le ministre des travaux publics.* — L'omission de cette approbation enlèverait toute force obligatoire aux règlements des préfets.

Art. 21.

Les dispositions du présent décret ne sont applicables ni au lac Léman, ni à la Bidassoa, lesquels restent soumis aux lois et règlements qui les régissent spécialement.

—

543. — *Pêche dans la Bidassoa.* — La Bidassoa est un petit fleuve situé sur la frontière d'Espagne. L'exercice du droit de pêche dans ce fleuve et les délits y relatifs, sont régis et définis, conformément aux prescriptions de l'art. 22 du traité de délimitation conclu entre la France et l'Espagne le 2 décembre 1856, par un règlement international, arrêté le 1er juin 1858, par les délégués des communes riveraines, et sanctionné en France par une loi du 11 juin 1859.

544. — *Pêche dans le lac Léman.* — Le règlement spécial qui doit régir cette pêche était indiqué dans une circulaire du 25 octobre 1875 comme n'étant en-encore qu'en préparation.

———

Art. 22.

Sont abrogés le décret du 25 janvier 1868 et toutes dispositions contraires au présent décret.

—

545. — *Abrogation des règlements antérieurs.* — Le décret du 25 janvier 1868 disposait dans son art. 16 : « Sont abrogés les ordonnances des 15 novembre 1830 et 28 février 1842, les décrets des 19 octobre 1863 et 7 février 1866, ainsi que tous règlements locaux sur la pêche et les ordonnances ou décrets qui les approuvent. » Ces abrogations sont implicitement maintenues, car le décret du 25 janvier 1868 est plutôt refondu qu'abrogé. D'ailleurs, il ne suffit pas de rapporter le décret prononçant des abrogations pour faire revivre les décrets ou ordonnances abrogés.

Quant aux dispositions contraires que le présent article comprend dans l'abrogation édictée contre le décret de 1868, il ne s'agit que de dispositions de décrets ou ordonnances et non de dispositions de lois. Pour se rassurer sur la portée de cette abrogation, formulée en termes un peu vagues, il suffit de remarquer qu'il n'y a toujours qu'un seul règlement *général* en vigueur, celui du 10 août 1875, dans lequel est refondu le règlement du 25 janvier 1868, ce qui permettra, dans une certaine mesure, d'établir l'unité dans la jurisprudence. Mais, à côté de la réglementation générale, la réglementation locale va renaître sur une bien plus large échelle que précédemment; et il faudra tenir compte des modifications autorisées qu'elle pourra apporter aux dispositions générales.

Art. 23.

Le ministre des travaux publics est chargé de l'exécution du présent décret.

—

516. — On sait que c'est à ce ministre qu'a été transférée la police de la pêche fluviale. — V. nᵒˢ 393 et suivants

EXTRAIT

Du cahier des charges des adjudications du droit de pêche dans les rivières navigables et flottables et dans les canaux et rivières canalisées appartenant à l'État.

(Circulaire du ministre des travaux publics, du 13 novembre 1873.)

Chap. II — *Exploitation de la pêche.*

Art. 9. — Les adjudicataires de plusieurs lots contigus auront la faculté, sous réserve de l'approbation ministérielle, de réunir ces lots, soit pour n'en former qu'un seul dont l'exploitation sera faite par l'un des adjudicataires, soit pour les exploiter en commun. — Dans l'un et l'autre cas, les adjudicataires des lots soit réunis, soit exploités en commun, demeureront solidairement responsables de toutes les clauses et conditions du présent cahier des charges.

Art. 10. — L'adjudicataire aura la faculté, sur l'autorisation du préfet, de s'adjoindre des cofermiers qui jouiront en commun avec lui de l'exercice de la pêche sur toute l'étendue du lot, sans qu'il soit permis de diviser le lot en parties exploitées exclusivement par un ou plusieurs des cofermiers. — Le nombre des cofermiers ne devra pas excéder la moitié du nombre des kilomètres correspondant à la longueur du lot. — L'adjudicataire aura la faculté d'accorder des permissions de pêche ou de chasse à des personnes agréées par l'ingénieur en chef. — Il ne pourra être accordé plus de deux permissions de chaque espèce par kilomètre. Toutefois, aux permissions de pêche conférant la jouissance complète des droits qui lui appartiennent d'après le cahier des charges, l'adjudicataire est libre d'en ajouter un pareil nombre donnant uniquement le droit de pêcher avec des lignes autres que la ligne flottante tenue à la main. — Le nombre des permissions de pêche et de chasse est indépendant du nombre des cofermiers. — Chaque permissionnaire devra être porteur d'une permission revêtue du visa de l'ingénieur en chef, et la présenter à toute réquisition des agents commis à la police de la pêche, sous peine d'être traité comme délinquant. — L'adjudicataire sera tenu de remettre à l'ingénieur en chef l'état indicatif des noms, prénoms et domiciles des compagnons employés par lui et par ses cofermiers pour l'exploitation de la pêche. — Le nombre des compagnons ne pourra excéder deux par bateau. Les compagnons ne pourront exercer la pêche qu'en aidant ou accompagnant les fermiers, les cofermiers ou les permissionnaires. — Tout cofermier permissionnaire ou compagnon qui, dans l'espace d'une année, aura encouru deux condamnations pour infractions aux lois et règlements sur la pêche ou sur la chasse, pourra être privé de la faculté de participer à la jouissance ou à l'exploitation des droits conférés aux adjudicataires. — Il est d'ailleurs formellement stipulé que l'adjudicataire reste seul obligé envers le Trésor public pour le paiement du prix de son bail, et qu'il demeure solidairement responsable de toutes les infractions au présent cahier des charges ou à la police de la pêche, qui pourraient être commises par ses agents et cessionnaires, à moins que le cessionnaire n'ait été agréé par le préfet au moyen d'une homologation donnée dans les mêmes formes que celle prévue à l'article précédent (1). Toute dérogation au présent article concernant le nombre des permissionnaires ou des compagnons devra être l'objet d'une approbation ministérielle.

(1) Cet article, qui est non le précédent mais l'art. 8, dispose : « L'adjudication ne sera définitive qu'après avoir été homologuée par le préfet ».

Art. 11. — L'adjudicataire usera des droits que lui confère le présent bail de manière à n'entraver ni la navigation ni la circulation sur les chemins de halage et francs-bords. Il devra, notamment, prendre toutes les précautions nécessaires pour ne gêner en rien les manœuvres aux écluses, barrages, pertuis et autres ouvrages d'art, et sera tenu, à cet égard, de se conformer aux ordres des agents de la navigation ; il sera d'ailleurs responsable de tous retards, avaries et dommages qu'il ferait éprouver, soit aux trains et bateaux, soit aux haleurs et chevaux de halage, soit aux chevaux, voitures et bestiaux des exploitants des propriétés riveraines, des habitants des communes voisines en faveur desquels cette faculté de circulation aurait été réservée, et des amodiataires des produits des francs-bords.

Art. 12. — L'adjudicataire n'aura droit à aucune indemnité ni réduction de fermages : — pour pertes de filets, agrès et apparaux, par suite des grandes eaux ou de la débâcle des glaces : — pour les chômages, vidanges ou abaissements d'eau qui arriveraient par accidents ou que nécessiteraient les réparations et constructions d'ouvrages, le sauvetage de bateaux ou de marchandises et toute autre cause concernant les besoins de la navigation ou du flottage ; — pour dégradations de filets et engins, pertes de temps et de main-d'œuvre, ou pour tout autre dommage que lui occasionneraient les bateaux et trains stationnaires ou en marche ; — pour les atterrissements qui viendraient à se former dans la rivière ou le canal, dans les chambres d'emprunts, boires et dérivations, lors même que quelques parties de ces chambres et dérivations ne seraient plus susceptibles d'être pêchées ; — pour les dépôts de vase qui seraient faits sur les francs-bords ou dans les chambres d'emprunts à l'époque des curages. — Il subira, en un mot, sans indemnité, tous les inconvénients ou dommages qui proviendront pour lui, soit de cas de force majeure, soit du service de la navigation, soit des travaux d'entretien, de réparation et de reconstruction partielles du canal et de ses accessoires. — Toutefois, si les travaux troublaient la jouissance d'une manière considérable, l'adjudicataire, sans être admis à réclamer une indemnité ou une réduction sur le prix du bail, pourra demander la résiliation, qui, si elle est accueillie, courra du jour du dépôt de la demande, à moins qu'à cette époque les travaux ne soient terminés, auquel cas la demande sera considérée comme non avenue. — Dans les cas de vidange ou abaissements d'eau prévus au troisième paragraphe du présent article, l'adjudicataire, sans être admis à réclamer une indemnité ou une réduction sur le prix du bail, ou la résiliation de son marché, pourra, avec l'autorisation des ingénieurs, pratiquer une pêche extraordinaire pour prendre le poisson qui se trouvera dans l'étendue de rivière ou de canal soumise à la vidange ou à l'abaissement.

Art. 13. — L'adjudicataire, ses agents et cessionnaires ne pourront user que de... (*indiquer s'il s'agit d'un chemin de halage ou d'un marchepied*). — Ils traiteront de gré à gré avec les propriétaires riverains pour l'usage des terrains dont ils auront besoin pour retirer et assécher leurs filets.

Art 14. — L'adjudicataire ne pourra vendre l'alevin provenant de son lot ainsi que des chambres d'emprunts ou des frayères qui en dépendent, ni porter ailleurs cet alevin sans l'autorisation écrite des ingénieurs, laquelle ne sera accordée qu'en vue de favoriser le repeuplement, soit d'une autre rivière ou canal, soit d'étangs ou de réservoirs dont la pêche appartient à l'Etat.

Art. 15. — L'adjudicataire aura le droit, après s'être muni de permis de chasse et en se conformant aux lois et règlements sur la chasse, de chasser les canards et autres oiseaux aquatiques dans l'étendue de son cantonnement. — Ce droit, qui s'applique exclusivement à la chasse du gibier d'eau, ne pourra, d'ailleurs, s'exercer sur les chemins de halage et francs-bords qui n'appartiennent pas à l'État, qu'avec l'assentiment des propriétaires riverains.

Chap. III. — *Police de la pêche.*

Art. 16. — L'adjudicataire est soumis, tant pour la pêche mobile que pour les pêcheries fixes autorisées, à toutes les dispositions des lois des 15 avril 1829 et 31 mai 1865, sur la pêche fluviale, au décret réglementaire du 10 août 1875 et aux règlements d'administration locale faits ou à faire, en conformité de ce décret.

Art. 17. — Si, pendant le cours du bail, des changements quelconques étaient apportés aux lois des 15 avril 1829, 31 mai 1865 et au décret du 10 août 1875, les nouvelles dispositions légales ou réglementaires seront applicables au fermier, sans qu'elles puissent, sous aucun prétexte, donner ouverture à une demande d'indemnité. Le bail pourra seulement être résilié sur la demande de l'adjudicataire.

Art. 18. — Les pêcheries fixes autorisées antérieurement au décret réglementaire du 10 août 1875 ne pourront être utilisées qu'après avoir été modifiées, en cas de besoin, pour être rendues conformes aux dispositions de ce décret.

Art. 19. — Indépendamment de la surveillance et de la police de la pêche, exercées dans l'intérêt général par les gardes nommés par l'Administration et les éclusiers, cette surveillance et cette police pourront être exercées par des gardes particuliers commis à cet effet par les adjudicataires. Ces gardes ne pourront remplir leurs fonctions qu'après avoir été agréés par le préfet et avoir prêté serment devant le tribunal de première instance de leur résidence. — Les gardes-pêche seront âgés de vingt-cinq ans au moins; ils seront munis de leur équipement et de leurs insignes, conformément à l'arrêté ministériel du 2 mars 1866; ils exerceront leurs fonctions et ils procéderont à la constatation des contraventions et délits, conformément à ce qui est prescrit par les lois des 15 avril 1829 et 31 mai 1865. — Les gardes nommés par l'Administration et les gardes particuliers commis par l'adjudicataire remettront sans délai à l'agent local des ponts et chaussées les procès-verbaux des délits et contraventions qu'ils auront constatés, pour les faire parvenir par la voie hiérarchique au chef de service.

Art. 20. — Les batelets employés par les adjudicataires à l'exploitation de la pêche porteront, à l'extérieur de la proue et des deux côtés, le mot « *pêche* » et le numéro du cantonnement ; les lettres et le numéro auront au moins cinq centimètres de hauteur et seront inscrits en noir sur un fond blanc. — Ces batelets seront garnis d'une chaîne et d'un cadenas. Chaque soir, ils devront être amarrés soigneusement dans l'emplacement désigné par l'ingénieur, de manière qu'ils ne puissent gêner la navigation. — À moins d'en avoir été dispensé par une clause spéciale, chaque fermier sera tenu de placer à ses frais, en présence de l'agent local des ponts et chaussées et du fermier du cantonnement inférieur, un poteau indiquant la limite et le numéro de son cantonnement.

Art. 21. — Si, dans le mois qui suivra l'adjudication, ces poteaux n'étaient pas placés, ou si les bateaux ne portaient pas les indications dont il est fait mention à l'article précédent, les adjudicataires ou sous-fermiers qui auront négligé de remplir leurs obligations seront tenus de verser au Trésor public une somme de deux francs par jour de retard pour chaque contravention qui sera constatée par les agents de l'Administration. — En cas de refus régulièrement constaté, soit d'entretenir en bon état, soit de rétablir les poteaux indicateurs ci-dessus désignés, l'adjudicataire sera tenu au payement de ladite somme de deux francs par chaque jour de contravention. — Le recouvrement des sommes qui pourront être dues au Trésor en vertu des dispositions qui précèdent, aura lieu comme en matière de contributions directes.

Art. 22. — Les procédés et modes de pêche interdits, ainsi que les filets et engins dont l'emploi est défendu, sont désignés dans le règlement général du 10 août 1875 et dans les règlements rendus pour l'exécution de ce règlement général. — La vérification de la dimension des mailles des filets et de l'espacement des verges sera faite conformément à la loi du 31 mai 1865 et au décret du 26 août 1865.

Art. 23. — Les adjudicataires, leurs agents ou cessionnaires seront tenus d'amener leurs bateaux, et de faire l'ouverture de leurs loges, hangars et autres réservoirs et boutiques à poisson, à toute réquisition des agents de l'Administration, à l'effet de constater les contraventions qui pourraient être par eux commises au présent cahier des charges, et notamment aux dispositions des lois des 15 avril 1829 et 31 mai 1865. — Ceux qui s'opposeraient à cette visite ou refuseraient l'ouverture de leurs boutiques à poisson seront, pour ce seul fait, punis d'une amende de cinquante francs (art. 34 de la loi du 15 avril 1829).

Art. 24. — Il est interdit de faire usage, pour déloger le poisson, de rames, perches ou autres instruments qui pourraient dégrader les rives, risbermes, radiers, maçonneries, tunages, enrochements, etc.

Art. 25. — Les dégradations faites par les adjudicataires, leurs agents ou cessionnaires, aux terrassements et ouvrages d'art de toute nature, seront constatées par procès-verbaux des gardes, éclusiers et autres agents des ponts et chaussées, et la réparation avec dommages-intérêts, s'il y a lieu, en sera poursuivie conformément à ce qui est prescrit par les lois et règlements en matière de délits de grande voirie.

Chap. VI. — *Clauses spéciales.*

Art. 35. — Les réserves établies pour cinq ans par le décret du 14 janvier 1875, afin de favoriser la reproduction du poisson et dans lesquelles la pêche est interdite d'une manière absolue toute l'année, conformément à la loi du 31 mai 1865, ne font point partie des lots mis en adjudication. Elles sont indi-

quées dans le présent cahier des charges, à la suite
de chaque lot, uniquement pour faire connaître les
espaces dans lesquels il est défendu de pêcher. A
l'expiration de la période d'interdiction fixée par le
décret précité du 12 janvier 1875, l'Administration
pourra, soit proroger cette période par un nouveau
décret, soit louer la pêche dans ces réserves, sans
que les fermiers des lots de la présente adjudication
puissent invoquer aucun droit de préférence en leur
faveur.

Art. 36. — Les fermiers seront tenus de poser et
d'entretenir, aux deux extrémités des réserves destinées à la reproduction du poisson, des poteaux indiquant la défense de pêcher. — En cas de retard ou
de refus dans la pose ou le rétablissement de ces
poteaux, il y sera procédé d'office, dans les formes
indiquées à l'art. 21 ci-dessus. — L'Administration
assurera, autant que possible, une communication
libre en tout temps entre les bras de rivière affermés
et ceux affectés aux réserves.

Art. 37. — Les distances de 30 mètres en deçà desquelles la pêche est interdite d'une manière absolue
et pendant toute l'année, avec tout autre engin que la
ligne flottante tenue à la main, tant à l'amont qu'à
l'aval des écluses de navigation et des barrages, en
vertu de l'art. 15 du décret du 10 août 1875, seront
indiquées au moyen de poteaux posés et entretenus
aux frais des fermiers dans les conditions des art. 21
et 36 ci-dessus.

...Art. 40. — L'Administration se réserve la faculté, sur la demande des adjudicataires, pourvu qu'il
n'en résulte aucun inconvénient pour la navigation,
de prescrire des manœuvres d'eau et des pêches
extraordinaires, pour détruire certaines espèces, dans
le but d'en propager d'autres plus précieuses, conformément à l'art. 18 du décret du 10 août 1875. —
Ces pêches extraordinaires seront faites en présence
d'un agent de l'Administration, par les soins et aux
frais des fermiers qui jouiront les produits récoltés

des espèces à détruire et devront rejeter à l'eau les poissons des autres espèces. — Ces pêches ne pourront avoir lieu plus d'une fois par mois dans un même intervalle de rivière ou de canal.

TABLE DES LOIS ET DÉCRETS

CONTENUS DANS CE VOLUME.

1° Lois et règlements sur la pêche fluviale.

2° Dispositions applicables à la pêche fluviale, extraits de lois et règlements sur la pêche maritime.

TABLE ANALYTIQUE

DES MATIÈRES.

(Les chiffres renvoient aux numéros du commentaire et non aux pages. — La lettre s, placée à la suite d'un numéro, indique qu'il faut consulter aussi les numéros suivants.)

LÉAUTEY, imprimeur de la Gendarmerie, rue Saint-Guillaume, 23.